高等院校公共基础课系列教材

U0360671

创新创业教程
（微课版）

杜永红　主　编

梁林蒙　何　媛　李云飞　副主编

清华大学出版社
北　京

内 容 简 介

　　本书是一本专为大学生和创业者量身定制的创业类书籍，全面覆盖了从理论到实践的创新创业知识。本书从"互联网＋"的视角出发，探讨了创新创业基础、机会识别与评估、商业模式构建与创新、创新工具应用、领导力与团队管理、知识产权保护、创业融资与企业创立、营销策略、数字营销技术、战略规划等多个方面。书中结合丰富的案例和实操指导，每章内容既独立又相互关联，深入浅出地介绍了与创业相关的基础理论和技能训练，旨在帮助读者深入理解创新创业的理论与技术。

　　本书不仅适合作为大学公共基础课程教材，也是社会创业者的理论与实践指南。

　　本书配套的电子课件、习题答案和教学大纲可以到 http://www.tupwk.com.cn/downpage 网站下载，也可以扫描前言中的"配套资源"二维码获取。扫描前言中的"看视频"二维码可以直接观看教学视频。

图书在版编目(CIP)数据

创新创业教程：微课版 / 杜永红主编. —北京：清华大学出版社，2024.5
高等院校公共基础课系列教材
ISBN 978-7-302-66236-5

Ⅰ. ①创… Ⅱ. ①杜… Ⅲ. ①大学生—创业—高等学校—教材 Ⅳ. ① G647.38

中国国家版本馆 CIP 数据核字 (2024) 第 096753 号

责任编辑：胡辰浩
封面设计：周晓亮
版式设计：芃博文化
责任校对：孔祥亮
责任印制：杨　艳

出版发行：清华大学出版社
　　　　网　　　址：https://www.tup.com.cn，https://www.wqxuetang.com
　　　　地　　　址：北京清华大学学研大厦 A 座　　　　邮　　编：100084
　　　　社 总 机：010-83470000　　　　　　　　　　邮　　购：010-62786544
　　　　投稿与读者服务：010-62776969，c-service@tup.tsinghua.edu.cn
　　　　质 量 反 馈：010-62772015，zhiliang@tup.tsinghua.edu.cn
印 装 者：三河市龙大印装有限公司
经　　销：全国新华书店
开　　本：185mm×260mm　　　印　　张：17.5　　　字　　数：405 千字
版　　次：2024 年 7 月第 1 版　　　印　　次：2024 年 7 月第 1 次印刷
定　　价：69.00 元

产品编号：105023-01

在全球经济与技术环境迅速变化的背景下，创新创业教育已成为培养新时代创新型人才的关键。本书的编撰旨在结合跨学科知识体系与创新创业实践操作技能，全面培养具有前瞻性思维和创业能力的人才，以满足日益复杂的经济和社会发展需求。

本书学术价值

- ❑ "新文科"视角：秉承"新文科"教育理念，强调人文素养与科技创新的紧密融合，深入探讨创新创业理论在新时代的重要意义和应用。
- ❑ 理论与实践的融合：不仅深入剖析创新创业理论基础，而且通过丰富的真实案例，将理论知识与实操技能相结合，为读者提供全面且实用的学习体验。
- ❑ 跨学科知识的整合：将经济学、管理学、市场营销学等多个学科领域的知识有效整合，为读者呈现一个丰富多元的创新创业学习平台。

本书编写特色

- ❑ 创新工具的实际应用：详细介绍了创新工具，如思维导图、数字营销技术、商业计划书撰写的应用方法，强调其在提高创业效率方面的重要性。
- ❑ 实际操作的详细指南：提供商业模式构建、市场分析、数字营销策略实施等方面的操作指南，帮助读者将理论知识转化为实际操作技能。
- ❑ 紧贴时代趋势更新内容：涵盖了数字营销、科技创新在创新创业中的应用，确保内容具有时代前瞻性。
- ❑ 跨学科视角的深入探索：探讨创新创业实践过程中的复杂问题，如团队建设的心理学基础、市场变化的经济学解读，提供多角度的思考方式和解决方案。

本书提供丰富的教学资源，除教学视频、PPT 电子课件、习题答案和教学大纲外，还包括"互联网+"大学生创新创业大赛、全国大学生电子商务"创新、创意及创业"挑战赛等众多优秀创业项目案例组成的创业项目案例库，可有效提高读者的学习效率。

本书由杜永红担任主编，由梁林蒙、何媛、李云飞担任副主编。全书共分为 11 章，由杜永红总体策划，各章编写人员及分工如下：杜永红编写第 1 章、第 2 章、第 3 章、第 5 章、第9章；梁林蒙编写第 4 章、第 11 章；何媛编写第 6 章、第 7 章；李云飞编写第 8 章、第 10 章。

本书在编写过程中参考了相关文献，在此向这些文献的作者深表感谢。由于时间较紧，书中难免有不足之处，恳请专家和广大读者批评指正。我们的电话是010-62796045，邮箱是992116@qq.com。

本书配套的电子课件、习题答案和教学大纲可以到http://www.tupwk.com.cn/downpage网站下载，也可以扫描下方左侧的二维码获取。扫描下方右侧的二维码可以直接观看教学视频。

扫描下载　　　　　　　　　扫一扫

配套资源　　　　　　　　　看视频

编者

2024年2月

目录

第 1 章

创新创业基础

📑 **案例导读** | **华为非极致而不为**

　　华为技术有限公司，于1987年在我国深圳成立。创立初期，华为面对着激烈的国内外竞争和技术创新等方面的挑战。公司强调持续的技术创新，坚持高投入的研发战略，并采取灵活的经营策略以适应市场变化。经过30余年的跨越式发展，华为从一家小型通信设备销售企业发展成为全球通信解决方案的领导者。

　　案例分析：

　　1. 创新精神的培养。华为自创业之初就强调技术创新的重要性。公司投入大量资金于研发，鼓励技术革新和突破。这种对创新的重视，不仅体现在技术上，还体现在管理模式和企业文化上。华为的发展历程显示着持续的创新精神是企业发展的关键。

　　2. 创业能力的提升。华为在面对市场变化和竞争挑战时，展现出了强大的适应能力和市场洞察力。公司在国内市场取得成功后，积极拓展国际市场，不断调整商业模式以适应不同市场的需求。这种能力不仅来源于公司的战略规划，也来源于员工的创业思维和企业文化的培育。

　　3. 持续学习与适应。华为在发展过程中，始终保持学习和适应的态度。面对新技术和市场趋势的挑战，华为不断学习国际先进经验，同时快速适应市场变化，从而保持其在行业中的领先地位。

　　案例点评：培养创新精神和创业能力是一个长期且系统的过程，需要企业在技术、管理、文化等多方面持续投入和创新。对于学习创新创业的学生来说，了解华为的发展历程，有助于他们认识创新创业能力对于初创企业成功的重要性。

　　创新是创业活动的核心。这不仅包括技术创新，还涵盖了商业模式、市场策略、管理方式等多方面的创新。在创业过程中，创新思维能够帮助企业家识别和把握市场机遇，通过提供独特的产品或服务来满足市场需求或创造新的市场空间。

创新创业是一个动态过程，需要创业者持续学习、适应环境变化并灵活调整策略。随着市场、技术和政策环境的变化，创业者必须不断调整商业模式和运营策略，以保持竞争力和持续发展的能力。

☑ 学习目的

1. 深入理解创新创业的核心概念和相互关系。
2. 探索创新创业的发展历史及未来趋势。
3. 培养适应现代市场的创新创业思维。
4. 强化创新能力在创业过程中的关键作用。

1.1 创新创业的概念与关系

课程思政：理解创新与创业的深层联系对任何志在通过商业活动引领变革的个人或组织来说，都是至关重要的。

创新与创业在现代商业环境中密不可分。创新为创业提供了原料和灵感，而创业是创新实现商业化和社会化的舞台；创新引领市场和技术的趋势，而创业是这些趋势转化为经济效益和社会影响的途径。两者相互促进，共同推动经济增长、社会发展及技术进步。

1.1.1 创新的定义与类型

1. 创新的定义

在商业和技术领域，创新通常被定义为引入新的或显著改进的产品(商品或服务)、过程、营销方法或组织方法，比如在企业的内部运营、工作场所组织或对外关系方面。这就强调了创新不仅仅是技术发明的应用，更关键的是其在商业和社会实践中的实际应用和效果。也就是说，创新可以是开创性的，也可以是对现有事物的显著改进。

2. 创新的类型

1) 产品创新

产品创新是指开发新产品或对现有产品进行显著改进，包括技术性能的提升、用户体验的改善或新的设计元素的加入。

2) 过程创新

过程创新涉及生产或交付产品和服务的方式的改变，旨在提高效率、降低成本或提高质量，如引入新的生产技术或方法。

3) 营销创新

营销创新是指采用新的营销策略或概念来促进产品或服务，包括新的定价策略、广告方式、产品包装或销售渠道。

4) 组织创新

组织创新涉及企业内部管理结构、工作流程或外部关系的改变，目的在于提高企业业务表现或工作环境，如引入新的管理系统或决策流程。

1.1.2 创业的概念与特征

1. 创业的概念

创业是指个人或团队发现、评估和利用商业机会，通过创建和管理企业来实现价值创造的过程。创业不仅涉及新企业的创建，还包括在现有企业内部实现创新和改革的行为。创业的核心是创新和机会的识别，以及将之转化为商业成果的能力。

2. 创业的特征

创业过程具有以下几个关键特征。

1) 机会识别

创业开始于识别市场中未满足的需求或未充分利用的资源。成功的创业者能够敏锐地发现这些机会，并将其转化为商业活动。

2) 资源整合

创业涉及通过各种渠道获取必要的资源，包括资金、人力、技术和信息。创业者必须有效地整合这些资源以支持其商业计划。

3) 风险管理

创业通常伴随着各种风险，包括市场风险、财务风险和技术风险。成功的创业者能够识别这些风险，并制定相应的缓解策略。

4) 价值创造

创业的最终目标是创造经济价值或社会价值，可通过提供创新的产品或服务、创造就业机会或推动社会变革来实现。

5) 持续创新

创业不是一次性事件，而是一个持续的过程。企业成立后，持续的创新对其保持竞争优势和应对市场变化至关重要。

1.1.3 创新与创业的互动关系与相互作用

1. 创新与创业的互动关系

创新和创业在现代商业环境中紧密相连，两者之间存在着密切的互动关系。创新作为引入新思想、产品、服务或流程的过程，为创业活动提供了原动力和必要的资源，为创业者提供了实现新事物的机会。同时，创业作为这些创新想法的实际应用和市场化过程，为创新提供了实践和发展的平台。简而言之，创新是创业的基础，而创业是创新得以实现价值的途径。

2. 创新与创业的相互作用

1) 创新对创业的作用

(1) 激发商业机会。创新在新的产品、服务或商业模式的形成中扮演着核心角色,为创业者提供了开展新业务的机会。

(2) 提升竞争优势。通过创新,创业企业能够开发独特的产品或服务,从而在市场上获得竞争优势。

(3) 驱动市场需求。创新有时会创造全新的市场需求,为创业企业提供广阔的发展空间。

2) 创业对创新的作用

(1) 商业化创新成果。创业活动使创新成果转化为商业产品或服务,实现市场价值。

(2) 推动技术发展。创业企业在商业化过程中往往会进一步推动技术和产品的发展与完善。

(3) 形成创新文化。成功的创业案例将激发社会和经济环境中更广泛的创新活动,从而形成一种积极的创新文化。

创新与创业相互依赖、相互促进。创新为创业提供动力和资源,而创业则确保创新能够在市场上得以应用和发展。这种相互作用是实现经济持续增长和社会发展的关键。

1.1.4　案例分析:比亚迪汽车,一路同驰骋!

比亚迪成立于1995年,是一家总部位于我国深圳的高新技术企业。比亚迪最初以电池制造起家,后来成为电动车和新能源汽车领域的领先企业。作为我国创新创业成功的典范,比亚迪目前已成为全球电动汽车和可再生能源技术发展的领头羊。

1. 创新与创业的结合

1) 比亚迪技术创新

比亚迪在电池技术和电动汽车制造方面取得了重大突破,包括其自主研发的铁锂电池技术和电动驱动系统。公司推出的电动车型在性能、续航里程和价格方面都极具竞争力,为广大消费者接受电动车铺平了道路。

2) 比亚迪市场拓展与品牌建设

比亚迪通过持续的市场拓展和品牌建设,成功将自身打造成为电动车和新能源汽车的知名品牌。比亚迪不仅在国内市场取得成功,还积极拓展海外市场,展现了我国品牌的国际竞争力。

3) 可持续发展战略

比亚迪不仅在电动汽车领域取得成就,还在可再生能源技术(如太阳能发电和储能系统)方面进行了创新和投资。比亚迪的多元化发展战略加强了其在可持续发展领域的领先地位。

2. 创新与创业的相互作用

比亚迪通过对电动汽车关键技术的创新(如电池和电动驱动系统),解决了电动汽车在市场上的主要障碍,推动了其商业化进程。

比亚迪的成功不仅促进了电动车行业在我国乃至全球的发展，还推动了整个汽车产业向更加环保和可持续的方向转型。比亚迪的发展战略充分展示了创新技术如何与商业模式创新相结合，以实现企业的持续成长和行业的革新。

案例点评：比亚迪的案例充分展示了在现代社会中，创新与创业紧密结合，共同推动企业和行业的转型与发展。通过不断的技术创新和市场策略调整，比亚迪不仅在电动车领域取得了显著成就，还成为推动全球可持续发展和清洁能源转型的重要力量。

1.2　创新创业历史演变与发展趋势

课程思政：从早期工业化时代到今天数字经济时代，创新创业在不同的经济背景和技术条件下，持续演进并改造着世界。

1.2.1　创新创业的历史回顾

创新创业的历史进程与技术进步和社会变革密切相关，反映了人类如何通过创新思维和企业行为推动经济和社会的发展。从18世纪60年代的工业革命到21世纪的信息技术革命，每一次重大的技术突破都伴随着新的创业机遇和挑战。根据经济发展和技术进步的不同进程，可将创新创业的发展历程分为以下几个阶段。

(1) 早期阶段(18世纪60年代至19世纪末)，工业革命标志着现代创新创业的起点。

❑ 工业革命的引领者：以詹姆斯•瓦特改进的蒸汽机为例，这一时期的技术创新彻底改变了生产方式和社会结构，为大规模工业生产奠定了基础。

❑ 知名企业：巴尔的摩和俄亥俄铁路公司。

❑ 知名人物：詹姆斯•瓦特，机械制造和能源利用领域的先驱。

(2) 初期现代化(20世纪初至二战后)，现代企业制度的形成。

❑ 大规模生产的典范：福特汽车公司引入流水线生产模式，大幅提升了生产效率，降低了成本。

❑ 科学管理方法的提出：泰勒的科学管理法，为企业运营带来了理论上的突破。

❑ 知名企业：福特汽车公司。

❑ 知名人物：亨利•福特、弗里德里克•温斯罗•泰勒，推动了现代企业运营模式的变革。

(3) 黄金时代(1950至1970年)，信息技术的发展。

❑ 研发和技术创新的标杆：IBM的研发投资促进了信息技术的发展，贝尔实验室在通信技术方面取得重大进展。

❑ 知名企业：IBM。

❑ 知名人物：威廉•肖克利，晶体管的发明者之一，硅谷创业文化的重要推动者。

(4) 信息时代(1980至2000年)，以计算机技术和互联网为代表的信息技术革命。

- 信息技术的引领者：微软和苹果推动了个人电脑的普及，亚马逊和eBay开创了电子商务领域的新篇章。
- 知名企业：微软和苹果。
- 知名人物：比尔·盖茨和史蒂夫·乔布斯，他们领导的公司深刻影响了全球计算和消费电子产业。

(5) 数字经济时代(21世纪初至今)，从信息经济到数字经济的转型。

- 创业和技术创新的新浪潮：谷歌在互联网领域创新，特斯拉和比亚迪在电动汽车和新能源技术方面实现重大突破。
- 知名企业：谷歌、特斯拉、比亚迪。
- 知名人物：埃隆·马斯克和王传福，他们不仅是技术创新的代表，还是推动可持续发展新趋势的领袖。

1.2.2 创新创业的主要发展趋势

当前的创新创业趋势体现出了技术创新的强大动力、市场和社会需求的快速变化，以及企业在全球化和数字化环境下必须应对新的挑战和新的机遇。这些趋势不仅为企业提供了新的增长点，还为创业者提供了创新的平台和工具。

1. 技术驱动的创新

当前的创新创业活动正越来越多地被新兴技术所驱动，特别是在以下领域。

1) 人工智能

人工智能技术正在改变从医疗健康、金融服务到零售和制造业的各个方面，企业能够通过智能数据分析、自动化服务和个性化客户体验提高效率和创新能力。

2) 大数据

大数据的应用让企业能够洞察市场趋势、优化决策过程并提升客户服务。在营销、供应链管理和产品开发等领域，数据驱动的洞察正成为企业竞争优势的关键所在。

3) 互联网移动技术

互联网的普及和移动技术的发展为企业提供了全新的商业模式和市场接入方式。电子商务、移动支付和社交媒体营销等已成为创新创业的重要组成部分。

2. 市场和社会需求的变化

市场需求和社会变革对创新创业具有深远的影响。

1) 消费者行为的转变

随着消费者对产品和服务质量、个性化和便捷性的要求日益增加，企业必须不断创新以满足这些需求。这促使企业采用客户导向的创新方法。

2) 社会问题的重视

环境保护、健康与安全、教育公平与社会公正等问题正在成为创新创业的重要驱动力。企业越来越多地将社会责任和可持续发展纳入其商业模式和创新战略中。

3. 全球化与数字化的影响

全球化和数字化正在重塑创新创业的格局。

1) 全球市场的机遇和挑战

全球化为企业提供了更广阔的市场和资源，也带来了更激烈的国际竞争和对本地市场更加深入了解的需求。

2) 数字化转型

数字化正在成为企业竞争的核心。无论是内部运营、客户互动还是新产品和新服务的开发，数字化都在为企业带来转型和创新的机会。同时，它也要求企业持续投资于最新的数字技术和加大人才培养的力度。

1.2.3 我国创新创业的特色与发展

我国创新创业的特色与发展反映了国家政策的导向、市场需求的多样性以及区域经济发展的不均衡。这不仅塑造了我国独特的创新创业环境，还对全球创新创业的格局产生了重要影响。

1. 政策环境与市场动态

我国的创新创业环境在很大程度上受到国家政策的影响和市场环境的驱动。

1) 政策支持

我国政府通过诸多政策支持创新创业，旨在激励创新和支持初创企业。例如，政府通过税收减免、资金支持，提供创业孵化器和科技园区，以及知识产权保护等，以促进创新创业生态系统的发展和完善。

2) 市场规模与需求

我国庞大的市场规模和多样化的消费需求为创业公司提供了巨大的市场机会。随着中产阶级的增长和消费升级，新的市场需求不断涌现，将推动包括电子商务、智能制造、健康科技等多个领域的创新和创业活动的发展。

2. 区域发展与产业特色

我国创新创业活动具有明显的区域特色和产业分布特点。

1) 东部沿海地区

作为经济最发达的地区，如上海、深圳，这些城市是我国高科技创新和金融服务的中心，拥有发达的创新创业生态系统和资本市场。

2) 中西部地区

中西部地区，如成都、重庆、西安等地，正通过政策引导和产业转移，发展成为新的创新创业高地，特别是在生态农业、文化创意产业和智能制造等领域。

3. 国际影响与合作

我国在全球创新创业领域中扮演着越来越重要的角色。

1) 国际合作

我国企业和研究机构在国际科技合作项目中扮演着日益重要的角色。通过与国际伙伴的合作，我国不仅能共享创新资源，同时将国内的创新成果推向全球市场。

2)"一带一路"倡议

这一倡议不仅促进了基础设施和贸易的发展，还为我国企业提供了拓展国际市场的新机遇，尤其是在互联网、电子商务和绿色技术等领域。

📖 案例导读 ｜ 充电10分钟，行驶800里！宁德时代神行超充电池来了

2023年8月16日，宁德时代正式发布全球首款磷酸铁锂4C超充电池——神行超充电池，该电池可实现"充电10分钟，行驶800里(续航约400千米)"。

宁德时代成立于2011年，起初专注于研发和生产锂电池及相关产品。通过持续的技术创新和规模扩张，宁德时代迅速成为全球最大的汽车锂电池制造商之一。宁德时代不仅为电动汽车产业提供动力，而且推动了整个能源结构向低碳转型的进程。

案例点评：宁德时代的成长历程反映了我国政策环境对创新创业的积极影响，尤其是在新能源和高科技领域，同时展示了我国企业在全球化背景下的竞争力和国际合作的潜力。

1.2.4 未来创新创业的发展方向

未来创新创业的发展方向将是技术驱动、社会责任和教育创新的综合体现。这不仅为未来的企业家和创业者提供了指导，还为整个社会创新生态系统的发展指明了方向。

1. 技术前沿与创业机遇

未来的技术发展将对创新创业产生深刻影响，主要体现在以下几个方面。

1) 人工智能与自动化

人工智能和机器学习的进步将继续为各行各业带来革命性的变化，提供新的商业模型和服务交付方式。

2) 量子技术

量子计算、量子通信等技术的发展有望解决传统计算无法解决的问题，为科学研究和数据处理带来新的可能。

3) 生物技术与医疗创新

基因编辑、生物制药和个性化医疗等领域的创新，预示着健康和医疗产业的巨大发展潜力。

2. 可持续发展与社会创新

在可持续发展和社会责任方面，未来创新创业将越来越多地关注。

1) 绿色技术和可持续能源

为应对气候变化，未来的创新创业将重点发展清洁能源、节能技术和可持续材料。

(2) 社会企业和影响力投资

以社会影响为导向的企业和投资将越来越受重视，在追求经济效益的同时解决社会问题。

3) 智慧城市和社区

利用技术手段优化城市管理和生活质量，促进城市的可持续发展和提高其居住舒适度。

3. 教育和人才培养的趋势

未来的创新创业教育和人才培养将体现以下趋势。

1) 综合技能培养

强调技术技能与软技能的结合，如创新思维、跨学科知识和团队协作能力。

2) 终身学习和适应性

随着技术和市场快速变化，终身学习成为必需，教育体系需要提供持续学习和技能更新的机会。

3) 实践导向和行业合作

加强理论与实践的结合，通过合作项目让学生直接参与创新创业实践。

1.3　培育适应时代的创新心态

课程思政： 创新心态能够帮助企业家识别和利用新机会，有效应对挑战，培养其在逆境中的韧性，并在组织内部营造支持创新的氛围。

1.3.1　创新心态的重要性

创新心态是创业成功的关键因素。这种心态包括主动寻求变革、挑战现状，在不断变化的环境中寻找新的机遇等。创新心态对于创业者而言不仅是一种思维方式，更是一种行动指南，培育和维护创新心态对适应当今及未来的商业环境至关重要。

1. 推动创意和解决方案的生成

创新心态促使企业家不断质疑现有的做法，探索更有效或更具创造性的解决方案。这种思维方式鼓励突破传统思维的限制，提出新颖的想法。

在产品开发、市场策略和运营管理等方面，创新心态是发现未被满足的市场需求和潜在机会的关键所在。

2. 应对市场变化和竞争挑战

创新心态使企业家能够更快地适应市场变化和技术革新。在面对激烈的市场竞争时，它帮助企业家从竞争对手中脱颖而出，通过创新保持市场领先地位。

创新心态还促使企业家对业务模式进行不断的迭代和优化，以适应不断变化的市场和消费者的需求。

3. 培养逆境中的韧性

创新心态不仅关乎创造新产品或提供服务，还关乎企业家在面对失败时的韧性。通过把失败视为学习和成长的机会，有创新心态的企业家能够迅速从挫折中恢复并继续前进。

创新心态鼓励企业家不断挑战自我，即使在遭遇难题和挑战时也能保持积极和乐观的态度。

4. 促进团队和组织的创新文化

有创新心态的企业家通过自身的决策和行为，能够在组织内部打造一种鼓励创新和尝试的文化。这种文化不仅会吸引创新型人才，也将鼓励团队成员发挥创造力，共同推动组织的成长和发展。

1.3.2 创新心态的培养方法

培养适应时代的创新心态是任何创业者成功之路的基石。创新心态不仅关乎商业知识和技能，更是一种积极主动、不畏挑战的心理状态。培养创新心态是一个多方面的过程，涉及自我认知、学习和实践、建立支持网络、培养适应性和韧性及促进创新思维。

1. 自我认知与动机分析

1) 自我反思

定期进行自我反思，了解个人的优势、弱点、价值观和激情所在，有助于明确创业动机和目标。

2) 明确目标

设定清晰的、具有挑战性的、但通过努力能够达成的个人目标和职业目标，有助于企业保持发展的动力和方向。

2. 学习与经验积累

1) 持续学习

创业需要广泛的知识和技能，从市场营销到财务管理，从产品开发到人际沟通。创业者可以通过参加相关课程、研讨会和讲座，不断学习新知识。

2) 实践经验

实际操作是特别好的学习方式之一，创业者可以通过生产实习、志愿工作或创办小型项目来积累实践经验。

3. 建立支持网络

1) 寻找导师和顾问

创业者可以与经验丰富的企业家、行业专家建立联系，他们的指导和建议对于避免常见陷阱和加速成长至关重要。

2) 加入创业社区

创业者可以参与创业社区和网络活动，与同路人交流想法和经验，从中获得支持和灵感。

4. 培养适应性和韧性

1) 适应性训练

创业者可以通过模拟不同的商业情景和挑战，训练自己快速适应和应对变化的能力。

2) 韧性和抗压能力

创业者可以通过心理训练、瑜伽、冥想等活动来提高应对压力和挑战的能力。

5. 促进创新思维

1) 创新思维训练

创业者可以通过头脑风暴、思维导图和创意工作坊等方法来激发创新思维。

2) 多元化视角

接触不同行业、不同文化和思维方式，开阔视野，有助于产生新的想法和发现新的机遇。

创新心态是创业者在不断变化的商业环境中导航的罗盘，能够帮助他们应对挑战、抓住机遇，从而实现他们的创业梦想。

1.3.3　应对市场变化的策略

应对市场变化的策略要求创业者不仅在商业操作上具有灵活的适应能力，而且在心理和情绪方面也要具备强大的适应能力。通过培养灵活性、创新能力、复原力，获取强大的网络支持，以及持续强化学习和成长，创业者可以更好地应对商业环境的快速变化，利用变化中的机遇，同时减少不确定性带来的风险。

1. 灵活性和适应性

1) 持续的市场监测

定期分析市场趋势和消费者行为，以便及时调整商业策略。这包括使用市场研究工具、跟踪行业报告，以及参与相关行业会议和网络研讨会。

2) 灵活的业务模型

创业者应建立一个可快速适应市场变化的业务模型。这意味着创业者要拥有能够迅速调整产品或服务的能力，或者在必要时快速转变业务重心的能力。

2. 创新和迭代

1) 鼓励创新思维

创业者应定期组织团队创新会议，鼓励员工提出新想法，并为实验和探索提供资源及支持。

2) 迭代开发

创业者应采用敏捷开发方法，快速构建原型并进行测试，以收集反馈并进行改进，从而缩短产品或服务的开发周期。

3. 培养复原力和韧性

1) 心理准备和抗压能力

创业者应通过培训和自我成长提高应对压力和不确定性的能力。例如，通过时间管理、冥想和心理辅导等手段提高心理韧性。

2) 从失败中学习

创业者应将失败视为学习和成长的机会，分析错误和不足，以防止未来再犯同样的错误。

4. 构建支持网络

1) 建立强大的网络

创业者应与其他企业家、行业专家和顾问保持联系，以便在需要指导或面临困难时得到支持。

2) 参与社群和协作

创业者应加入行业协会、创业社区和在线论坛，与同行分享经验，获取新知识和灵感。

5. 保持学习和成长

1) 终身学习

创业者应持续学习新技能和新知识，特别是与自己的业务领域相关的新兴技术和管理技巧。

2) 接受反馈和自我提升

创业者应积极寻求客户、合作伙伴和员工的反馈，不断自我反思和提升。

1.3.4　案例分析：马克·扎克伯格(Mark Zuckerberg)

成功的企业家们所处的行业和所采取的创新创业策略可能不同，但无一例外地展现了其强烈的创业精神和对创新的执着追求。在挑战面前始终能够保持坚定，并用独特的方式引领各自的企业不断向前发展。

图1.1　马克·扎克伯格——Facebook创始人

Facebook创始人、Meta董事长兼首席执行官马克·扎克伯格(如图1.1所示)在2010年接受《连线》杂志访谈时表示："我最关心的就是，如何让世界更开放。"

1. 风险态度

马克·扎克伯格在大学时就表现出非凡的冒险精神，他选择放弃哈佛大学的优越教育环境，投身于不确定的创业旅程。Facebook早期面临多家竞争对手，但马克·扎克伯格坚持自己的态度，最终使Facebook成为市场领导者。

2. 创新能力

Facebook的发展历程充满创新，从最初的大学社交网络到全球最大的社交媒体平台之一，马克·扎克伯格引领Facebook不断扩展业务边界，比如涉足VR(虚拟现实)和AR(增强现实)。

3. 对失败的处理

马克·扎克伯格面对诸如隐私泄露等危机时，通常选择直面问题，公开承认错误，并寻求改进。他视失败为成长的机会，而非终点。

4. 社会影响

马克·扎克伯格深知自己的平台对全球社会有着深远的影响，因此他经常参与讨论有关言论自由和数据安全的话题。他通过慈善捐赠，比如承诺捐出大部分财富，体现出对社会责任的重视。

5. 长期愿景

马克·扎克伯格对Facebook的愿景超越了当前，他正在构建"元宇宙"概念，意图创造一个全新的虚拟交互空间。

1.3.5　案例分析：雷军(Lei Jun)

小米科技创始人、董事长兼首席执行官，金山软件公司董事长，我国著名天使投资人——雷军(如图1.2所示)的人生感悟："任何时候都要顺势而为，不要逆势而动。"

图1.2　雷军——小米科技创始人

1. 风险态度

选择离开稳定的金山软件CEO职位，创办小米，雷军的经历体现了他对新机遇的敏锐嗅觉和勇于冒险的精神。小米初期面临众多质疑，但雷军凭借坚定的信念和清晰的目标，成功打破了市场常规。

2. 创新能力

雷军在小米的产品和营销策略上具有独特的创新能力，如通过粉丝社区营造品牌忠诚度，这在当时的科技行业很新颖。小米的产品线不断拓展，从手机到智能家居，再到人工智能物联网，都体现了雷军不断探索新领域的创新精神。

3. 对失败的处理

雷军面对市场起伏和竞争压力时，能快速做出调整，如在市场需求变化时迅速转型。他将失败看作一种市场反馈，用以优化产品和服务。

4. 企业文化

雷军倡导的"为发烧而生"的企业文化，强调追求极致体验和技术创新，这在小米员工中转化成了一种特殊的工作热情和创造力。这种文化也影响了小米的产品设计及用户体验。

5. 用户中心

雷军始终将用户放在首位，小米的众多决策都围绕着如何提升用户体验展开。小米的互动式社区和用户反馈机制正是这种用户中心策略的体现。

1.4 创新能力在推动创业成功中的作用

课程思政：创新能力是促进企业成功的关键因素。创新能力要求创业者保持好奇心，勇于挑战现状，持续学习和提高适应能力。

1.4.1 创新能力的定义与重要性

1. 创新能力的定义

创新能力是指个人或组织从新想法中提取价值的能力。这包括识别新机遇、挑战现状、解决复杂问题和实现创意的能力。创新不仅仅是发明新产品或服务，还包括改进现有的流程、方法或技术，以更高效的方式实现目标。

2. 创新能力的核心要素

- 创意形成能力：能够产生新颖且实用的创意。
- 实现能力：将创意转化为实际可行的解决方案或产品。
- 持续改进：对现有产品、服务或流程进行不断的优化和迭代。

3. 创新能力的重要性

1) 市场领先

创新能力促使企业开发独特的产品或服务，从而在市场中脱颖而出。它为企业提供了区别于竞争对手的独特之处，有助于吸引和保留客户。

2) 适应性与灵活性

在不断变化的市场环境中，创新能力促使企业能够快速适应新趋势和变化，帮助企业在面临挑战和不确定性时保持竞争力。

3) 持续增长

通过提高创新能力，企业可以探索新的增长领域，如进入新市场、开发新产品线或创建新的商业模式。这些都是推动企业持续发展和提升盈利能力的关键因素。

4) 品牌和声誉

强化创新能力是建立和维护品牌形象的重要途径。创新领导者往往被视为行业的先锋，这有助于建立品牌的权威和信誉。

5) 提高效率和降低成本

通过改进内部流程和技术，创新能力能够提高企业的运营效率，降低成本，从而提高整体的盈利能力。

1.4.2 培养创新能力的方法

在创业的过程中，培养创新能力是一项至关重要的任务。创新能力不仅包括新想法的产生，还包括这些想法的实施和实现。创新能力的培养不是一次性的，而是一个持续的过程，需要不断地练习、支持和投资。创新能力的培养主要通过个人和组织两个层面开展。

1. 个人层面

1) 持续学习与教育

创新来源于不断的学习。企业家应该追求终身学习，不断更新自身的知识库，掌握新技术，了解行业动态，以及探索跨学科的知识。

2) 创造性思维训练

创业者应通过头脑风暴、思维导图和逆向思考等技巧，训练大脑思考不同的解决方案和路径。

3) 保持好奇心和探索性

创业者应对事物持有好奇心，并探索未知领域能够激发新的思路和创新的事物。个人应主动提出问题、挑战假设和探究事物的工作原理。

4) 建立多元网络

通过与不同背景和领域的人建立联系，可以增加新想法的来源，并激发出新的观点和创意。

2. 组织层面

1) 创新文化的培养

组织应该建立一种鼓励创新的文化，包括领导层的支持、认可创意的提出并将接受失败作为学习的一部分。

2) 促进跨部门合作

促进不同部门之间的沟通和协作，可以产生新的视角和想法。团队合作鼓励知识共享，从而激发创新。

3) 资源的分配

组织应为创新分配资源，包括时间、资金和工具。组织应该为实验和原型的开发提供支持，从而促进新想法的测试和实践。

4) 激励机制

创新的奖励和激励机制能够鼓励员工积极参与创新。企业应奖励那些能够带来创新思想和改进的员工。

5) 完善创新流程和结构

企业应建立健全支持创新的流程和结构。这包括专门的创新团队、项目孵化器和内部创业计划等。

6) 开放式创新

利用外部资源和合作关系，包括与其他公司、大学或研究机构的合作，可以拓宽新想法和解决方案的来源。

1.4.3 创新能力与竞争优势

在激烈的市场竞争中，创新能力是企业能够脱颖而出的决定性因素。创新能力不仅关系到企业的生存，更是推动其走在行业前列的核心驱动力。

1. 创新能力是竞争优势的基石

竞争优势是指企业在市场上相对于其他竞争者所拥有的优势。这种优势来源于企业的多个方面，如成本结构、产品质量、品牌声誉、客户服务等。创新能力是构筑这些优势的基石，因为它能够持续提供差异化的价值。

2. 创新能力的竞争优势

1) 产品创新的竞争优势

通过开发新产品或改进现有产品，企业可以提供独特的价值，满足客户未被满足的需求。这种产品创新不仅可以吸引新客户，还可以提高客户忠诚度。

2) 流程创新的竞争优势

企业通过改进生产流程和业务流程，提高效率，降低成本，从而在价格竞争中占据优势。流程创新还能提高响应市场变化的速度，使企业的运作更加灵活。

3) 商业模式创新的竞争优势

重新构思如何创造和交付价值的商业模式创新，可以打开新的市场空间，改变行业规则。例如，订阅服务和共享经济就是商业模式创新的有力证明。

4) 组织创新的竞争优势

通过构建支持创新的组织结构和文化，企业能够更好地激发员工的创新潜力，从而持续推出市场领先的产品和服务。

5) 技术创新的竞争优势

利用新技术或改善现有技术可以开拓新的生产方式，提升产品的功能性和互动性，增强用户体验，从而在技术层面建立竞争壁垒。

创新能力所提供的竞争优势是可持续的。基于企业的学习和适应能力，能够不断地通过创新来保持和更新其竞争优势。与基于规模或成本的竞争优势相比，基于创新的优势更难被模仿。基于创新的优势包含了企业文化、知识产权和独特的内部能力。

1.4.4 案例分析：大疆创新——以创新驱动为核心的成功企业

创新作为推动企业成功的核心驱动力，在全球范围内得到了广泛的认可。大疆创新，英文缩写为DJI，如图1.3所示，2006年由在香港科技大学读书的汪滔创立。大疆创新通过不断的技术创新，将复杂的无人机技术变得易于用户接受和使用，成为世界领先的我国民用无人机制造商。2019年6月11日，大疆创新入选"2019福布斯中国最具创新力企业榜"。

图1.3　大疆创新标志

1. 产品创新

大疆创新的无人机在稳定性、图像捕捉技术以及用户界面方面的创新，使其产品在全球消费者和专业人士中都深受欢迎。

2. 技术领先

大疆创新在飞控系统和相机稳定系统的研发上不断投入，以保持其在技术方面的世界领先地位。

3. 市场扩张

通过不断的创新，大疆创新成功拓展了从摄影爱好者到商业航拍的广泛市场。

4. 品牌建设

大疆创新通过高质量的产品和技术创新建立了强大的品牌影响力，成为无人机领域的代名词。

结论：大疆创新的成功证明了技术创新对于建立行业标准和领先地位的重要性，以及技术创新如何帮助企业在全球范围内获得认可。

1.4.5　案例分析：Spotify——全球知名流媒体音乐服务平台

Spotify是一个正版流媒体音乐服务平台，于2008年10月在瑞典首都斯德哥尔摩正式上线。Spotify提供免费和付费两种服务，免费用户在使用Spotify的服务时将被插播一定的广告，付费用户则没有广告，且拥有更好的音质。Spotify通过创新的商业模式和技术，重新定义了音乐行业的运作方式。

1. 商业模式创新

Spotify采用订阅服务模式，允许用户通过付费订阅和广告支持的免费服务访问其广泛的音乐库。

2. 个性化推荐

通过复杂的算法，Spotify提供个性化的音乐推荐，极大地提升了用户体验。

3. 合作模式

Spotify与音乐制作人和艺术家合作，创造了一个双赢的生态系统，不仅增加了用户的选择，还为艺术家提供了收入。

4. 技术创新

Spotify不断投资于数据分析和流媒体技术，提高服务质量并保持领先地位。

结论：Spotify的成功展示了如何通过商业模式和技术创新在传统行业中创造出全新的市场空间，并在全球范围内取得成功。无论是在技术产品还是服务模式上，创新能力都是企业获得竞争优势和市场成功的关键。创新能力在企业战略中居于核心地位，帮助企业在全球化的市场中占据领先地位。

1.5 创新创业生态系统

课程思政：只有通过精确的市场趋势分析与预测，以及以需求为核心的创新实践，创业者才能更好地把握市场动向，有效地将创新转化为商业成功。

创新创业生态系统指的是一个多元化且互动的网络，汇集了融资渠道及支持机构与资源(如孵化器、加速器和顾问服务)等要素，共同促进新兴企业的创立和成长，如图1.4所示。在这个生态系统中，各方通过相互合作、资源共享和知识交流，创造一个有利于创新和创业活动的环境。这种生态系统不仅支持初创企业解决创始阶段的挑战，还助力这些企业在市场中持续成长，从而推动经济的整体创新和发展。

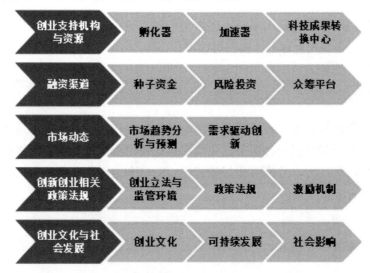

图1.4 创新创业生态系统

1.5.1 创业支持机构与资源

在创新创业生态系统中，创业支持机构与资源发挥着关键作用，为创业者提供从概念到商业化所需的各种支持。

1. 孵化器和加速器

孵化器和加速器是专门支持初创企业和创业项目的机构，可以将创业者与潜在的投资者、顾问、客户和其他创业者联系起来，这对于初创企业的发展至关重要。

1) 孵化器

孵化器通常提供初创企业所需的基础设施，如办公空间、会议室和网络连接，以及对管理、财务和法律问题的咨询服务。孵化器为创业者营造一个资源丰富的环境，以培育他们的商业想法，降低早期创业可能遇到的风险。

2) 加速器

加速器则专注于加速成长型企业的发展速度。通过数月的密集培训和指导，加速器帮助企业快速成型。加速器通常会对接受其服务的企业进行投资，并在培训结束时组织演示日活动，以吸引投资者和媒体的关注。

2. 科技成果转化中心

科技成果转化中心在大学和研究机构中扮演着重要角色，主要负责管理和商业化学术研究成果。科技成果转化中心可以将研究人员的发现转化为可以许可或出售的专利和技术，从而促进知识产权的保护和创新技术的市场应用。

通过与产业界的合作，科技成果转化中心能为科研成果找到合适的商业伙伴，帮助学术界的创新成果转化为实际的产品和服务。这种合作能促进研究与发展的投资，推动科技创新的商业化进程，从而促进经济增长和社会进步。

孵化器和加速器通过为创业者提供必要的资源和网络，降低了创业的门槛；科技成果转化中心则通过促进学术研究成果的商业化，强化了学术与市场之间的联系。这些创业支持机构是推动国家创新战略和实现科技成果转化的关键力量，为大学生和其他创业者提供了实现创意和科技成果市场化的平台，是提升经济的动力并加快可持续发展。

1.5.2　创业融资策略与融资渠道

在创新创业生态系统中，融资策略与融资渠道是创业活动的重要基石。不同发展阶段的企业需要不同的融资策略和融资途径。

1. 创业融资策略

创业融资策略是创新创业中的一个关键环节，它包括为企业获取资金的计划和方法。一个成功的融资策略需要创业者评估不同的融资选项，了解每种选择的成本和收益，并根据企业发展阶段和特定需求进行决策。

1) 融资需求

创业者应首先明确自己的融资需求，包括短期和长期的资金用途，然后识别潜在的融资来源。每种融资方式都有其自身的利弊，创业者需要对其进行透彻的研究和比较。

2) 资金成本

有效的融资策略还应考虑资金成本，如利息、股权稀释或对公司控制权的影响。因此，制定策略时，要权衡各种融资方式对公司未来发展的潜在影响。例如，接受风险投资可能意味着在战略决策上需要与投资者合作，而贷款则需要确保有稳定的现金流来偿还。

3) 发展战略

创业融资策略应与企业的整体发展战略保持一致，并随着企业发展阶段的变化而调整。创业者需要不断审视和评估其融资策略的有效性，确保资金能够在推动企业增长的同时，保证财务健康和可持续性。

2. 融资渠道：从种子资金到风险投资

1) 种子资金

创业融资通常从种子资金开始，这是创业者将概念转化为初始产品或服务的资本。种子资金一般来自个人储蓄、家人、朋友或早期天使投资者。

2) 风险投资

企业随着成长，对资金的需求日益增加，风险投资将成为重要的融资渠道。风险投资不仅能提供资金，还会带来行业专业知识、管理经验和重要的商业联系。风险投资者通常寻找具有高增长潜力的公司进行投资，并在投资后积极参与公司的运营，以确保投资获得回报。

3) 众筹平台

众筹平台为创业者提供了一种新的融资方式，让广大的网民能够以小额投资的方式支持他们感兴趣的项目。这种方式不仅为创业者提供了资金，还使得他们拥有了一群忠实的支持者。

3. 资助机制

1) 政府资助机制

政府资助机制对创新创业生态系统的健康发展至关重要，包括提供创业补助金、税收优惠、低息贷款和研发资金等。政府的支持不仅减轻了创业的财务负担，还鼓励了对创新和创业的尝试。

2) 民间资助

民间资助是指来自企业、基金会和行业协会等非政府组织的支持和帮助。这些组织可能为特定的行业、技术领域或社会企业提供资金和资源。民间资助往往注重项目的商业可行性和潜在的市场回报。

结合这些融资渠道和资助机制，创业者能够在创新创业生态系统中找到适合自己项目阶段和需求的资金支持，从而克服创业初期的资金难题，加速创新项目的成长和市场推广。

1.5.3 市场动态对创新创业生态的影响

在创新创业生态系统中，洞悉市场动态是关键环节，这对指引创新方向和制定创业策略具有重要意义。

1. 市场趋势分析与预测

创业成功的关键往往取决于对市场趋势的把握和预测。分析市场趋势包括识别消费者行为的变化、技术进步、经济周期及行业发展的新方向。创业者需要运用市场研究、数据分析、竞争对手分析及环境扫描等方法来判断这些趋势。

预测市场趋势需注重对现有数据的解读和未来市场发展的推理，包括使用统计模型、建立情景分析及利用专家洞察等方法。准确的市场预测能够帮助创业者在产品开发、市场定位和战略规划上做出更加明智的决策。

2. 需求驱动创新

市场需求是推动创新的主要力量。在需求驱动的创新模式下，创业者可以通过深入了解消费者需求，设计和开发出能够满足这些需求的产品和服务。这要求创业者进行持续的市场调研，与潜在用户进行对话，并快速响应市场反馈来优化他们的产品。

在市场引导下的创业实践中，创业者不断试错和迭代，通过实际的市场反馈来调整其商业模式。这种以市场为中心的方法促进了紧密贴合用户需求的创新，并有助于降低产品开发的风险。

市场动态对于创新创业生态系统来说是不断变化的，这就要求创业者具备灵活性和适应性，以便发现新的商机并快速占领市场。

1.5.4 创新创业相关国家政策与法律法规

在创新创业生态系统中，政策法规为创新创业活动提供了必要的指导和规范，对于营造一个健康的创业环境至关重要。

1. 创业立法与监管环境

创业立法旨在为创业提供法律支持，它们为创业者提供了业务运作的法律基础。这些立法通常包括公司设立、税务、雇佣、知识产权保护、合同法及产品责任等方面。一个健康的创业监管环境应既保护消费者和公众的利益，又不对创业者造成过度负担。

我国政府为支持创新创业活动，逐步放宽了对企业的监管，简化了企业注册流程，降低了企业运营的行政成本。我国政府还在知识产权保护方面做出了重要努力，以鼓励创新并吸引国内外投资。

2. 政策法规和激励机制

政策法规和激励机制是推动创新创业的关键手段。这些政策法规包括税收优惠、创业补贴、研发资金支持、政府采购优先政策及专项创业基金等。这些激励措施既直接减轻了创业者的财务负担，也间接地实现了风险缓释，增加了创业项目的吸引力。

我国政府通过一系列政策法规，激发了社会各界的创业热情。国家级和地方级的创新创业大赛、孵化器补贴政策及对小微企业的金融支持等，均显著推动了创新创业活动的发展。

这些政策法规和激励机制为创业者提供了一个更加友好的外部环境，降低了进入市场的门槛，并为创新项目的实施提供了动力。创新创业政策法规为创业活动提供了基础和方向，而激励机制则为创业活动提供了具体的支持和推动力。这就确保了创新创业生态系统中的各个参与者能在一个规范有序的环境中开展活动，同时保障了创新创业生态系统的健康发展。

1.5.5 创业文化与社会发展

在创新创业生态系统中，创业文化的塑造与传播以及生态系统的可持续发展对于激发创新活动和支持创业具有重要意义。

1. 创业文化的塑造与传播

创业文化是指社会对创业活动的态度、价值观念、行为规范和期望。在我国，政府推动的创新创业政策使得创业文化逐渐成为社会主流。

传播创业文化需要多方面的努力。教育系统通过引入创业教育课程，激发学生的创业兴趣和创新思维；媒体通过报道成功的创业案例，提高社会对创业的关注度；政府和非政府组织举办的创业活动和竞赛则直接推动了创业文化的普及。

2. 创新创业生态系统的可持续发展与社会影响

创新创业生态系统的可持续发展涉及生态系统内各要素的长期平衡与和谐发展。这不仅包括经济增长和创业成功，还涉及社会福祉、环境保护和资源合理利用。我国政府正在推动创新创业生态系统的可持续发展，关注生态环境保护和社会公平。例如，绿色创业和社会创业得到了政策支持和资金资助，这不仅促进了经济的多元化，还有助于解决社会问题和保护环境。此外，创新创业生态系统对社会的影响是多方面的，不仅创造就业机会，促进技术创新，还有助于促进社会文化的多样化和社会结构的优化。创业活动的成功还能提升国家的国际形象和竞争力。

创业文化的塑造与传播及创新创业生态系统的可持续发展是创新创业生态系统中不可或缺的两个方面。这些因素共同作用于创新创业生态系统，不仅影响着个体创业者的行为和决策，还塑造着整个社会对创业的态度和期望。通过塑造积极的创业文化和推动生态系统的可持续发展，可以为创新创业活动创造更加健康和富有活力的环境。

1.5.6 案例分析：弘润清源——创新创业生态系统中的新星

弘润清源是一家致力于应用前沿纳米技术解决全球性环境问题的科技企业。该企业在石墨烯超快吸湿材料的研发上，开创了解决全球清洁饮用水短缺问题的新思路。通过科技创新，弘润清源以其革命性的无源空气取水技术，成为"互联网+"大赛国赛金奖的获得者，并受到了联合国等多个知名机构的认可。

1. 创新技术与社会价值

弘润清源的核心技术是其研发的石墨烯材料，这种材料能够在不依赖传统水源的情况下，从空气中高效提取水分子。这一技术展示了其创新方向的独特性，不仅为解决全球饮用水短缺问题提供了新思路，还为能源短缺和全球变暖问题的解决做出了贡献。

2. 科研成果转化

该项目的技术转化基于高校教授团队多年的研究积累。这种学术界与企业界的紧密合作，是创新创业生态系统的典型特征之一，它加快了科研成果向市场的转化速度。创业团队获得的联合国75周年特别奖、第八届"互联网+"大赛国赛金奖、第十二届挑战杯金奖等荣誉，证明了其科技成果的社会价值和实用性。

3. 媒体影响力与社会认可

弘润清源受到人民网、新华网等国内知名媒体的广泛报道，这不仅提升了该项目的公众知名度，还反映了其在科技创新和社会责任方面所受到的高度关注。

4. 制水技术的领先地位

该企业的空气制水机技术在业界处于领先地位，它以超洁净、高速、静音和低能耗的特点，满足了清洁饮用水生产的多项关键需求。这种技术的开发体现了企业对产品性能和环境影响双重考量的创新心态。

5. 商业化进展与未来展望

弘润清源已成功注册公司并运营,处于天使投资阶段,这实际上是其从科研成果向商业化转变的重要一步。随着技术的成熟和市场的拓展,弘润清源有望成为全球清洁饮用水领域的领导者。

案例点评: 作为创新创业生态系统中的新星,弘润清源展示了如何将高校的科研优势转化为企业的创新动力。其成功不仅仅体现在获奖和媒体报道上,更在于其对社会和环境问题的实质性贡献。随着全球对可持续发展和清洁技术要求的提高,弘润清源的未来充满希望。弘润清源项目的创新创业实践活动为大学生创新创业教育提供了一个实际的范例,诠释了如何将学术研究的成果转化为解决全球性难题的实用技术,以及如何通过企业活动促进社会的可持续发展。

本章小结

本章全面概述了创新创业理论基础,首先介绍了创新与创业的基本概念,以及创新与创业之间的互动关系,阐述了创新思维如何驱动创业活动;然后回顾了创新创业的历史演变,分析了当前的创新创业发展趋势;最后通过案例分析突出了创新能力在推动企业成功中的作用及在创新创业生态系统中的重要性。本章重点要求掌握的是创新心态的培养方法、创新与创业之间的相互作用,以及如何在不断演变的市场中维持创新的动力和活力。

思考题:

1. 论述创新与创业的互动关系与相互作用。

2. 简述创新心态的培养方法。

3. 简述创新能力与竞争优势。

4. 简述市场动态对创新创业生态的影响。

测试题:

1. 创新的类型有哪几种?(复选题)

    A. 产品创新   B. 过程创新   C. 营销创新   D. 组织创新

2. 创业过程具有以下哪几个关键特征?(复选题)

    A. 机会识别   B. 资源整合   C. 风险管理

    D. 价值创造   E. 持续创新

3. 创业支持机构有以下哪几种?(复选题)

    A. 孵化器   B. 加速器

    C. 科技成果转化中心   D. 天使投资

4. 创新对创业的作用主要包括哪些?(复选题)

    A. 激发商业机会   B. 提升竞争优势   C. 驱动市场需求

5. 创新与创业在现代商业环境中密不可分,以下说法正确的是哪些?(单选题)

    A. 创业为创新提供了原料和灵感。

    B. 创业是创新实现商业化和社会化的舞台。

    C. 创业引领市场和技术的趋势，而创新则是这些趋势转化为经济效益和社会影响的途径。

    D. 创业是引入新思想、产品、服务或流程的过程。

6. 对于创新创业的描述以下正确的是哪些？(单选题)

    A. 创新不仅仅是技术发明的应用，更关键的是它在商业和社会实践中的实际应用和效果。

    B. 创新必须是开创性的。

    C. 对现有事物的显著改进不能算作创新。

    D. 创新是指引入新的或显著改进的产品(商品或服务)，其新的过程、新的营销方法或新的组织方法不是创新。

7. 关于培养创新能力的方法的正确说法有哪些？(单选题)

    A. 在创业的过程中，培养创新能力并不是必要的。

    B. 创新能力不仅涉及新想法的产生，还包括这些想法的实施和实现。

    C. 创新能力的培养是一次性事件，不是一个持续的过程，不需要不断地练习、支持和投资。

8. 传播创业文化需要多方面的努力，以下描述哪个不正确？(单选题)

    A. 教育系统通过引入创业教育课程，激发学生的创业兴趣和创新思维。

    B. 媒体通过报道成功的创业案例，提高社会对创业的关注度。

    C. 政府和非政府组织举办的创业活动和竞赛则直接推动了创业文化的普及和提升。

    D. 创业文化的塑造与传播对于激发创新活动和支持创业并没有太大重要意义。

9. 以下说法是否正确？(判断题)

应对市场变化的策略要求创业者不仅在商业操作上灵活适应，而且在心理和情绪层面上也具备强大的适应能力。

10. 以下说法是否正确？(判断题)

当前的创新创业趋势体现了技术创新的强大动力、市场和社会需求的快速变化，以及全球化和数字化环境下企业必须应对的新挑战和机遇。

第 2 章

识别和评估创业机会

案例导读 | Beyond Meat 市场革新者

Beyond Meat是一家制造100%全植物成分的肉类替代品制造商，是由伊桑·布朗于2009年创立的，起初只是一个小规模的创业项目。布朗注意到了两个重要的市场趋势：消费者对健康饮食的日益关注和对环境可持续发展的需求。结合这两个因素，他看到了在肉类替代品市场的巨大机会。Beyond Meat 的使命是通过提供美味、营养、环境友好的植物基肉类产品，改变人们对肉类的传统观念。

公司最初面临的挑战包括资金限制、市场接受度以及与传统肉类产品的竞争。然而，Beyond Meat 吸引了投资者的注意，获得了必要的资金支持。公司通过不断的产品创新和市场营销策略，成功地将其产品引入主流市场。

Beyond Meat 通过与大型零售商和餐饮品牌的合作，迅速扩大了市场份额。公司的成功不仅体现在其财务数据上，更在于它对食品行业的长远影响——推动着整个行业朝着更加健康、可持续的方向发展。从一个小型创业项目到行业领导者，Beyond Meat 的成长历程是创新和市场洞察力结合的典范。

在创新创业的过程中，准确地识别和评估创业机会尤为重要。这不仅关乎创业初期的方向确定，而且在很大程度上决定着未来创业的成功与否。在日新月异的市场环境中挖掘出潜在的创业机会，并对其进行周全而深入的分析，是创业成功的关键环节。

学习目的

1. 了解创业机会的本质。
2. 掌握市场分析和可行性研究技巧。
3. 精通客户需求分析。
4. 掌握评估创业风险和回报方法。
5. 通过实际案例获得创业机会识别的成功经验。

2.1 创业机会的识别

> **课程思政**：在识别创业机会时，应注重承担社会责任，将重点放在解决社会问题、改善民生及促进社会和谐的创业机会方面，例如，环境保护、可持续发展和公平贸易。

理解创业机会的本质是创业成功的关键，它包括创业者如何观察市场、理解需求、采取行动以填补这些需求的空白。

2.1.1 创业机会的内涵

创业机会是一种能够创造新价值的特殊情境，它是创业过程的核心。创业机会是指在市场中发现未被满足的需求或者新的资源组合方式，并通过这些发现来创造经济价值或社会价值。

1. 创业机会的来源

创业机会可以来源于多种情境，包括技术创新、市场或政策变化、社会趋势以及现有产品或服务的不足之处。例如，技术进步可能开启新的市场需求，政策变化可能创造新的商业环境，而消费者偏好的变化可能揭示新的服务或产品机会。这些来源都为创业者提供了探索和创新的空间。

2. 创业机会的识别

识别创业机会是一个复杂的过程，需要创业者具备市场洞察力、创新能力和快速适应能力。成功的创业者能够在日常生活中观察到别人忽视的问题或需求，并能迅速构思出解决方案。这不仅涉及对市场的敏感性，还包括对行业趋势的理解和对未来市场需求的预测。

3. 价值创造

识别到的创业机会需要通过创造价值的方式来实现，比如可以通过开发新产品或服务、创建新的商业模式或者其他更高效的资源利用方式。价值创造是将抽象的机会转化为具体商业实践的过程，它要求创业者不仅有创新的想法，还需要有将这些想法付诸实践的能力。

4. 持续的机会探索

在动态变化的商业环境中，持续的创业机会探索是保持竞争力的关键。创业者需要不断学习、调整策略，并对新兴的趋势和变化保持敏感。这种持续的探索和适应能力能够帮助创业者在不断变化的市场中实现持久的成功。

2.1.2 创业机会趋势分析

在创业的领域中，趋势分析能够帮助创业者识别和理解可能影响他们业务长期发展的趋势。通过对市场、技术、社会和政策趋势的分析，创业者可以预测未来的商业机会和挑战，制定更有效的业务战略。

1. 市场趋势分析

市场趋势分析涉及对消费者行为、市场需求和竞争格局的长期变化的研究。这包括分析消费者的购买习惯、偏好变化以及新兴市场的发展。例如，随着大众健康意识的增强，健康和有机食品市场的扩大就是一个重要的市场趋势。通过对这些趋势的分析，创业者可以发现新的市场机会或调整业务策略。

2. 技术趋势分析

技术的发展和创新是驱动市场变化的主要因素之一。技术趋势分析包括对新兴技术的发展和潜在应用的研究，如人工智能、区块链和物联网等。这些技术的发展不仅创造了新的产品和服务机会，还可能会颠覆现有的业务模式。创业者需要密切关注这些技术趋势，以便及时抓住由此产生的商业机会。

3. 社会趋势分析

社会趋势分析涉及对人口结构、文化价值观以及生活方式的变化的研究。这些趋势对市场需求影响深远。例如，随着老龄化社会的到来，对老年人产品和服务的需求将不断增长。理解这些社会趋势对于识别新的市场机会至关重要。

4. 政策趋势分析

政策和法规的变化也会对市场机会产生影响。政策趋势分析包括对国家政策、法律法规以及国际贸易规则的变化的研究。例如，环保法规的加强可能会促进绿色技术和可持续产品的市场需求。创业者需要了解这些政策趋势，以便在符合法规的同时抓住新的商业机会。

创业机会趋势分析是创业者制定长期业务战略的重要依据。通过对趋势的深入分析，创业者可以更好地理解他们所处的商业环境，识别新的商业机会，并做出更加明智的业务决策。

2.1.3 创业机会识别技术

在创业机会的识别过程中，SWOT分析和市场调研与数据分析是两项关键的技术。这些创业机会识别技术为创业者提供一种系统化的方法来评估潜在的商业机会，并为创业决策提供坚实的基础。

1. SWOT分析

SWOT分析是一种策略规划工具，用于评估创业项目或业务的优势(strengths)、劣势(weaknesses)、机会(opportunities)和威胁(threats)，如图2.1所示。这种分析方法可以帮助创业者全面理解他们的业务环境，识别内部资源和能力，以及外部市场的机会和挑战。

(1) 优势(strengths)。识别企业的内部优势，如专有技术、专业团队、品牌优势、地理位置等。

(2) 劣势(weaknesses)。分析企业可能面临的内部劣势，如资金不足、经验缺乏、有限的市场覆盖等。

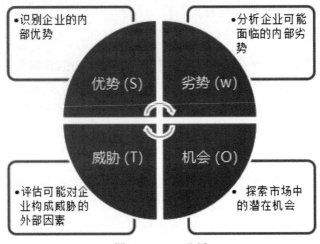

图2.1　SWOT分析

(3) 机会(opportunities)。探索市场中的潜在机会，如新兴市场、政策支持、市场需求变化等。

(4) 威胁(threats)。评估可能对企业构成威胁的外部因素，如竞争加剧、市场不稳定、法规变化等。

通过SWOT分析，创业者可以发现自身的核心竞争力，同时识别和利用外部环境中的机会，规避或准备应对潜在的威胁。

2. 市场调研与数据分析

市场调研和数据分析是了解目标市场和消费者需求的关键。这包括使用定量和定性的研究方法来收集关于市场大小、市场增长率、消费者行为、竞争对手和行业趋势的信息。

(1) 定量研究。如通过对调查问卷收集的数据进行统计分析，以了解市场规模、消费者偏好、购买频率等。

(2) 定性研究。包括焦点小组讨论和深度访谈，旨在深入理解消费者的需求、态度和行为动机。

(3) 数据分析技术。利用现代数据分析技术，如数据挖掘和预测建模，可以从大量数据中提取有价值的信息，辅助创业决策。

这些市场调研和数据分析方法能够帮助创业者更准确地评估市场机会的大小和可行性，理解消费者需求，以及预测市场趋势等。

2.1.4　案例分析：钉钉，是一种工作方式

钉钉作为一款新兴的企业通信和协作平台，是识别并成功利用创业机会的典型案例。作为阿里巴巴集团的一个项目，自2015年推出以来，钉钉凭借其独特的市场定位和创新功能，快速在企业通信市场崭露头角。

1. 识别机会：企业通信和协作的需求

钉钉的成功始于对市场需求的精准识别。在钉钉成立之初，市场上已有多款通信工具，但多数侧重于个人使用，对企业级的通信和协作需求覆盖不足。钉钉敏锐地发现了企

业在高效沟通、项目协作管理及移动办公方面市场的空白。尤其是中小企业，它们缺乏一款既经济又能满足日常管理需求的工具，钉钉就是在这样的市场机遇下应运而生的。

2. 技术创新：专为企业定制

钉钉的一个主要竞争优势在于其技术创新，特别是为企业量身定制的功能。与一般的通信工具不同，钉钉提供了包括考勤管理、日程安排、任务分配和企业内部社交网络等在内的一系列功能，这些都是针对企业运营中的实际需求设计的。此外，钉钉还大力投入移动办公领域，允许用户通过手机应用进行高效的工作管理，这在当时的市场上是一种创新。

3. 市场策略：深耕细分市场

钉钉在市场推广上采取了针对性的策略，特别是集中于中小企业市场。通过提供免费的基础服务并结合灵活的付费增值服务，钉钉成功吸引了大量中小企业用户。钉钉还通过不断优化用户体验和功能，逐渐引起了更多大型企业的关注。

4. 应对挑战：持续创新与适应

面对市场的快速变化和竞争对手的挑战，钉钉通过持续的技术创新和服务优化保持自身的竞争力。钉钉不断更新其平台功能，增加远程视频会议、云端文档协作等新功能，以适应远程工作和数字化办公的趋势。

案例点评：深入了解市场需求、进行技术创新和实施有效的市场策略是成功识别和利用创业机会的关键。钉钉通过其创新的企业通信解决方案，满足了特定市场的需求，成为企业通信和协作领域的佼佼者。钉钉的经历为创业者提供了宝贵的启示：对市场的深刻理解、不断的产品创新和精准的市场定位是把握创业机会的关键。

2.2　创业市场和可行性分析

> **课程思政**：在创业过程中，准确评估市场规模和增长潜力是至关重要的。这不仅帮助创业者了解即将进入的市场现状，还提供了预测未来市场发展趋势的基础。

2.2.1　创业市场规模与增长潜力分析

1. 创业市场规模

市场规模是指在特定时间内，特定市场中产品或服务的总需求量。它是衡量市场价值和容量的关键指标，对创业项目至关重要。创业市场规模的大小会直接影响企业的收入潜力和成长空间。

2. 市场增长潜力

市场增长潜力是指市场在未来的发展前景，即市场规模在未来的扩张能力。这涉及考量市场需求的增加、消费者基数的扩大，以及新技术或新趋势对市场的推动作用。

3. 案例分析——市场规模与增长潜力

元气森林是中国的一家健康饮品公司，通过对健康意识增强的市场趋势的分析，专注于生产无糖、低热量的软饮料。

1) 市场规模分析

元气森林在进入市场前进行了详细的市场规模分析。这包括收集和分析关于健康饮品市场的销售数据、消费者调查结果及竞争对手的市场占有率信息。通过研究行业报告、市场调研数据，以及通过在线调查和焦点小组讨论等方式收集的一手信息，来评估当前健康饮品市场的规模。

2) 增长潜力分析

对于市场的增长潜力，元气森林重点分析了健康饮品市场的发展趋势、消费者对健康饮食的日益关注及相关行业的发展动向。他们评估了消费者健康意识的增强和对健康饮品选择的变化，以及宏观经济因素，比如收入水平的提升对市场的影响。

3) 结合分析制定策略

基于对市场规模和增长潜力的分析，元气森林制定了针对健康意识强的年轻消费者的市场策略，重点推广无糖和低热量的产品，以满足消费者对健康饮品的需求，并通过社交媒体和网络营销吸引年轻消费者。

2.2.2 目标客户群体和市场细分

确定目标客户群体和进行市场细分对于初创企业来说至关重要。这不仅有助于企业更有效地定位其产品和服务，还有助于提高市场营销活动的效率和效果。通过对目标市场的深入了解，初创企业可以更好地满足消费者的需求，从而在激烈的市场竞争中获得优势。

1. 确定目标客户群体

目标客户群体是指最有可能购买企业产品或服务的消费者群体。确定目标客户群体需要深入了解潜在消费者的特点，包括他们的年龄、性别、收入水平、教育背景、职业、兴趣爱好、购买行为、生活方式等。了解这些信息有助于企业更好地理解他们的需求和偏好，从而开发出更加符合他们需求的产品或服务。

2. 市场细分的方法

市场细分是指将广泛的市场划分为更具特定特征的消费者群体的过程。市场细分的方法通常包括以下几种。

- ❍ 地理细分：根据消费者的地理位置来划分市场。
- ❍ 人口统计细分：基于消费者的年龄、性别、收入、教育和家庭状况等人口统计特征来划分市场。
- ❍ 心理细分：考虑消费者的生活方式、价值观和个性等因素来划分市场。
- ❍ 行为细分：根据消费者的购买习惯、使用频率、忠诚度和对产品的态度等行为特征来划分市场。

3. 案例分析：目标客户群体和市场细分

以元气森林为例，这家公司通过分析健康饮品市场的消费者特征，确定了年轻、注重健康的城市居民为其主要目标客户群体。在进行市场细分时，元气森林可能会考虑这些消费者的生活方式(如积极健身)、购买行为(如偏好网上购物)和消费观念(如倾向于选择无糖或低糖饮品)。这些信息帮助元气森林更准确地制定产品开发和营销策略，以满足这一特定市场阶段的需求。

2.2.3 竞争环境评估方法

竞争环境评估是创业过程中的关键环节。通过深入的竞争环境分析，创业企业不仅可以了解竞争对手和行业的现状，还可以预测未来的趋势和变化，从而制定出更具竞争力的业务策略。

1. 竞争对手分析

竞争对手分析是指识别现有的和潜在的竞争对手，包括分析这些竞争对手的市场份额、产品特性、价格策略、营销活动、客户服务和品牌形象，了解竞争对手的优势和劣势。进行竞争对手分析可以帮助创业企业制定有效的竞争策略，比如定位独特的市场细分、提供差异化的产品或服务，或者在特定领域建立竞争优势。

2. 行业结构分析

使用波特的五力模型是分析行业结构的一个有效方法。这个模型包括五个方面：新进入者的威胁、供应商的议价能力、买家的议价能力、替代品或服务的威胁和行业内的竞争对抗，如图2.2所示。通过评估这些因素，创业企业可以更好地了解行业的竞争压力和盈利潜力，以及市场进入的障碍。

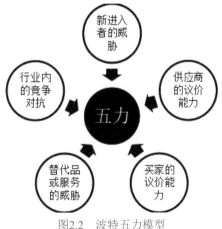

图2.2 波特五力模型

3. 竞争趋势分析

对行业的竞争趋势进行分析，包括市场增长率、技术变革、法规变化及消费者偏好的变化等。这有助于预测行业的发展方向和竞争格局的变化，从而为创业企业制定长期策略提供依据。

4. SWOT分析

SWOT分析也是评估竞争环境的有效工具。通过分析优势、劣势、机会和威胁，创业企业可以更好地定位自己在竞争环境中的位置，并制定相应的策略。

2.2.4　可行性分析

可行性分析方法为创业者提供了一个全面评估创业项目可行性的框架。通过对市场、技术、财务和法规各方面的细致分析，如图2.3所示，创业者可以更准确地判断创业项目的成功概率，并据此做出明智的决策。

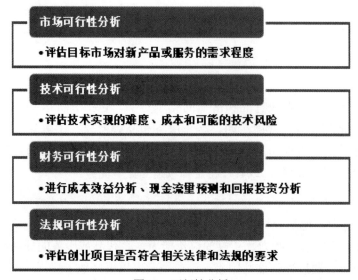

图2.3　可行性分析

1. 市场可行性分析

市场可行性分析是评估目标市场对新产品或服务的需求程度。这包括了解目标市场的大小、增长潜力、消费者需求和偏好、市场趋势及竞争环境。市场可行性分析的目的是确定产品或服务是否能满足市场需求，以及是否能在激烈的市场竞争中占据一席之地。

2. 技术可行性分析

技术可行性分析关注的是项目所需技术的可用性、成熟度和可靠性。对于依赖新技术或高科技的创业项目来说，评估技术实现的难度、成本和可能的技术风险至关重要。这也包括评估所需技术的供应链和技术支持的可用性。

3. 财务可行性分析

财务可行性分析涉及评估项目的经济效益，包括启动成本、运营成本、预期收入和利润。通过进行成本效益分析、现金流量预测和回报投资分析，创业者可以判断项目是否具有财务方面的可行性。

4. 法规可行性分析

法规可行性分析是指评估创业项目是否符合相关法律和法规的要求。这包括行业规范、环境法规、劳动法规和税务法规等。对于一些特定行业，如医药、食品和金融服务，法规可行性分析尤为重要。

2.2.5　案例分析：遇见蔚来，爱上未来

作为一家中国的电动汽车制造商，蔚来汽车自2014年成立以来，在竞争激烈的汽车市场中迅速崭露头角。以下是对蔚来汽车进行的创业可行性分析。

1. 市场规模与增长潜力分析

市场规模：蔚来汽车进入的是中国日益增长的电动汽车市场。中国政府对电动汽车产业的大力支持，包括税收优惠、购车补贴等政策，为市场提供了发展动力。

增长潜力：随着人们环境保护意识的提高和传统燃油车限购政策的实施，中国电动汽车市场将持续增长。蔚来定位于高端市场，专注于提供高性能、高质量的电动汽车，以满足日益增长的市场需求。

2. 目标客户群体和市场细分

目标客户群体：蔚来的主要目标客户是追求高品质生活、具有环境保护意识并愿意为先进技术买单的消费者。

市场细分：在电动汽车市场中，蔚来针对的是高端细分市场，提供与传统豪华汽车品牌相竞争的产品。

3. 竞争环境评估

直接竞争对手：包括特斯拉等国际品牌和比亚迪、小鹏汽车等国内品牌。

间接竞争对手：传统燃油汽车转型电动车领域的企业。

行业竞争格局：通过波特五力模型分析发现，蔚来面临的主要挑战是激烈的行业竞争和较高的市场进入壁垒。

4. 可行性分析

技术可行性分析：蔚来在电动车领域的技术创新，如更长的续航里程、快速充电技术等，是其核心竞争力。

财务可行性分析：初始高投入在研发和生产上，但随着规模效应和技术进步，成本有望下降。

法规可行性分析：受益于中国政府对电动车产业的支持，但也面临政策变化的风险。

案例点评：对蔚来汽车的可行性分析表明，尽管面临激烈的市场竞争和挑战，但其在技术创新、目标市场定位及政策环境等方面的优势，使其在中国电动汽车市场具有较强的竞争力和成长潜力。通过持续的创新和市场策略调整，蔚来有望在电动汽车领域实现长远的发展。

2.3 客户需求分析

课程思政：创新心态能够帮助企业家识别和利用新机会，有效应对挑战，培养逆境中的韧性，并在组织内部营造支持创新的氛围。

2.3.1 客户需求分析的重要性

客户需求分析在创业过程中有着举足轻重的地位。它不仅是产品和服务创新的基础，还是提高市场定位准确性、降低市场风险以及建立竞争优势的关键所在。任何创业企业都应该将客户需求分析作为业务策略的核心部分，以确保产品和服务能够更好地满足市场的实际需求。

1. 促进产品和服务的创新

客户需求分析能够提供创新的启动点，以确保创新活动的方向与市场需求一致。在了解了客户的实际需求后，企业可以通过创新来解决这些需求，不断优化产品功能或服务模式，甚至可能创造出全新的市场领域。

2. 提高市场定位的准确性

深入的客户需求分析还能帮助企业准确地进行市场定位。通过明确目标客户群的特征和需求，企业可以有效地定位产品或服务，选择最合适的细分市场以专注发展。这样不仅能提高营销效率，还能使资源分配更加合理。

3. 降低市场风险

准确的客户需求分析还能帮助企业降低进入市场时的风险。通过事先了解目标市场的需求，企业可以在产品开发和市场推广之前评估潜在的市场接受度，从而有效规避失败的风险，确保投入的资金和资源能够带来最大的回报。

4. 增强竞争优势

在激烈的市场竞争中，深入了解客户需求能够为企业带来竞争优势。当企业能够提供满足客户需求的产品或服务时，它们就更有可能在市场上脱颖而出，赢得客户的青睐。这种竞争优势是建立品牌忠诚度和长期市场的关键。

2.3.2 客户需求信息收集方法

客户需求信息的收集能够确保企业获得全面和真实的市场信息，从而提高产品的市场竞争力和客户满意度，推动产品的创新和市场策略的优化。

1. 客户访谈方法

1) 结构化访谈

这种访谈通常包括一系列预设的问题，旨在收集特定信息，有助于获取具体的、可量化的数据，易于进行分析和比较。

2) 半结构化访谈

这种访谈形式相对灵活，允许在对话中根据被访者的回答引导讨论，有助于深入了解消费者的想法和感受。

3) 非结构化访谈

这种访谈没有固定的问卷或格式，更像是自由形式的对话，适用于探索新领域，能够激发新的见解和想法。

2. 调研方法

1) 问卷调查

问卷调查是通过一系列标准化问题收集信息的一种方法，可以是纸质的或电子版的，适用于收集大量数据，便于进行统计分析。

2) 焦点小组

焦点小组是由一组目标客户组成的讨论小组，由主持人引导讨论。该方法有助于深入了解消费者的意见和态度，特别是在产品概念和设计阶段。

3) 实地观察

实地观察涉及在自然环境中观察消费者的行为，有助于了解消费者在实际环境中的行为模式和使用习惯。

3. 案例分析：小米客户需求分析

小米在开发新一代小米手环时，希望深入了解消费者对健康追踪功能的需求。为此，小米组织了一系列半结构化的客户访谈，旨在深入了解消费者的健康管理习惯和他们对智能手环在健康追踪方面的具体期望。通过这些访谈，小米获得了关于消费者对睡眠监测、心率监测和日常活动跟踪等功能的详细反馈。

除此之外，小米还通过在线问卷调查的形式，向更广泛的用户群体收集意见和偏好数据。这些问卷涵盖了各种与健康追踪相关的问题，如用户对数据准确性的关注、对附加健康功能(压力监测、呼吸指导等)的兴趣，以及对手环的穿戴舒适度和电池寿命的期望。

通过这些综合的客户访谈和调研方法，小米收集到了宝贵的市场信息。这些信息有助于指导新一代小米手环的产品设计和功能开发，确保其更好地满足目标市场的需求。

2.3.3 客户需求分析技术

客户需求分析技术是创业企业了解、分类并优先处理客户需求的工具和方法。这些技术能够帮助企业将客户反馈的信息转化为可行的产品特性和改进措施。

1. 定性分析技术

1) 内容分析

这种技术包括对客户访谈、焦点小组讨论和开放式问卷调查的文本内容进行系统分析，以识别和量化某些词语或概念的出现频率。

2) 主题编码

在这个过程中，研究者会读取大量的定性数据，识别关键的信息和模式，并将其编码成一系列相关主题或类别。

3) 情感分析

在分析社交媒体和在线评论时，情感分析技术可以用来确定客户对产品或服务的情感倾向，是正面的、负面的还是中性的。

2. 定量分析技术

1) 统计分析

使用统计软件对调查问卷的定量数据进行分析，如计算均值、中位数或标准差，以及执行更复杂的统计测试，如回归分析或方差分析。

2) 趋势分析

通过对时间序列数据进行分析，识别消费者需求的变化趋势和模式。

3) 共现分析

研究不同需求或问题之间的关联，比如某个功能的需求是否与特定的用户群体或使用场景相关联。

3. 综合分析技术

1) SWOT分析

利用SWOT分析框架来识别客户需求中的优势、劣势、机会和威胁。

(2) KANO模型

KANO模型是一种用于产品开发和客户满意度分析的框架，由日本学者狩野纪昭于20世纪80年代提出，旨在帮助理解不同类型的客户需求如何影响客户满意度，如图2.4所示。

通过KANO模型对需求进行分类，判断哪些需求是基本需求，哪些需求能够提供满意度(如性能需求和魅力需求)，以及哪些需求对客户满意度没有显著影响。

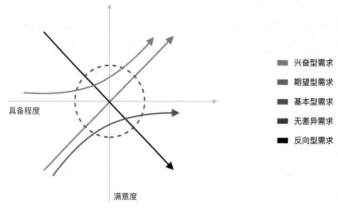

图2.4　KANO模型

KANO模型将客户需求划分为以下几个不同的类别。

- ○　基本型需求：这类需求是客户预期的基本特性，其缺失会导致强烈的不满意，但即使满足了也不会导致客户高度满意。

○ 期望型需求：这类需求与客户满意度成正比。满足这些需求的程度越高，客户满意度越高；相反，若这些需求得不到满足，客户满意度就会降低。

○ 兴奋型需求：这类需求在产品中的存在能显著提升客户满意度，但其缺失并不会引起客户的不满。

○ 无差异需求：这类需求对客户满意度影响不大，无论是否满足，客户的满意度都不会有明显变化。

○ 反向型需求：满足这类需求可能会导致客户不满意，因为不同的客户对产品或服务的期望不同。

4. 可视化工具

1) 用户体验地图

用户体验地图又被称作用户旅程地图，展示的是用户在使用一款产品或服务的过程中，每个阶段的体验，包括行为、感受(痛点和满意点)、想法。通过图形化的方式直观地记录和整理每个阶段的体验，能够让产品的设计者、决策者对用户的体验有更为直观的印象。

创建用户体验地图能将客户与产品或服务的所有接触点，以及在每个接触点上的体验和需求可视化。

2) 需求优先级矩阵

利用需求优先级矩阵，如MoSCoW方法，可以帮助团队确定哪些需求应当优先考虑。

MoSCoW方法是一种任务优先级框架，用于根据需求、任务或变更流程的重要性以及对项目成功的影响对其进行分类。它将需求分为四类：必须有(M)、应该有(S)、可以有(C)和不会有(W)。优先顺序对于有效的项目至关重要，团队应确保首先解决最关键的任务。

2.3.4 案例分析：京东农场以"生态农业，健康餐桌"为使命

京东农场是京东集团旗下的一项创新农业科技项目，旨在通过现代技术革新中国传统农业。京东农场集中于应用大数据、物联网、人工智能等技术，以提高农业生产的效率和可持续性。京东农场不仅致力于提升作物的产量和质量，还着重于建立智慧农业生态系统，包括精准农业管理、智能监控系统、完善的供应链服务，从而实现从田间到餐桌的全过程优化，如图2.5所示。

农业种植 ＞ 农产品加工 ＞ "京品源"销售平台 ＞ 仓储物流 ＞ 健康餐桌

图2.5 京东农场全产业链服务

京东农场面临的主要挑战是如何在传统的农业行业中引入先进的智慧农业技术，并确保这些技术能够真正解决农民和农业企业的实际问题。

京东农场采取了以下方法进行客户需求分析。

(1) 深入调研：通过实地访问农场，与农民进行交谈，了解他们在日常农业生产中遇到

的困难和需求。

(2) 合作伙伴洞察：与农业科研机构和农业技术公司合作，共享行业洞察，综合分析农业生产的痛点。

(3) 技术验证：在选定地区开展智慧农业技术的试点项目，验证技术的实用性并收集用户反馈信息。

(4) 大数据分析：利用京东集团的大数据资源，分析消费者对农产品的购买行为和偏好，以指导农业生产。

通过这些分析方法，京东农场能够提供以下针对性的智慧农业解决方案。

(1) 智能监控系统：开发和部署用于农作物监控的智能传感器与无人机，帮助农民实时监测作物生长情况。

(2) 精准农业平台：建立精准农业管理平台，提供种植指导、气象信息和作物病虫害预警。

(3) 供应链整合：利用京东的物流和供应链优势，为农民提供从田间到餐桌的一体化解决方案。

案例点评：京东农场的案例展示了如何通过客户需求分析，为农业生产提供精准化、智能化的解决方案。通过深入了解农业领域的实际需求，并结合京东集团的技术和资源优势，京东农场成功地推动了农业生产方式的现代化，提高了农业效率，同时也提高了农产品的质量和市场竞争力。这种以客户需求为中心的创新实践为智慧农业的发展提供了宝贵经验。

2.4　创业风险和回报评估

> **课程思政**：在创业过程中，创业者需识别各种创业风险，并制定相应的应对策略，以减轻风险带来的负面影响，增加创业成功的概率。

2.4.1　创业风险概念与类型

1. 创业风险的概念

创业风险是指在创业过程中所面临的各种不确定性和可能导致损失的因素。这些风险来源于市场、技术、管理、财务等多个方面，具有不可预测性和多变性。创业风险是创业的一部分，理解和管理这些风险对创业成功至关重要。

2. 创业风险的类型

1) 市场风险

市场风险源于市场需求的不确定性。初创企业面临的市场风险包括市场接受度、市场需求量的变化、消费者偏好的变动及竞争对手的策略等。

2) 技术风险

技术风险涉及产品或服务的研发、实施过程中可能遇到的技术障碍或失败的风险。这包括技术的可行性、研发成本的增加、技术迭代的速度等。

3) 财务风险

财务风险主要与资金管理有关，包括资金筹集的难度、资金流的不稳定性、成本控制的失效等。对于初创企业来说，维持充足的现金流是一大挑战。

4) 管理风险

管理风险指的是由于管理层决策失误、团队协作不佳或员工素质不高等因素带来的风险。有效的管理对于初创企业的稳定运营和长期发展至关重要。

5) 法律与合规风险

法律与合规风险涉及法律法规的变动、知识产权的保护、合同风险等。不遵守法律法规可能会导致重大损失甚至企业的倒闭。

6) 环境风险

环境风险特指企业运营环境变化所带来的风险，如政治环境的变化、经济环境的波动、自然灾害等。

2.4.2　创业风险识别技术

创业风险识别是一个持续的过程，需要创业者不断地收集信息、分析数据并适时调整策略。使用合适的风险识别技术可以帮助创业者及时发现潜在的威胁，从而采取措施减轻或避免风险的影响。

1. 常用创业风险识别技术

1) 市场调研

市场调研包括消费者需求分析、市场趋势预测、竞争对手分析等。通过这些方法，创业者可以了解市场的动态，识别市场风险。

2) SWOT分析

SWOT分析即优势、劣势、机会和威胁分析。这种分析方法可以帮助创业者全面了解企业的内部条件和外部环境，从而识别潜在的风险。

3) 财务分析

通过分析企业的财务状况，包括现金流分析、成本效益分析等，可以识别企业面临的财务风险。

4) 技术评估

对产品或服务所依赖的技术进行深入分析，以识别技术可行性、研发周期、技术更新速度等方面的风险。

5) 法律合规审查

定期进行法律合规审查，以识别因法律法规变动或不合规操作可能带来的风险。

6) 环境扫描

持续监控外部环境变化，如政治、经济、社会和技术(PEST分析)，以识别可能影响企业的外部风险。

7) 专家咨询

通过咨询行业专家或顾问，获取他们对特定领域风险的深刻见解。

8) 数据分析和预测模型

运用统计学方法和预测模型，如回归分析、时间序列分析等，对历史数据进行分析，预测未来的风险趋势。

2. 案例分析：亿航智能创业风险识别

亿航智能是一家专注于开发电动垂直起降(英文缩写为eVTOL，下文称eVTOL)飞行器的中国企业，该公司创业初期所面临的创业风险，既包括技术风险和市场风险，也包括特定于中国市场和监管环境的风险。

1) 技术风险识别

亿航智能重点关注其eVTOL产品的技术成熟度、性能和安全性。面对新技术的研发风险，公司投入了大量资源进行测试和验证。

2) 市场风险识别

通过市场调研，评估了中国市场对eVTOL飞行器的需求和公众的接受程度，分析了目标客户群体，如城市交通管理机构和物流公司。

3) 法规和合规风险

亿航智能密切关注中国的航空法规和无人机管理政策，并与民航局等政府机构合作，确保其产品符合所有安全和运营标准。

4) 资金风险识别

鉴于研发和市场推广所需的高成本，亿航智能评估了资金筹集的难度，探索出了多元化的融资渠道，包括风险投资、政府补助和行业合作。

5) 政策和政治风险

鉴于中国政策和政治环境的变化可能对业务产生影响，亿航智能制定了灵活的应对策略。

6) 国际化风险

鉴于国际市场的机遇和挑战，亿航智能评估了国际扩展的风险，包括合规、竞争和文化差异。

案例点评：通过综合风险识别，亿航智能确定了其面临的主要风险：技术研发的不确定性、市场接受度、严格的法规要求、资金筹集困难及政策环境的变化。亿航智能的应对策略具体如下。

○ 强化技术研发，确保产品安全可靠。

○ 加强与政府部门的沟通，积极参与行业标准的制定。

○ 通过展示和试飞活动提高公众认知。

○ 多渠道筹集资金，包括合作和政府支持。

○ 灵活调整策略，应对政策和政治环境的变化。

2.4.3　创业风险管理策略

有效的创业风险管理不仅能使企业免受重大损失，还能帮助企业捕捉新的机遇，增强其在市场上的竞争力。通过灵活和综合的风险管理策略，创业企业可以更好地驾驭商业环境中的不确定性。创业风险管理策略主要有以下几种。

1. 风险规避

对于高风险且回报低的项目，企业往往选择避免这些风险，如放弃某些市场机会或拒绝使用某些不成熟的技术。

2. 风险减轻

通过采取措施降低风险的可能性或其潜在的负面影响。例如，提高产品质量控制标准，增加员工培训，改善供应链管理。

3. 风险转移

将部分风险转移给其他方，比如通过保险或合同安排，使用保险覆盖运输过程中的产品损坏风险，或通过合同将某些法律风险转嫁给供应商。

4. 风险接受

在某些情况下，企业也会选择承担一定程度的风险，特别是当这些风险与重要的商业机会相关联时。这要求企业有足够的准备和资源来应对可能的负面结果。

5. 多元化

通过多元化策略，比如开发多个产品线或进入多个市场，来分散风险。这有助于减轻单一市场或产品失败带来的影响。

6. 预备计划和灵活性

制订预备计划以应对未来可能出现的问题，提高组织的灵活性，以便快速适应变化的环境和挑战。

7. 持续监控和评估

定期评估业务风险，并根据市场和内部环境的变化调整风险管理策略，利用数据和分析工具来监控关键的风险指标。

2.4.4　投资预期回报评估方法

投资预期回报评估是一个多维度的过程，它不仅涉及财务计算，还需要考虑市场环境、企业竞争力、管理团队能力等因素。通过综合运用多种评估方法，创业者和投资者可以更准确地估计项目的潜在价值和风险，为投资决策提供强有力的支持。准确的预期回报评估是实现投资成功和企业长期发展的关键。投资预期回报评估的主要方法如下。

1. 净现值(NPV)分析

NPV是评估投资项目价值的一种方法，它通过折现未来现金流来计算项目的净价值。如果NPV为正，则意味着项目的预期收益超过了其成本。

2. 内部收益率(IRR)

IRR是指使投资项目净现值等于零的折现率。它用于衡量项目盈利能力的强度,高IRR意味着更高的投资回报。

3. 回收期(Payback Period)

回收期是指投资回收其初期成本所需的时间。这种方法简单直观,但不考虑投资的长期价值和资金的时间价值。

4. 风险调整回报率

鉴于不同项目的风险程度不同,使用风险调整回报率可以更准确地评估投资的吸引力。这通常涉及计算项目的预期回报,并对其进行风险调整。

5. 财务比率分析

利用净利润率、资产回报率等财务比率来评估投资的盈利能力。这些比率可以提供有关企业运营效率和盈利能力的重要信息。

6. 现场考察和市场分析

结合对企业的实地考察和市场趋势分析,以更全面地理解投资项目的潜力。这种方法有助于评估企业的管理团队、市场竞争力和增长潜力。

7. 敏感性分析

通过改变关键变量(如销售量、价格、成本)来测试投资回报对这些变量的敏感度。敏感性分析有助于了解不同情况下投资回报的变化情况。

2.4.5　青云科技——中国云计算企业

青云科技是一家中国的创新云计算企业,提供包括云服务器、云存储和网络服务在内的综合云服务。作为一个在激烈的市场竞争中成长起来的企业,青云科技面临多种风险,同时也拥有巨大的增长潜力。

1. 创业风险评估

1) 市场竞争风险

面对来自阿里云、华为云等大型云服务提供商的压力,青云科技需要在服务质量、价格和创新上增强竞争力。通过市场调研和竞争分析,公司识别了需求波动和竞争加剧的风险。

2) 技术和安全风险

作为云计算提供商,技术创新和数据安全是核心挑战。通过持续的技术研发和安全防护措施的加强,青云科技降低了这方面的风险。

3) 资本和财务风险

在快速发展阶段,企业需要大量资金支持研发和市场扩展。青云科技通过多渠道筹资(包括风险投资和公开市场融资)来管理资本风险。

4) 法规合规风险

云计算行业面临着日益严格的法规和标准，青云科技通过定期审查和适应法规变化来应对这一风险。

2. 投资预期回报评估

1) 市场增长潜力

根据市场调查，云计算行业在中国的增长潜力巨大，这为青云科技提供了良好的商业前景。预计未来几年内，公司可以通过扩大市场份额和服务范围来增加收入。

2) 财务表现分析

通过分析历史财务数据和预测未来收入，青云科技展示了其盈利能力和增长趋势，并且使用NPV和IRR等财务指标对投资回报进行了量化评估。

3) 风险调整回报

鉴于所面临的风险，公司对预期回报进行了风险调整。这包括考虑市场竞争、技术变革和法规变动对收入的潜在影响。

案例点评：青云科技通过对市场、技术、财务和法规风险的全面评估，以及通过多元化的资金筹集和技术创新策略来降低风险。同时，通过对市场增长潜力和财务表现的分析，青云科技展现了其强大的投资回报潜力，引起了投资者和市场的关注。

2.5　案例分析：从创业机会到创业成功的有效转化

> **课程思政**：只有通过对业务模式、技术应用和市场策略进行创新，才能更好地将创业机会转化为成功创业。

2.5.1　微医——健康有道，就医不难

微医成立于2015年，是一家以互联网医疗健康服务为主的中国新晋企业。微医通过线上平台提供在线医疗咨询、线下医疗服务预约和健康管理服务，有效整合了医疗资源，为用户提供便捷的健康解决方案。

1. 创业过程

1) 创业机会识别

微医准确抓住互联网技术在医疗领域应用的机会，识别市场需求和未来发展潜力，重点关注用户对便捷医疗服务的需求，以及医疗信息不对称问题。

2) 业务模式创新

微医通过线上平台和移动应用，搭建医患之间的桥梁，实现远程医疗咨询。同时，微医通过与线下医疗机构合作，提供预约服务，实现线上线下结合的医疗模式。

3) 技术研发与应用

微医投入了大量资源进行技术开发，包括大数据、人工智能等，以提高服务效率和质量。通过技术手段优化用户体验，如智能医生分配系统和个性化健康管理方案。

4) 市场拓展和品牌建设

微医通过有效的市场营销策略和口碑传播，迅速提升品牌知名度。同时，积极参与健康科技论坛和展会，树立行业领导者形象。

5) 合作与扩张

微医与多家医院和健康机构建立合作关系，扩大服务范围，并向海外市场拓展，寻求更广阔的发展空间。

2. 微医成功因素

- 准确把握市场需求：准确识别并满足了市场对便捷医疗服务的需求。
- 业务模式创新：有效整合线上线下资源，提供一体化解决方案。
- 技术驱动：通过技术创新提升服务质量，增强竞争力。
- 品牌建设和市场推广：有效的品牌宣传和市场策略提升企业知名度。
- 合作网络构建：与行业内外伙伴建立广泛合作，扩大影响力。

案例点评：微医的成功展示了如何通过创新的业务模式、技术应用和市场策略，将创业机会转化为成功。微医不仅满足了市场需求，还通过持续的技术创新和有效的合作网络，巩固了其在健康科技行业的地位。这一案例为其他创业企业提供了宝贵的经验：紧密关注市场需求、持续创新、有效利用技术和构建强大的合作网络是实现创业成功的关键因素。

2.5.2 叮咚买菜——想吃什么就上叮咚

叮咚买菜成立于2017年，是一家中国的创新型新零售企业，专注于在线生鲜零售市场。该公司通过构建以技术为支撑的供应链体系，提供从源头直采到快速配送的一站式服务，旨在为消费者提供便捷、高效的生鲜购物体验。

1. 创业风险识别

1) 供应链和物流风险

生鲜商品的易腐性要求高效、可靠的供应链和物流系统。叮咚买菜通过建立自己的配送团队和仓储设施，控制了从采购到配送的全链路，降低了物流风险。

2) 市场竞争风险

在线生鲜市场竞争激烈，叮咚买菜面临着来自传统超市和其他电商平台的竞争。公司通过提供优质的产品和服务，以及实施差异化的市场策略，增强了自身的市场竞争力。

3) 技术和数据安全风险

作为技术驱动的新零售企业，保证系统的稳定性和数据安全是关键。叮咚买菜投入资源确保其平台的技术先进性和数据安全。

4) 经济波动和市场需求风险

经济波动可能影响消费者的购买力和购物习惯。叮咚买菜通过采用产品的多样化选择和灵活的价格策略来应对市场需求的变化。

2. 投资预期回报评估

1) 市场增长潜力分析

随着消费升级和在线购物趋势的加强，生鲜电商市场呈现出强劲的增长潜力。叮咚买菜凭借其创新模式和高效服务，在市场中占据了有利位置。

2) 财务预测和盈利模型

通过对收入、成本和现金流的预测，构建财务模型来评估投资回报。叮咚买菜采用财务指标如净现值(NPV)、内部收益率(IRR)等进行投资回报的量化评估。

3) 风险调整回报分析

鉴于供应链、市场竞争等因素的影响，叮咚买菜运用敏感性分析来评估不同市场情况下的投资回报变化。

3. 叮咚买菜成功因素

(1) 市场洞察力：叮咚买菜通过深入了解和满足消费者对高质量生鲜产品的需求，在激烈的市场竞争中建立了自己的优势。

(2) 供应链和物流优化：叮咚买菜通过建立高效的供应链和物流体系，确保了产品的质量和配送的效率，降低了运营成本。

(3) 技术驱动创新：通过采用最新的技术和数据分析，叮咚买菜得以更好地预测市场趋势，优化库存管理，提升客户体验。

(4) 灵活适应市场变化：在面对经济波动和市场需求变化时，叮咚买菜能够迅速调整策略，展现出高度的适应性。

(5) 财务规划与风险管理：叮咚买菜通过精确的财务规划和投资回报评估，有效地吸引了投资者，同时利用风险管理策略减轻了潜在风险。

本章小结

本章概述了识别和评估创业机会。首先介绍了创业机会识别技术，包括对创业机会的内涵、创业机会趋势分析，以及创业机会识别技术等；然后探讨了创业市场分析和可行性分析，涵盖了市场规模、客户群体分析、竞争环境评估，以及可行性分析方法；最后对创业风险和回报评估进行深入分析，并通过案例分析阐明了如何有效地将创业机会转化为成功。本章的重点在于掌握识别和评估创业机会的综合技术与方法，以及有效地管理创业过程中的风险。

思考题：

1. 如何利用趋势分析来识别潜在的创业机会？

2. 市场细分方法有哪些？

3. 为什么要进行客户需求分析？

4. 简述创业风险管理策略。

测试题：

1. 创业机会趋势分析包括哪几种？(复选题)

　　A. 市场趋势分析　　　　　　　　B. 技术趋势分析

　　C. 社会趋势分析　　　　　　　　D. 政策趋势分析

2. SWOT分析是一种策略规划工具,用于评估创业项目或业务的哪几方面?(复选题)

    A. 优势(strengths)　　　　　　　　B. 劣势(weaknesses)

    C. 机会(opportunities)　　　　　　　D. 目标(target)

    E. 威胁(threats)

3. 市场细分的方法有以下哪几种?(复选题)

    A. 地理细分　　　　　　　　　　　B. 人口统计细分

    C. 心理细分　　　　　　　　　　　D. 行为细分

4. 客户访谈方法主要包括哪几种?(复选题)

    A. 结构化访谈　　　　　　　　　　B. 半结构化访谈

    C. 非结构化访谈　　　　　　　　　D. 全结构化访谈

5. 可行性分析方法主要有哪几种?(复选题)

    A. 市场可行性分析　　　　　　　　B. 技术可行性

    C. 财务可行性　　　　　　　　　　D. 环境可行性

6. 涉及产品或服务的研发、实施过程中可能遇到的技术障碍或失败的风险属于哪一种风险?(单选题)

    A. 财务风险　　　　　　　　　　　B. 技术风险

    C. 市场风险　　　　　　　　　　　D. 管理风险

7. 通过折现未来现金流来计算项目的净价值,属于投资预期回报评估的哪一种方法?(单选题)

    A. 净现值(NPV)分析　　　　　　　B. 内部收益率(IRR)

    C. 风险调整回报率　　　　　　　　D. 财务比率分析

8. 使用哪一种模型能够对行业结构进行有效分析?这个模型包括五个方面:供应商的议价能力、买家的议价能力、行业内竞争的程度、新进入者的威胁和替代品的威胁。(单选题)

    A. SWOT模型　　　　　　　　　　B. 波特五力模型

    C. KANO模型　　　　　　　　　　D. 需求优先级矩阵

9. 以下说法是否正确?(判断题)

定量研究包括焦点小组讨论和深度访谈,旨在深入理解消费者的需求、态度和行为动机。

10. 以下说法是否正确?(判断题)

客户需求分析提供了创业的启动点,明确了创新活动的方向与市场需求无须保持一致。在了解了客户的实际需求后,企业必须不间断创造新的产品。

第 3 章

商业模式的构建与创新

案例导读 | 清陶能源商业模式的构建与创新

清陶能源成立于2016年，是国内固态锂电池产业的领跑者，专注于全固态锂电池及其关键材料与生产装备的技术开发和产业化生产。清陶能源已经从一个专注于研究的团队成长为新能源领域的明星企业，实现了从实验室研究到规模化生产的成功转变。

清陶能源以其在全固态锂电池领域的技术突破为核心，推动产品的持续创新和优化。通过在新能源市场中的精准定位，其发挥技术优势，满足了市场对高效、安全电池的需求。通过多轮成功的融资，其不仅提升了技术研发的实力，还加速了市场扩张和品牌建设。

在竞争日益激烈的新能源市场中，如何保持其技术领先地位和市场竞争力是清陶能源面临的一个挑战。同时，全球对于新能源的需求不断增长，清陶能源如何把握国际市场的机遇，也是其面临的重要课题。

对于创业者来说，建立一个既可持续又能适应市场变化的商业模式，是实现长期成功的基石。初创企业在起步阶段就应清晰地界定其价值主张，确立独特的市场定位，并在此基础上进行创新。这种创新不仅要体现在产品或服务上，更关键的是要探索和实践新的价值创造、交付和获取方式。对创业企业而言，灵活适应市场的变化并迅速调整商业模式是生存和发展的关键。

学习目的

1. 了解商业模式的本质。
2. 掌握商业模式构建方法。
3. 识别并应用商业模式创新策略。
4. 掌握商业模式创新方法。
5. 通过案例分析掌握商业模式构建与创新的成功经验。

3.1 商业模式概述

> **课程思政**：一个清晰、创新的商业模式对企业成长和市场竞争力非常重要。通过精准的市场定位和有效的执行策略，企业可以在激烈的市场竞争中获得优势，实现可持续的增长。

商业模式是一个多维度框架，涉及企业如何运作、创造价值、与客户互动及如何从市场中获得回报。一个成功的商业模式需要清晰地定义这些要素，并确保它们之间相互协调，以应对市场变化和挑战。

3.1.1 商业模式的定义

从广义上讲，商业模式描述了一个企业如何创造、交付并从市场中获取价值。商业模式涉及企业的全方位运作方式，包括其提供的产品或服务、目标客户群、收入来源、成本结构、销售和分销渠道，以及企业的核心竞争力。

首先，商业模式明确了企业的价值主张，即企业提供给客户的独特价值。这包括产品或服务的特性、质量、性能及满足客户需求的方式。价值主张是吸引和保持客户的关键。

其次，商业模式确定了目标市场和客户群。这涉及对市场进行细分，识别并理解目标客户的需求、偏好和购买行为。

再次，商业模式涵盖了企业如何通过各种渠道向客户交付价值。这包括销售和分销策略、推广活动，以及客户服务和支持。

此外，商业模式还包括收入模型，即企业如何赚钱。这可能涉及销售产品或服务、订阅费、广告收入等多种收入来源。同时，企业的成本结构(如生产成本、营销开支、管理费用等)也是商业模式的重要组成部分。

最后，商业模式还包含了企业的关键资源和核心竞争力，如技术优势、品牌、客户关系、知识产权等。这些资源和能力是企业在市场中获得和维持竞争优势的基础。

3.1.2 商业模式画布

商业模式画布是强大的通用商业模型，简称商业画布(business model canvas，英文缩写为BMC)。商业画布是亚历山大•奥斯特瓦德在《商业模式新生代》中提出的一种用于描述商业模式、可视化商业模式、评估商业模式及改变商业模式的通用模型。

1. 商业画布九大模块

商业画布包含九个基本构建模块：客户细分、客户关系、渠道通路、价值主张、关键活动、核心资源、重要伙伴、收入来源和成本结构，如图3.1所示。这些模块共同构成了一个企业的商业模式，涵盖了企业从提供价值到赚取收入的各个方面。

图3.1 商业模式画布

(1) 客户细分：确定目标客户群体，了解他们的需求和特征。

(2) 价值主张：明确企业提供给客户的独特价值或解决方案。

(3) 渠道通路：描述企业如何通过不同渠道触及客户，包括销售和分销方法。

(4) 客户关系：确定与客户建立和维护关系的方式。

(5) 收入来源：定义企业从客户处获得收入的方式，如销售、租赁、订阅等。

(6) 核心资源：企业为提供价值主张、维护客户关系和运营渠道所需的资产和资源。

(7) 关键活动：企业为实现其价值主张、提供服务并维护客户关系所必须的核心活动。

(8) 重要伙伴：识别合作伙伴和供应商，了解他们如何支持企业的运营。

(9) 成本结构：企业运营中产生的主要成本和费用。

2. 案例分析：使用商业画布分析其商业模式

以咖啡连锁品牌星巴克为例，说明如何使用商业画布分析其商业模式。

(1) 客户细分：主要针对追求高品质生活的人群。

(2) 价值主张：提供高品质咖啡和舒适的休闲体验。

(3) 渠道通路：通过实体店铺、移动应用和官方网站销售。

(4) 客户关系：通过优质的顾客服务、会员计划和数字化互动维护客户关系。

(5) 收入来源：主要来源于咖啡和其他饮品的销售，以及相关商品(如咖啡豆、杯子)的销售。

(6) 核心资源：品牌形象、优质的咖啡豆、专业的员工、优越的地理位置。

(7) 关键活动：咖啡和饮品的制作、新产品的研发、品牌推广和市场营销。

(8) 重要伙伴：咖啡豆供应商、广告和营销机构、技术合作伙伴。

(9) 成本结构：店铺租赁、员工薪酬、原材料采购、市场营销和广告费用。

通过商业画布，星巴克的商业模式在视觉化的框架中得到清晰展示，这有助于更好地理解和分析其运营策略。

3.1.3 商业模式的类型

商业模式的类型多种多样，不同的类型适用于不同的行业和市场环境，以下是一些主要的商业模式类型。

1. 生产型模式

主要集中在制造产品或提供服务方面。企业通过生产高质量的产品或提供专业服务来吸引和维护客户。

2. 中介型模式

通常在买家和卖家之间起到中介的作用，如电子商务平台。它们通过简化交易流程和提供附加值服务来获取利润。

3. 订阅型模式

根据定期的订阅费用提供持续服务或产品。这种模式在软件、媒体和服务行业中非常普遍。

4. 平台型模式

通过建立一个多方参与的平台来创造价值，如社交媒体、在线市场和应用程序商店。

5. 分销型模式

侧重于产品的分销，包括批发和零售，通过产品销售链来赚取利润。

6. 特许经营模式

一家公司(特许人)授权其他公司(特许经营商)使用其品牌、商标和运营模式。

7. 自由职业者/个体经营模式

个人提供专业服务，如咨询、设计或写作服务，通常按项目或小时计费。

8. 社会企业模式

结合传统商业目的和社会责任目标，旨在实现盈利的同时解决社会问题。

9. 广告型模式

依赖于广告收入，通常提供免费内容或服务，并通过展示广告来盈利。

不同的商业模式各有其特点和应用场景，企业在选择适合自己的商业模式时需要考虑市场环境、目标客户、产品特性和自身优势等因素。

3.1.4　商业模式的重要性

商业模式的重要性在于它为企业提供了一个框架，用以理解和组织其在市场上的运作。

1. 商业模式的重要功能

(1) 商业模式帮助企业清晰地定义其价值主张，确保企业的产品或服务能满足目标市场的需求。

(2) 通过明确的商业模式，企业能够有效地配置资源，优化运营流程，从而提高效率和盈利能力。

(3) 良好的商业模式能够帮助企业在激烈的市场竞争中获得竞争优势。它允许企业创新其价值创造和交付方式，从而与竞争对手区分开来。

(4) 商业模式对于吸引投资者和融资至关重要。投资者通常会评估企业的商业模式，以确定其可持续性和盈利潜力。

(5) 随着市场和技术的不断变化，灵活且可适应的商业模式使企业能够迅速应对外部变化，保持其长期的竞争力。

因此，无论对于初创企业还是对于成熟企业，理解并持续优化其商业模式都是实现成功的关键。

2. 案例分析：商业模式的重要性

以元气森林为例，分析其商业模式的重要性。

元气森林作为一家健康饮料公司，创新地采用了"无糖"概念，直接回应了现代消费者对健康饮食的关注。其商业模式的核心在于通过社交媒体营销和网红效应直接与年轻消费者沟通。这种策略帮助品牌迅速在市场上获得了知名度。

元气森林的案例凸显了商业模式在确定目标市场、制定有效的市场策略和构建品牌认知度方面的重要性。该公司通过创新的营销策略和产品定位，成功地将自己与其他传统饮料品牌区分开来。此外，元气森林的商业模式还包括与电子商务平台的合作，利用数据分析来优化供应链和存货管理，从而提高了运营效率。

3.2　商业模式的构建

> **课程思政：** 只有通过精准的市场定位、技术创新、有效的资本运作和多元化的市场应用，才能构建成功的商业模式。

3.2.1　创意生成与筛选

创意生成与筛选是一个动态和持续的过程，需要企业不断地探索、实验和调整，以找到最符合市场和自身资源条件的商业模式，主要包括以下几个方面。

1. 创意激发

创意的产生往往源于对市场趋势、客户需求、技术进步或行业痛点的深入研究。在此阶段应鼓励团队成员进行自由思考，以激发其创新灵感。

2. 多元思维

团队成员应运用多元化思维方式，如设计思维、系统思维，以便更全面地审视问题和机会。

3. 思维融合

整合不同背景和专业知识的团队成员的想法，以构建更全面和更新颖的商业模式。

4. 创意筛选

创意一旦生成，就需要通过一定的标准进行筛选。评估标准包括市场可行性、财务可持续性、资源需求，以及与企业愿景和战略的契合度。

5. 原型化和测试

选定的创意可以进一步原型化，如通过小规模测试或市场验证，收集反馈并进行迭代改进。

3.2.2 竞争环境评估方法

通过市场需求分析，企业能够构建一个更具市场适应性和竞争力的商业模式，从而更好地满足客户需求和实现企业增长。

1. 市场细分

将较大的市场划分为更小、更具特定特征的细分市场。这涉及确定不同消费者群体的特定需求和行为。

2. 目标市场识别

在市场细分的基础上，识别最具潜力和相关性的目标市场。这需要评估每个细分市场的大小、增长潜力和可行性。

3. 需求分析

深入研究目标市场的具体需求，可通过市场调研、消费者访谈或焦点小组等方式进行，以收集关于消费者行为、偏好、购买动机和痛点的数据。

4. 竞争分析

评估目标市场中的竞争环境，包括主要竞争者的优势、劣势、战略和市场占有率。了解竞争对手的商业模式有助于发现市场缺口和潜在的竞争优势。

5. 趋势预测

分析市场趋势和发展前景，比如技术发展、社会经济趋势、法规变化等因素，以预测长期需求变化。

3.2.3 商业模式设计原则

在商业模式设计过程中，遵循一定的设计原则，能够帮助企业构建一个既能满足市场需求，又具有竞争力和可持续发展潜力的商业模式。这些原则具体如下。

1. 以客户为中心

商业模式设计应从客户需求出发，确保提供的产品或服务能解决客户的实际问题。

2. 价值创造

明确如何为客户创造独特价值，包括产品或服务的创新之处，以及与竞争对手的区别。

3. 盈利模式清晰

确保商业模式中有明确的盈利方式，如销售收入、订阅费用、广告等。

4. 灵活性与可持续性

商业模式应能适应市场变化和技术发展，同时保证具有可持续性。

5. 简洁高效

避免不必要的复杂性，确保商业模式易于理解、执行和管理。

3.2.4　案例分析：摩尔线程——元动力创无限

摩尔线程是一家新兴的技术公司，专注于元宇宙及下一代互联网应用所需的通用算力平台。它的核心产品是全功能GPU，关键在于支持高级计算需求。该公司由来自英伟达的核心团队创立，突出了其在高端技术研发方面的实力。摩尔线程在成立初期就展示出显著的成长潜力，完成了多轮融资，其中A轮融资额达到20亿元，其产品已经广泛应用于中国的电信、金融和能源等多个行业。下面以摩尔线程为例，分析初创企业如何构建商业模式。

1. 市场定位

通过识别元宇宙和下一代互联网应用对通用算力平台的需求，摩尔线程将市场定位于这一快速增长的领域。

2. 技术创新

依靠核心创始团队的强大背景(原英伟达团队成员)，摩尔线程专注于开发全功能GPU，以此作为元计算的关键基础设施。

3. 资本融资

成功进行多轮融资，包括高达20亿元的A轮融资，显示出其商业模式对投资者的吸引力。

4. 产品开发与市场应用

摩尔线程已将多款产品推向市场，涵盖电信、金融、能源等多个行业，展示了其技术的广泛应用性和市场适应性。

3.3　商业模式创新的动因与策略

> **课程思政**：商业模式创新是一个持续的过程。市场和技术的快速变化要求企业持续迭代和优化其商业模式，这对企业的创新能力提出了更高的要求。

3.3.1　商业模式创新的驱动因素

商业模式创新是出于多方面的考虑。一是帮助企业适应不断变化的市场需求和趋势，维持其市场相关性和吸引力；二是在竞争激烈的环境中，创新使企业能够制定出与竞争对手不同的策略；三是为企业利用新兴技术，开拓新的商业机会提供了途径；四是有助于提升运营效率和营利性，同时降低成本，增加收入；五是确保企业能够适应法律法规的变化，保障合规经营。此外，商业模式创新是企业追求可持续发展和履行环境及社会责任的关键所在。

综上所述，对于企业而言，商业模式的创新对其长期成功和可持续发展极为重要。商业模式创新的驱动因素主要如下。

1. 市场变化

消费者需求、市场趋势的变化往往是推动企业进行调整或创新商业模式的主要因素。

2. 技术进步

新技术的出现和应用(如互联网、人工智能、区块链等)为商业模式的创新提供了新的可能性。

3. 竞争压力

来自行业内外的竞争压力促使企业不断寻求创新，以维持或增强市场竞争力。

4. 监管环境

法规和政策的变化可能促使企业调整商业模式，以符合新的合规要求。

5. 全球化趋势

全球市场的整合和互联互通，促使企业寻求更广阔市场的商业模式。

6. 社会环境因素

社会价值观和消费者态度的变化，如可持续发展和环保意识的提升，也是驱动商业模式创新的重要因素。

3.3.2　商业模式创新策略

商业模式创新策略是指企业在面对快速变化的市场环境时，为保持或增强其竞争优势所采取的一系列创新行动。这些策略不仅涵盖产品和服务的改进，还包括对企业的价值创造、价值提供和价值捕获方式的根本性改变。

1. 价值创造创新

专注于创新的企业如何创造价值，涉及引入新技术、采用不同的生产方法或者探索新的业务流程。这类创新可以通过提高效率、降低成本或改善产品和服务的品质来为客户创造更大的价值。

2. 价值提供创新

涉及企业改变将产品或服务传递给客户的方式。创新可能包括采用新的分销渠道(如数字化渠道)，改善客户体验或重新设计产品交付方式。

3. 收入模式创新

企业改变其收入来源和定价策略，包括从产品销售转向服务订阅模式、实行动态定价或引入新的收费模型(如按使用量计费)。

4. 市场细分创新

通过识别和服务新的或未被充分满足的市场来开拓新的市场机会。这可能涉及调整产品或服务以满足这些新的细分市场的特殊需求。

5. 合作伙伴网络创新

通过建立新的合作关系或重构现有的合作网络，企业可以访问新资源、共担风险，并通过合作加速产品或服务的开发。

6. 组织和文化创新

调整公司的组织结构、流程、文化和领导方式，包括推广跨部门合作、采用敏捷工作方法和鼓励创新思维等。

3.3.3　商业模式创新方法

商业模式创新方法是指在进行商业模式创新时，企业所采用的具体技术和步骤。

1. 商业模式画布法

这是一种通过可视化方式探索和设计商业模式的方法。它包括九个要素：价值主张、客户细分、渠道通路、客户关系、收入来源、核心资源、关键活动、重要伙伴和成本结构。通过填充这些要素，企业能更清晰地理解自己的商业模式并探索创新的可能性。

2. 设计思维

设计思维是一种以用户为中心的创新方法，强调对用户需求的深入了解和快速原型测试。它通常包括同情、定义问题、构思解决方案、原型制作和测试这几个阶段，有助于企业在创新商业模式时保证与用户需求的紧密对接。

3. 蓝海战略

侧重于开发新市场空间，即"蓝海"，而不是在现有市场上与竞争对手争夺。它鼓励企业通过创新来改变行业规则，创建全新的市场需求，从而避免直接竞争。

4. 价值创新

价值创新是蓝海战略的核心。它要求企业同时追求差异化和成本领先，通过提供独特的价值主张和优化成本结构来吸引客户。

5. 精益创业方法

倡导企业以最小可行产品开始，迅速上市测试，然后根据客户反馈进行迭代。它能帮助企业减少资源浪费，更快地找到有效的商业模式。

6. 战略重组

战略重组涉及对现有业务的重新评估，以识别和放弃低效或非核心业务，同时加强和扩展具有战略价值的部分。这有助于企业更有效地配置资源，专注于利润较高和可持续发展的领域。

3.3.4　商业模式创新常见的陷阱

在进行商业模式创新时，企业可能会遇到多种陷阱，这些陷阱可能导致商业模式创新失败或无法达到预期的效果，以下是一些常见的陷阱及其应对策略。

1. 过度依赖现有业务模式

许多企业在面临创新时，往往过分依赖现有的、已被证明有效的商业模式，从而忽视了探索新模式的必要性。这种依赖可能会导致企业在市场变化面前失去灵活性和适应能力。解决这个问题需要企业培养对市场变化的敏感性，并愿意对现有模式进行必要的调整或重构。

2. 忽视客户需求和市场变化

有些企业在创新过程中过度专注于内部想法，而忽视了对市场趋势和客户需求的深入了解。商业模式创新应始终以市场和客户为中心，任何偏离这一原则的创新都有可能走向失败。企业应通过市场调研、客户反馈和趋势分析来确保创新方向与市场需求相匹配。

3. 创新过程缺乏迭代

商业模式的创新不是一蹴而就的过程，它需要不断地测试、学习和调整。一些企业可能在没有充分测试和验证的情况下匆忙推出新模式，这可能会导致失败。应采用迭代的方法，逐步推进，并根据反馈调整策略。

4. 忽视组织和文化的适应性

商业模式的创新不仅仅是策略和流程的变化，还涉及企业文化和组织结构的改变。忽视这些软实力方面的适应性，可能会导致创新难以在组织内部得到有效实施。企业需要建立支持创新的文化，鼓励员工积极参与，并调整组织结构以支持新的商业模式。

5. 资源分配不当

在商业模式创新中，不恰当的资源分配可能会导致关键环节的资源匮乏。企业需要合理规划资源，确保足够的资金、人力和时间被分配到创新的关键环节，以支持创新的有效进行。

6. 忽视合作伙伴和生态系统的作用

在当今高度互联的商业环境中，单打独斗往往难以成功。忽视与合作伙伴及行业生态系统中其他参与者的协作，可能会限制创新的潜力。企业应寻求、建立合作伙伴关系，利用外部资源和能力来增强创新效果。

3.3.5　商业模式创新面临挑战

商业模式创新虽为企业带来新的增长机会和竞争优势，但在实施过程中也会遇到诸多挑战。这些挑战可能来自内部和外部的多个方面，企业需要认识并应对这些挑战以确保创新的成功。以下是商业模式创新过程中常见的几种挑战。

1. 市场不确定性

新的商业模式往往面临着市场接受度的不确定性。消费者对新模式的接受程度、竞争对手的反应以及市场动态都可能影响创新的成效。因此，企业在进行商业模式创新时需要做好充分的市场调研和测试。

2. 内部抵抗

组织内部的文化、结构和习惯可能会引起对新商业模式的抵抗。员工可能对变化有顾虑，特别是当新模式影响他们的工作方式和利益时。因此，有效的内部沟通和管理是克服这一挑战的关键。

3. 资源分配

创新需要投入相应的资源，包括时间、人力和资金。在现有业务和新的商业模式之间进行合理的资源分配是一个挑战。企业需要确保既不影响现有业务的稳定，又能为创新提供足够的支持。

4. 技术挑战

商业模式创新往往伴随着新技术的应用。了解和掌握这些新技术，以及将它们有效地整合到现有系统中，对许多企业来说是一个挑战。

5. 合作伙伴和生态系统的协调

新的商业模式可能需要与多方合作伙伴及生态系统内的其他参与者合作。建立和维护这些合作关系，以及在生态系统内协调一致地行动，对企业而言是一个复杂的挑战。

6. 合规和法律风险

新的商业模式可能触及未知的法律和合规领域，特别是在被高度监管的行业。企业需要确保其创新模式符合所有相关法律法规，以避免潜在的法律风险。

7. 持续创新的需求

商业模式创新不是一次性的活动，而是一个持续的过程。市场和技术的快速变化要求企业持续迭代和优化其商业模式，这对企业的创新能力提出了更高的要求。

3.4 商业模式创新的实施

> **课程思政**：为了确保商业模式创新的过程有序、高效，并最大程度地降低风险、提高成功率，企业必须要有清晰的战略视野，还要有良好的执行能力和适应性。

3.4.1 商业模式从理论到实践：执行步骤

将商业模式从理论转化为实践是一个系统且复杂的过程。这个过程不仅要求企业理解商业模式创新的理论，还要能够实际贯彻执行这些理念。以下是将商业模式从理论转化为实践的关键执行步骤。

1. 分析当前商业模式

首先，企业需要全面分析当前的商业模式，包括评估现有的价值主张、客户细分、收入来源、成本结构以及关键业务流程。了解当前模式的优缺点是后续创新的基础。

2. 明确创新目标

基于对当前商业模式的分析，企业需要明确创新的方向和目标。这可能涉及要解决的具体问题、要实现的目标以及预期的成果。

3. 设计新商业模式

利用如商业模式画布等工具，设计新的商业模式。这涉及创新价值主张、探索新的客户细分、设计不同的收入和定价策略以及考虑不同的交付渠道。

4. 制订实施计划

新的商业模式一旦被设计出来，接下来就需要制订详细的实施计划。这包括设置时间表、分配资源、确定关键点和责任人。

5. 构建最小可行产品

为快速测试商业模式的有效性，创建一个最小可行产品。最小可行产品应集中于企业的核心价值主张，并能够快速上市以收集用户反馈。

6. 测试和学习

通过市场测试最小可行产品，收集数据和反馈，了解客户对新商业模式的接受程度。根据这些反馈对商业模式进行调整和更新。

7. 规模化和优化

一旦商业模式被验证有效并且进行了必要的调整，下一步则是规模化。这包括扩大市场覆盖、增加资源投入，以及持续优化商业模式以提高效率和盈利能力。

8. 内部培训和文化适应

确保团队成员理解新的商业模式，并通过培训和内部沟通来促使文化和组织结构适应新模式。

9. 持续监控和评估

商业模式创新是一个动态过程，需要不断地监控市场反应和内部执行情况，定期评估商业模式的表现，并根据市场变化和企业战略进行调整。

3.4.2　商业模式创新过程中的资源配置

商业模式创新过程中的资源配置需要综合考虑多种因素，以实现资源的最优配置和高效利用，从而支撑创新项目的成功实施。这要求企业具备全面的规划能力和灵活的资源管理策略。以下是商业模式创新过程中资源配置的几个重要方面。

1. 资金投入

商业模式创新往往需要充足的前期投资。企业需要为研发、市场测试、新技术引进等环节配置足够的资金。合理的预算规划和成本控制对确保项目的顺利进行至关重要。

2. 人力资源分配

创新需要具备相应技能和经验的团队。企业需要考虑如何配置跨部门的专业人员，包括产品开发、市场营销、销售、客户服务等方面的人才。此外，培训现有员工以适应新的商业模式也很重要。

3. 时间管理

时间资源的配置同样重要。企业需要为商业模式创新的各个阶段设定合理的时间表。这包括市场研究、产品设计、测试、评估和调整等环节的时间规划。

4. 技术资源的利用

商业模式创新常常伴随着新技术的应用。企业需要评估并投入适当的技术资源，包括软件、硬件、数据分析工具等，以支持创新过程。

5. 信息和知识资源

有效利用信息和知识资源也是创新成功的关键。这包括市场情报、客户数据、竞争对手分析以及行业趋势等信息的收集和分析。

6. 外部资源的整合

在某些情况下，企业可能需要寻求外部资源，如合作伙伴、顾问或外部资金支持。有效地整合和利用这些外部资源可以加强创新能力，减少风险。

7. 风险管理资源

商业模式创新伴随着风险。企业需要配置足够的资源进行风险管理，包括市场风险、技术风险和运营风险的评估与控制。

8. 持续支持和优化

资源配置不应局限于创新的初期阶段。企业还需要为商业模式创新后的运营和优化预留资源。

3.4.3　商业模式的监测与评估

有效的监测和评估机制不仅能帮助企业衡量创新成果，还能为其未来的决策提供支持，确保企业能够在动态变化的市场环境中持续成长和发展。以下是商业模式监测与评估创新效果的关键步骤。

1. 确定评估指标

首先，需要确定一系列衡量商业模式创新效果的关键指标。这些指标包括收入增长、市场份额、客户满意度、运营效率、成本节约等。选择合适的指标对于准确评估创新效果至关重要。

2. 实施定期监测

通过定期监测，持续追踪这些关键指标的变化。而且应该进行持续监测，以便及时捕捉任何重要的趋势或变化。

3. 数据分析与解读

收集的数据需要被分析和解读，以提供对商业模式创新效果的深入探究。数据分析可以揭示哪些方面的创新最有效，哪些方面需要进一步改进。

4. 对比预期目标

将监测结果与创新前设定的目标进行比较，有助于判断商业模式创新是否达到了预期的效果，以及在哪些方面表现出色或存在不足。

5. 获取利益相关者反馈

除量化数据外，还应该收集来自客户、员工、合作伙伴等利益相关者的反馈。这些定性的反馈可以提供关于商业模式创新影响的更全面的视角。

6. 识别改进领域

通过监测和评估，企业应能够识别出商业模式创新中的优势和弱点。基于这些发现，企业可以确定需要进一步改进或调整的领域。

7. 制订调整计划

基于监测和评估的结果，制订必要的调整计划，包括调整商业模式的某些方面、增加资源投入、改变市场策略等。

8. 持续优化迭代

商业模式的创新是一个持续的迭代过程。基于监测和评估的结果，企业应不断调整和优化其商业模式，以适应市场的变化和提高竞争力。

3.5 案例分析：商业模式构建与创新

课程思政：对市场趋势的敏锐洞察、持续的创新以及多元化的收入策略，是初创企业在商业模式构建和创新过程中取得成功的关键因素。

3.5.1 优必选——用AI向世界讲好"中国智造"的品牌故事

优必选成立于2012年，是一家专注于人工智能和机器人技术的创新型企业。最初，优必选主要专注于研发和生产教育机器人，旨在通过提供交互式学习工具来教授儿童编程和科学知识。这种模式在教育领域取得了一定的成功，但随着市场竞争的加剧和技术的发展，公司也在不断地探索商业模式的创新。

1. 商业模式的创新

(1) 产品线多样化。优必选开始扩展其产品线，从儿童教育机器人向家庭娱乐、商业服务机器人等领域拓展。这种多元化的产品策略使得公司能够触及更广泛的市场和消费群体。

(2) 增强现实技术的融合。公司在其部分产品中融合了增强现实技术，提供了更丰富的用户交互体验。通过结合物理机器人与虚拟互动，优必选为用户提供了创新的娱乐和学习方式。

(3) 合作与生态系统建设。优必选与多家知名企业和教育机构合作，将其机器人技术应用于更广泛的场景。此外，公司还鼓励开发者和创造者参与其平台的生态系统建设，以促进产品和服务的创新。

(4) 国际市场拓展。面对国内市场的激烈竞争，优必选积极拓展国际市场，通过参与国际展会、建立海外销售渠道，将其产品推广到全球范围。

通过商业模式的创新，优必选不仅在国内市场建立了品牌影响力，还成功打入了国际市场，成为全球知名的机器人技术企业。它的成功在于不断的技术创新、敏锐的市场洞察力以及有效的国际化战略。

2. 优必选的成功关键

(1) 技术创新。优必选通过不断的技术创新，特别是在人工智能和机器人技术领域，保持了其产品的先进性和吸引力。这种持续的技术创新是推动企业成长的主要动力。

(2) 市场适应性和产品线多样化。优必选从最初专注于教育机器人逐步扩展到家庭娱乐、商业服务等多个领域，表现出了企业对市场需求变化的高度敏感性和适应性。通过产品线的多样化，公司能够触及更广泛的市场和客户群体，增强市场竞争力。

(3) 生态系统建设的价值。通过与其他企业和开发者的合作，以及鼓励创新者参与其平台生态系统，优必选不仅增强了产品的多功能性和可扩展性，还促进了品牌影响力的提升和市场份额的增长。

(4) 国际化战略。面对国内激烈的竞争，优必选通过积极拓展国际市场，展现了中国初创企业走向国际的能力。这种国际化战略不仅为公司带来了新的增长机会，还提高了其全球竞争力。

(5) 持续迭代与用户体验。结合增强现实技术和不断优化的用户交互设计，优必选强调了在快速发展的科技领域中不断迭代产品和关注用户体验的重要性。

优必选的成功在于技术驱动的创新、市场适应性、生态系统合作、国际化战略以及对用户体验的集中关注。这些因素的共同作用，使得优必选能够在竞争激烈的全球市场中脱颖而出。

3.5.2　Keep——自律给我自由

Keep成立于2015年，最初作为一个在线健身平台启动，主要提供基础的数字化健身教程和跟踪用户健身活动的功能。其主要目标是为希望在家中进行健身训练的年轻用户群体提供一个便捷的健身解决方案。这个模式主要依赖于用户下载应用程序，通过访问各种健身视频和指南来进行自我训练。随着用户基础的扩大，Keep不断拓展其业务和服务范围。

1. 商业模式创新

(1) 数字化健身体验。Keep的核心创新在于将健身服务数字化，提供便捷的在线健身课程和个性化训练计划，由此吸引了大量追求健康生活方式的年轻用户。

(2) 社区建设。除了健身服务，Keep还重视社区建设，鼓励用户分享自己的健身经验和成果，通过社交互动提升用户粘性。

(3) 多元化收入模式。Keep通过多种方式实现盈利，包括会员订阅、广告以及推出自有品牌的健身器材和运动服饰。这种多元化的收入模式为其稳定增长提供了保障。

(4) 技术和数据驱动。Keep利用数据分析来优化用户体验，通过算法向用户推荐个性化的健身计划和内容，增强了服务的吸引力。

(5) 线下扩张。随着品牌影响力的增强，Keep开始探索线下领域，包括开设实体健身房和举办线下活动，以实现线上线下结合的全方位健身生态系统。

2. Keep成功的关键

(1) 个性化和用户体验。通过提供个性化的健身计划和内容，Keep使其服务更加贴合用户的具体需求和偏好。

(2) 社区和用户参与。建立强大的社区感和促进用户之间的互动，增加了用户粘性和对品牌的忠诚度。

(3) 收入多元化。通过多元化的收入模式，Keep不仅提高了盈利能力，还降低了对单一收入来源的依赖程度。

(4) 线上线下结合。通过将线上服务与线下体验相结合，Keep创造了一个全方位的健身生态系统，增加了服务的可及性和吸引力。

(5) 对市场趋势的敏感度。对市场需求和趋势的敏锐洞察使得Keep能够快速适应并把握市场机会。

这些因素共同构成了Keep商业模式创新成功的关键，使其能够在竞争激烈的健身市场中脱颖而出，并持续发展成为领先的在线健身平台。

3.5.3　ofo小黄车——资本虚火与公司僵局

ofo小黄车成立于2014年，是中国最早的共享单车企业之一，曾估值200亿人民币。其最初的商业模式是基于共享经济理念，通过提供无桩共享单车服务来解决城市"最后一公里"的交通问题。用户通过手机应用解锁附近的单车，并按使用时间支付费用。这种模式在刚开始时迅速获得了市场的青睐，解决了城市短途出行的便利性问题。

1. 商业模式创新与失败

(1) 过快扩张。ofo在全国乃至全球范围内迅速扩张，投放了大量单车。这种迅猛的扩张策略造成了巨大的资本支出和运营成本。

(2) 忽视市场监管和基础设施限制。ofo在很多城市快速扩张的过程中，忽视了与地方政府的沟通和市场监管政策，以及城市基础设施的限制。这导致其在一些城市遭到了政策限制和运营障碍。

(3) 资金链问题。随着竞争的加剧和市场饱和，ofo面临严重的资金流问题。公司过分依赖外部融资，而市场环境变化导致其融资渠道收紧。

(4) 忽视用户体验。随着单车数量的增加，ofo在维护和管理方面出现问题，导致许多单车损坏或无法使用，严重影响了用户体验。

2. 失败的原因和应吸取的教训

(1) 过快扩张的风险。ofo的案例表明，过快扩张而忽视可持续发展和财务稳定性是风险极高的策略。企业应当均衡考虑增长速度与资源管理。

(2) 重视监管环境和市场适应性。忽视市场监管和基础设施限制可能导致企业面临意外的政策风险和运营挑战。

(3) 资金管理的重要性。依赖外部融资而没有建立稳固的盈利模式是不可持续的。企业需要建立稳定的现金流及制定合理的资金管理策略。

(4) 用户体验的关键性。忽视用户体验会影响品牌信誉和客户忠诚度。定期的维护和优质的客户服务对于维护用户满意度至关重要。

案例点评：ofo的失败案例教训在于，尽管创新和快速增长是初创企业的关键驱动力，但缺乏有效的战略规划、市场适应性、财务管理和对用户体验的关注，创新和增长也可能走向失败。

3.5.4 锤子科技——手机叫好不叫座

锤子科技由罗永浩创立于2012年，是一家智能手机制造企业。锤子科技聚焦于高端智能手机市场，以其独特的设计美学和用户体验为卖点。锤子科技的目标市场是追求产品设计和功能创新的科技爱好者和年轻消费者群体。通过线上线下结合的销售策略，该公司最初获得了市场的关注和一定的成功。

随着市场竞争的加剧和消费者需求的变化，锤子科技试图通过扩展产品线和业务范围来保持市场竞争力。除了智能手机，该公司开始涉足笔记本电脑、智能音箱等电子产品，并且自主研发操作系统和应用服务。这种多元化策略旨在打造一个综合性的科技生态系统。

1. 商业模式创新与失败

(1) 资源分散和过度扩张。锤子科技在多个方向的扩张导致资源分散。在没有充分巩固其核心业务——智能手机市场的情况下，过快进入其他领域。这种扩张策略消耗了大量的财务和管理资源，而没有产生相应的回报。

(2) 产品定位和市场策略不清晰。锤子科技在智能手机市场的定位模糊，既未能与顶级品牌如苹果、三星竞争，也未能有效占据中低端市场。产品定位的不明确导致了市场推广的困难和消费者认知的混乱。

(3) 财务压力和资金链问题。随着企业向多元化方向发展，资金压力显著增大，高昂的研发成本和营销开支对资金链造成了严重压力，特别是在销售收入未能达到预期的情况下。

(4) 市场竞争力不足。在激烈的智能手机市场竞争中，锤子科技未能提供足够的竞争优势来对抗其他市场地位已经稳固的品牌。产品设计虽有创新，但其在性能和价格竞争力上没有优势。

(5) 品牌和营销策略。锤子科技高度依赖其创始人罗永浩的个人魅力和影响力，这在一定程度上限制了品牌的多元化和深度发展。

2. 应吸取的教训

(1) 专注于核心竞争力。初创企业应集中资源和精力在其核心产品或服务上，避免过早多元化导致的资源分散和运营复杂化。

(2) 清晰的市场定位。企业需要有清晰的市场定位和目标客户群，确保产品和营销策略与消费者的需求和预期相匹配。

(3) 稳健的财务管理。合理规划和管理资金至关重要，尤其是在面临激烈市场竞争和技术变革较快的行业中。

(4) 建立独立的品牌策略。品牌建设应超越创始人的个人影响力，形成独立且持久的企业形象。

(5) 敏锐的市场洞察和适应能力。企业需对市场变化保持敏感，快速适应技术和消费趋势的变化。

案例点评： 锤子科技的失败案例昭示了对核心业务的专注、明晰的市场定位、稳健的财务管理、对市场竞争的敏锐洞察、优秀的产品质量和用户体验，以及强大的公司治理结构在初创企业发展中的重要性。

☑ 本章小结

本章全面概述了商业模式的构建与创新。首先介绍了商业模式，从定义和类型到其构建和创新的必要性，为掌握商业模式创新打下基础；然后详细探讨了创新过程的核心要素，如创意生成和竞争分析，并分析了商业模式创新的动因和策略；接着又讲述了商业模式创新的执行步骤和资源配置，以及监测与评估；最后通过案例分析，揭示了商业模式创新的关键因素，为创业者提供了实战指南。本章学习重点是创业项目商业模式的构建与创新，商业模式创新过程中的关键因素。

思考题：

1. 商业模式画布包括哪几个模块？

2. 商业模式设计原则是什么？

3. 商业模式创新策略是什么？

4. 商业模式创新面临哪些挑战？

测试题：

1. 商业画布包含九个基本构建模块，分别是：客户细分、价值主张、渠道通路、客户关系、收入来源、核心资源、(　　　　)。(多选题)

    A. 关键活动　　　　　　　　　　B. 关键事项

    C. 重要伙伴　　　　　　　　　　D. 成本结构

2. 商业模式的重要性在于它为企业提供了一个框架，用以理解和组织其在市场上的运作。通过明确的商业模式，企业能够(　　　　)。(多选题)

    A. 有效地配置资源　　　　　　　　B. 优化运营流程

    C. 从而提高技术能力　　　　　　　D. 从而提高效率和盈利能力

    E. 利用电子商务提高生产力

3. 商业模式设计遵循原则有(　　　　)。(多选题)

    A. 以客户为中心　　　　　　　　　B. 价值创造

    C. 盈利模式清晰　　　　　　　　　D. 灵活性与可持续性

    E. 盈利能力　　　　　　　　　　　F. 简洁高效

4. 商业模式创新的驱动因素主要包括：市场变化、技术进步、竞争压力及(　　　　)。(多选题)

    A. 监管环境　　　　　　　　　　　B. 全球化趋势

    C. 社会环境因素　　　　　　　　　D. 国家政策鼓励

5. 商业模式确定了目标市场和客户群。这涉及对市场进行细分，识别并理解目标客户的(　　　　)。(多选题)

    A. 需求　　　　　　　　　　　　　B. 偏好

    C. 投资倾向　　　　　　　　　　　D. 购买行为

6. 新商业模式往往面临市场接受度的不确定性。消费者对新模式的接受程度、竞争对手的反应以及市场动态都可能影响创新的成效。因此，企业在实施商业模式创新时需要进行充分的(　　　　)。(单选题)

    A. 市场调研和测试　　　　　　　　B. 商业风险分析

    C. 投融资方向判断　　　　　　　　D. 制定竞争策略

7. 商业模式还包括收入模型，即企业如何赚钱。这可能涉及销售产品或服务、订阅费、广告收入等多种收入来源。同时，(　　　　)也是商业模式的重要组成部分(单选题)

    A. 企业的成本结构　　　　　　　　B. 企业的固定资产

    C. 企业的流动资产　　　　　　　　D. 企业的获利途径

8. 为了确保商业模式创新的过程有序、高效，并最大程度地降低风险，提高成功率，企业必须有清晰的战略视野，还要有良好的(　　　　)。(单选题)。

    A. 可持续发展能力　　　　　　　　B. 沟通能力

    C. 判断能力　　　　　　　　　　　D. 执行能力和适应性

9. 以下说法是否正确？(判断题)

有效的监测和评估机制不仅帮助企业衡量创新成果，还为未来的决策提供支持，确保企业能够在动态变化的市场环境中持续成长和发展。

10. 以下说法是否正确？(判断题)

商业模式创新往往需要充足的前期投资。企业需要为研发、市场测试、新技术引进等环节配置足够的资金。充沛的预算规划和宽松的成本控制对于确保项目的顺利进行至关重要。

第 4 章

创新工具在创业中的应用

案例导读 | **Airbnb的共享经济革命：房屋成为全球资源**

成立于2008年的Airbnb，允许用户通过Airbnb平台，在自己的住所中出租空余房间给旅行者，有效地利用互联网技术优化了房东和租客之间的匹配过程。用户可以在Airbnb网站或其应用程序上轻松浏览房源、预订住宿，并与房东直接沟通。Airbnb还引入了评价系统，提高了平台的信任度和透明度。随着智能手机和移动互联网的普及，Airbnb发展迅速，很快成为全球知名的在线住宿预订平台。

案例分析：

1. 创新驱动的商业模式。Airbnb的成功首先在于其创新的商业模式。Airbnb没有自己的房产，而是提供一个平台，让房东和旅客直接交易。这种模式大大降低了运营成本，同时还满足了消费者对经济型和个性化住宿的需求。

2. 技术应用的关键角色。互联网技术是Airbnb成功的关键。Airbnb通过有效的在线平台和移动应用，能够处理大量的数据，包括用户信息、房源信息和交易记录。技术的应用使得用户体验流畅，同时也增强了安全性，如通过在线支付系统和用户身份验证。

案例点评： Airbnb是互联网技术和创新商业模式相结合的典范，不仅展示了互联网创业的巨大潜力，也突显了如何通过技术驱动创新在快速变化的市场环境中持续适应和创新的重要性。

创新工具的应用能够帮助创业者更清晰地组织思维、深入分析市场趋势，并创造引人注目的品牌视觉，从而在竞争激烈的商业环境中获得优势。例如，思维导图作为一种高效的信息组织和思维整理工具，在创业规划中发挥着关键作用，可以帮助创业者清晰地构建商业理念，梳理复杂的业务流程和策略。在制订商业计划时，互联网技术提供了强大的数据分析和可视化工具，帮助创业者准确分析市场趋势，构建符合市场需求的商业模型。互联网上的图形设计工具，使创业者能够轻松创建专业的品牌视觉元素。这对塑造品牌形象、进行市场推广尤为重要。

📖 **学习目的**

1. 深入了解数字技术对创业者的机遇和挑战。
2. 掌握互联网技术在商业模式的常见应用。
3. 掌握创新创业的前沿工具。

4.1　知犀：思维导图在创业规划中的作用

> **课程思政：** 运用思维导图工具，不仅有助于清晰地规划创业路线，还能体现出科学规划与社会责任感的结合。创业者在追求商业成功的同时，也要注重社会价值和道德伦理，成为具有社会责任感的创新先锋。

4.1.1　工具简介

在当今信息化时代，知识管理和团队协作对于任何创业项目的成功来说都至关重要。知犀作为一款综合性知识管理和团队协作工具，提供了丰富的功能来应对这些挑战。

1. 核心理念

知犀思维导图是一款全平台的思维导图软件。无论使用怎样的设备，只需打开一个浏览器，登录知犀，就能随时随地记录出现在脑海中的任何想法，抓住一闪而过的想法和灵感。此外，它还能帮助用户整理思路或想法，并进行归纳以加强记忆。知犀还支持用链接分享思维导图，方便他人查看，从而实现团队高效的工作和互动。同时，它还提供模板知识库，可以作为模板使用，也可供用户学习知识。不仅如此，知犀思维导图在任意电脑客户端、Web网页和移动端App上都能进行思维导图的创作与分享，实现了全平台的兼容。

2. 优势分析

云端保存和实时同步：知犀思维导图采用云端保存和实时同步的方式，让用户的文件安全存储在云端，并随时与账号同步。这种便捷方式让用户能够随时使用电脑或手机记录、分享和查看导图。

简单易用的界面和操作：知犀思维导图拥有简单易用的界面，主要功能按钮清晰可见，功能简明易懂。其基础功能几乎零难度上手，并支持快捷键、右击菜单等多种操作方式，提供更高效的思维导图创作和编辑体验。

无限画布和节点不限：知犀思维导图具有无限画布和节点不限的优势，可以自由放大画布，释放用户的想象力，将每一个灵感火花都记下，而无须担心节点数量的限制。这为用户提供了更宽广的创作空间，让思维导图更加丰富和有条理性。

多平台创作和切换自如：知犀思维导图支持跨平台创作，无论是Windows、macOS、iOS还是Android系统，都能轻松兼容。用户可以通过Web浏览器登录知犀进行在线创作，也可以使用电脑客户端进行离线和断网创作。同时，用户还可以使用手机端App随时同步最新的文件数据，方便创作。

安全分享和密码保护：知犀思维导图提供安全分享功能，通过将思维导图文件以网页链接的形式分享给他人，对方可以直接打开链接浏览思维导图；还可以设置访问密码和有效期，确保信息的安全性和便捷性。

丰富的模板知识和便捷下载：知犀思维导图提供丰富的模板知识库，免费内容模板超过1000个，覆盖30多个行业，并在不断更新。用户可以使用这些模板更好地表达自己的思想，还有助于学习和培养优秀的思维框架与习惯。此外，知犀思维导图还提供便捷的下载功能，用户能够自由地下载无水印的高清图片文件和高清PDF文件。

高效的文件管理和用户体验：知犀思维导图支持高效的文件管理方式，可以使用文件夹对思维导图文件进行分类和管理，按时间进行排序和筛选。此外，知犀思维导图始终致力于提升用户体验，重视用户的反馈意见，为用户提供流畅记录思考和想法的环境。无论是记录学习笔记、整理创意还是进行项目管理，知犀思维导图都能提供优秀的体验和帮助。

4.1.2 账户创建与管理

为了更好地使用知犀思维导图，需要先注册一个账号，本章将介绍如何注册/登录以及如何下载知犀思维导图。

1. 注册与登录

知犀思维导图PC端支持微信、手机号、邮箱、QQ、钉钉等注册/登录方式，具体完成注册与登录的流程如下。

1) 注册与登录

注册知犀账户有多种方式，其中通过微信、QQ、钉钉以及手机免密登录，可以直接完成注册并登录，而通过邮箱或普通手机号注册则可参考以下步骤。

第一步：进入知犀官网(www.zhixi.com)，如图4.1所示，单击打开登录弹窗，单击"登录/注册"，选择"账号登录"。

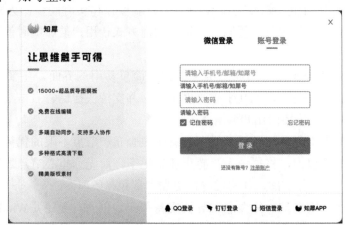

图4.1　知犀账号登录界面

第二步：单击"注册账户"，输入手机号或邮箱号、密码以及验证码，勾选同意《用户协议》，然后单击"注册"。

第三步：在邮箱或手机短信中获得验证码，填写完成后，单击"立即验证"，出现如图4.2所示页面即完成注册。

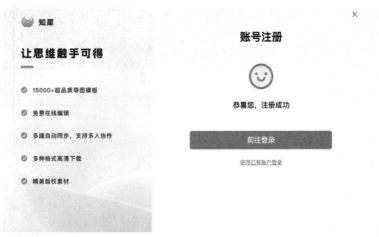

图4.2　账号注册成功

2) 登录知犀思维导图

通过微信、QQ、钉钉以及手机免密登录，可以直接完成注册并登录，如需通过账户登录，用户只需要单击"账号登录"，输入账号相关信息后，单击"登录"即可。

2. 下载知犀思维导图

知犀思维导图支持在线网页版、PC客户端、iOS版、安卓版等多个版本，并且支持云端存储，登录知犀账户后即可同步文件到各端。下载客户端或App可到知犀思维导图下载页https://www.zhixi.com/download，如图4.3所示。

图4.3　下载知犀客户端

4.1.3　创建思维导图

完成注册/登录及下载等步骤后，下一步面临的就是如何创建思维导图文件，在知犀创建思维导图主要有以下方法。

1. 新建思维导图

知犀在线网页版：在知犀思维导图首页完成登录后，单击"新建导图"，根据自己的需求，选择一个合适的思维导图结构，如图4.4所示单击"向右逻辑图"，则可直接完成思维导图文件的新建。

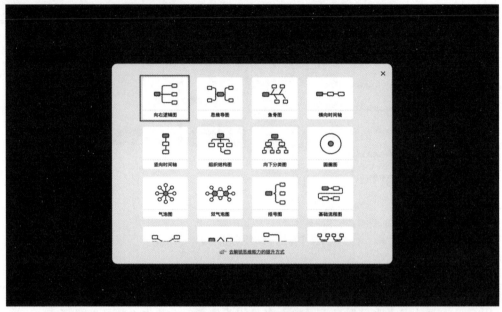

图4.4　新建向右逻辑图

知犀PC客户端：打开知犀思维导图客户端后，单击"云端新建"，根据自己的需求，选择一个合适的思维导图结构，如单击"向右逻辑图"，则可直接完成思维导图文件的新建。

2. 导入思维导图

除通过新建功能来创建思维导图文件外，用户还可以通过导入XMind，知犀，幕布HTML，FreeMind，MindMaster文件来实现思维导图文件的创建，步骤如下。

第一步：打开知犀思维导图网页版或知犀客户端，如图4.5所示，在"个人文件"页面单击"导入"按钮。

图4.5　导入文件

第二步：单击"选择文件"或将文件拖拽至固定区域，单击下方"立即导入"即可。知犀目前支持导入.xmind，.zxm和.mm等格式的导图，且一直在更新，以支持更多格式导入。

4.1.4　主题及内容编辑

知犀思维导图主题和内容编辑较容易，用户可以选中需要添加节点的主题，然后使用工具栏、快捷键或鼠标的方式进行添加，如图4.6所示。

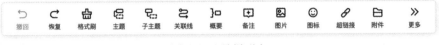

图4.6　工具栏列表

1. 添加同级主题

方法一：添加同级主题可以在选中主题后，单击工具栏的"主题"按钮，即可完成添加主题操作，如图4.7所示。

图4.7　添加同级主题

方法二：选中主题，按回车键，即可完成主题添加操作。

方法三：选中主题，使用快捷键【Shift+Enter】在所选中主题的上方插入一个同级主题。

2. 添加子主题

与同级主题类似，添加子主题时也可以直接使用工具栏的"子主题"按钮进行添加。除使用工具栏的按钮外，还可以使用键盘Tab键和鼠标右击的方式进行添加。

添加完成后，会得到一个向外伸展的图形，对于这些主题用户可以按位置从中间向外分别称之为中心主题、二级主题、三级主题、四级主题……同时对于上一级主题称为父主题，对于下一级主题称为子主题，与自己同一级别的主题称为同级主题。

3. 空格键修改主题名称

主题添加完成后，可以进行主题名称的修改。有两种方法可以进行主题名称的修改，第一种是选中主题，按空格键即可进行主题内容的填写和修改；第二种是选中主题，用鼠标双击主题，即可进行主题内容的填写和修改。如图4.8所示。

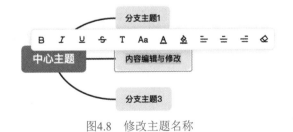

图4.8　修改主题名称

4. 添加自由主题

自由主题是独立在中心主题之外的内容，可以通过双击空白处或在空白处右键菜单栏创建自由主题这两种方式进行添加。

5. 移动主题

主题添加完成后，还可以移动主题的位置进行位置调整。选中需要调整顺序的主题，使用键盘【Alt+Up】上移或【Alt+Down】下移即可进行顺序调整。

6. 删除主题

删除主题有两种方式，一是直接使用键盘的Delete或Backspace键；二是用鼠标右击需要删除的主题，在弹出的菜单栏中选择仅删除当前主题即可。若选择删除主题，则该主题的所有子主题都将被删除；若选择仅删除当前主题，则该主题的子主题将会得到保留。

4.1.5 导出与分享

在做完属于自己的作品后，如果想同他人进行分享，则需使用导出与分享功能。

1. 导出

目前知犀思维导图Web网页版和PC客户端(云端免费新建)支持导出图片、SVG、PDF、Word、Excel、Markdown、Txt、XMind、知犀文件等格式，导出完成后即可同他人分享。如图4.9导出为Word文件格式，选择导出格式，确定文件保存位置，即可成功导出。

图4.9　导出为Word文档格式

其中，图片、Txt、PDF格式的导出可选择"导出大纲"或"导出导图"。"导出大纲"会以文本概念形式展现思维导图内容；"导出导图"则以图片格式直接展示导图内容。

如果是PC客户端本地新建，思维导图导出可选择PNG图片文件格式或.zxm知犀文件格式，确定导出文件格式，进行文件命名，导出完成后可同他人分享文件。PC客户端本地新建版本中，单击"保存到本地"，保存文件完成后即可同他人分享。知犀文件格式目前只能在知犀软件平台上使用，不可以通过第三方软件使用。

2. 如何使用分享

1) 方法一：链接分享

单击"链接分享"，如图4.10所示自动生成分享链接，并获取相应模板二维码，他人可通过点击分享链接或扫描二维码查看分享作品；分享链接时可设置"密码""链接期限""允许他人复制此文件"来保护作品隐私。在分享时可以设置自定义分享密码，支持数字、字母、符号任意1至4位数的组合。

图4.10　链接分享模式

单击"协作"，在如图4.11所示的界面创建协作分享链接，然后设置"可编辑"或"仅阅读"，分享作品，邀请他人共同进行思维导图的创作。

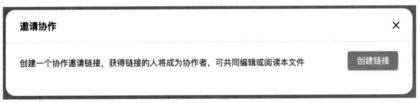

图4.11　邀请协作

2) 方法二：发布模板

单击"发布模板"，在如图4.12所示的界面设置作品标题，他人可通过作品标题搜索到相应作品模板；填写作品简介，有助于提升作品的曝光度获得更多关注；选择分类，添加标签，有助于明确作品定位，提升搜索便捷度。

图4.12　发布模板模式

选择免费或收费模式，在成功发布10个免费作品后，即可选择开启收费模式，收费模式可通过发布收费模板，其他用户购买，为自身作品带来收益。单击个人头像→账户中心，即可查看个人收益。

更新模板：对已发布的模板进行编辑后，可以在编辑页面单击"分享"，单击"发布模板"，在弹出的提醒对话框中单击"更新发布"，在弹出的提示框中单击"发布"，等待审核结束即可。同时在个人文件页面中右击文件，在弹出的菜单栏中更新作品。

下架模板：需要将已经发布的模板下架时，可以在"我的模板"页面，将鼠标悬浮在需要下架的模板上，单击"下架模板"，随后在弹出的下架确认提示框中单击"确认下架"，输入下架理由后单击"确认提交"，等待系统通知查看审核结果即可。

4.1.6　知犀在实际创业中的应用

知犀特别适用于创业环境，其中快速的信息交换和有效的团队合作是成功的关键。创业团队可以利用知犀进行下列工作。

集中管理信息：在创业的早期阶段，团队需要处理大量的研究数据、市场分析和策略计划。知犀提供了一个中心化的平台，可以存储所有信息，并确保团队成员随时都能访问最新的数据。

促进创意的孵化和迭代：创业过程中的创意发展往往是迭代的。知犀的实时协作和讨论功能支持团队成员共同创造和改进想法。

规划和跟踪项目：通过知犀的任务管理功能，创业团队可以设置具体的目标和里程碑，分配任务，并跟踪项目的进展。

数据驱动决策：集成的数据分析工具使创业团队能够基于实时数据制定战略决策，从而提高成功率。

图4.13所示为2023年第九届中国"互联网+"大学生创新创业大赛国家级铜奖项目——"天赐良鸡"通过知犀绘制的项目路演思维导图。

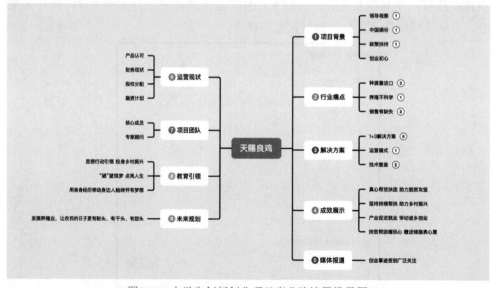

图4.13　大学生创新创业项目商业路演思维导图

4.2　疯狂BP：构建高效商业计划

课程思政：在当今快速变化的商业环境中，大学生创业者应充分利用各类先进工具，来提高工作效率和项目管理能力。这种效率的提升不仅对个人创业项目有益，还有助于他们更深入地理解和融合个人商业目标与社会发展的大局。

4.2.1　工具简介

在现代企业环境中，一份明确、专业的商业计划书对于吸引投资者、指导企业战略发展至关重要。疯狂BP作为一款专注于制作商业计划书的工具，为创业者和企业家提供了一个强大而直观的平台，用于创建、编辑和分享他们的商业计划。

疯狂BP的设计理念基于这样一个认识：创业成功需要清晰、结构化且能够吸引潜在投资者和利益相关者的商业计划。为此，疯狂BP提供了以下核心功能。

(1) 模板驱动的界面：疯狂BP提供多种预设计的商业计划模板，涵盖各种行业和业务类型。这些模板不仅包括专业的布局和格式，还提供了行业特定的指导和建议。

(2) 内容编辑与定制：用户可以轻松编辑模板中的内容，添加或删除任意部分，以适应特定的业务需求。疯狂BP提供丰富的文本编辑工具，能够插入图表、图片和其他视觉元素，提高了计划书的可读性和吸引力。

(3) 协作与反馈：疯狂BP支持多用户协作，团队成员可以共同编辑文档，实时共享反馈和建议。还可以设置不同的访问权限，确保信息安全。

(4) 导出与分享：用户完成商业计划书后，可以将其导出为多种格式，比如PDF，Word等，方便打印和在线分享。疯狂BP还支持直接通过平台分享计划书给投资者或其他利益相关者。

4.2.2　用户注册与界面导览

疯狂BP作为一款专注于制作商业计划书的工具，其用户注册过程和界面导览设计直接影响用户体验和工具的实际应用效果。本节将详细介绍疯狂BP的注册过程、用户界面布局以及如何有效导航和使用其功能，以便新用户能够快速上手及高效使用。

1. 用户注册过程

注册疯狂BP账户是开始使用该工具的第一步。此过程通常包括以下几个关键步骤。

1) 访问官方网站

首先，用户需要访问疯狂BP的官方网站(http://www.nutsbp.com)，这是进入疯狂BP平台的门户。

2) 创建新账户

在官网首页上，单击"登录/注册"按钮，可选择使用微信扫码登录或注册，通常，首次使用该网站服务时，需要在"完善讯息"界面提交手机验证和密码等相关信息，如图4.14所示，也可在页面空白处单击，跳过完善讯息环节。

图4.14 完善账户信息

2. 界面布局与导览

疯狂BP的用户界面设计旨在提供直观且友好的体验，从而使用户能够轻松地开始他们的商业计划书制作。登录后，网站主界面提供"模板、范文、定制、干货、融资、会员"六大功能模块，如图4.15所示。

| 模版 | 范文 | 定制 | 干货 | 融资 | 会员 |

图4.15 疯狂BP网站导航条

单击页面上方"我的BP"按钮，可进入商业计划书的管理页面，如图4.16所示，界面元素包括"我的BP""回收站""找投资人""精选项目"四个模块，非会员用户最多可同时创建3个文档(文档数包括回收站文件)。

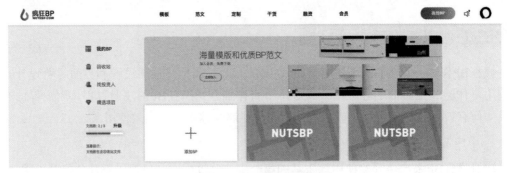

图4.16 我的BP管理页面

4.2.3 模板选择与计划书编制

在商业计划书的制作过程中，选择适当的模板并基于此进行有效编制是确保其专业性和实用性的关键步骤。疯狂BP提供了一系列的模板和工具，以支持用户从概念到最终计划书的整个制作过程。

1. 模板选择的重要性

模板是基于疯狂BP制作商业计划书的基础。合适的模板不仅为用户提供了清晰的结构和格式指导，而且可以确保文档符合行业标准和预期受众的期望。在疯狂BP中，模板选择过程包括以下几个关键方面。

1) 行业和业务类型

疯狂BP提供了针对不同行业和业务类型的模板，如电商、批发/零售、餐饮、金融、企业服务、区块链、教育、医疗/健康、房产/家居、体育健身、文化娱乐、AI机器人、汽车交通、旅游、AR/VR等多个板块。用户可以根据自己的业务类型和特定行业需求选择最合适的模板。

2) 模板结构和内容

模板通常包括商业计划书的标准部分，如执行摘要、市场分析、产品/服务描述、营销和销售策略、财务计划等。用户需要理解每部分的目的和内容，以确保选择的模板满足自己的具体需求。用户也可以通过网站"干货"板块，学习商业计划书的精品范文。

选择具有一定灵活性和定制化选项的模板，可以帮助用户根据自己的具体情况调整内容。

2. 商业计划书的编制

1) 选定模板

用户在网站"模板"板块可以进行商业计划书模板的选择，选定后单击"立即创建"按钮即可，图4.17所示为网站模板中心的首页。

图4.17　网站模板中心首页

2) 内容添加与完善

选择了合适的模板后，下一步是根据该模板编制商业计划书。在制作商业计划书的过程中，内容的添加和数据的整合是构建一个有说服力、信息充实的文档的关键步骤。这一过程涉及多个阶段，包括内容的添加、编辑和格式化。如图4.18所示，首次进入编辑界面会弹出编写BP的教学，初学者建议单击"点击了解"按钮进入学习，从而更好地使用工具。

图4.18　疯狂BP示例指导如何撰写BP

疯狂BP的BP示例指导较为丰富和全面，如图4.19所示，按照项目简介、团队介绍、痛点分析、解决方案、市场概况、产品构想、盈利模式、竞争对手、竞争优势和融资计划十大模块，每个模块中又具体包括每部分的写作指南、正确示例、错误示例和优秀案例四个模块。

图4.19　疯狂BP指导示例(项目简介)

　　在学习疯狂BP的教学内容后，可进入疯狂BP的工具平台页面，如图4.20所示，提供页面、文字、素材、图表和上传五大功能。

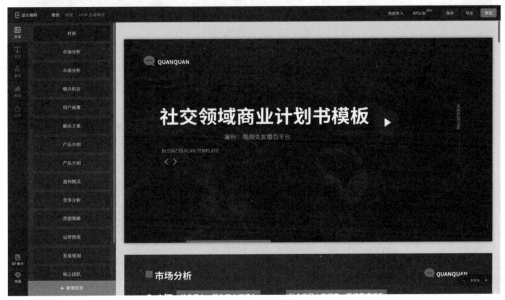

图4.20　疯狂BP软件主界面

　　用户可以选择在"页面"功能中进行快速跳转、顺序调整、新增页面、复制页面、删除页面等具体操作，用户应该根据自己的业务理念和目标，调整模板中的内容，使其更具个性化，如图4.21所示。

图4.21　"页面"功能

　　根据模板提供的结构，用户需要添加有关其业务的具体信息，在执行编辑操作的过程中，应保持内容的清晰性和专业性，确保所有信息都是准确和相关的。编辑内容只需要在相应信息处进行双击即可，双击文字后，屏幕顶部会出现段落字体编辑等基本功能，用户可就实际需要开展编辑操作，如图4.22所示。商业计划书的格式化和视觉呈现同样重要。用户应利用疯狂BP提供的各种格式化工具，包括字体选择、颜色方案、布局调整等，以确保文档具有专业的外观和风格。

图4.22　内容编辑操作

用户可以选择在"文字"功能中添加标题和正文文字信息，如图4.23所示，可供添加的内容包括标题文字、副标题文字、文本三种，分别预置了不同的文字大小，也可以在添加后通过图4.22所示的文字编辑面板中对字体、颜色、间距等信息进行调整和修改。

图4.23　"文字"功能

疯狂BP内置了大量的BP制作素材，如图4.24所示，用户可以选择在"素材"功能中进行更多元素的添加，具体包括图片、背景、图标、图形、插画、线、箭头和模板素材，其中模板素材指的是本模板中已经使用的素材。

图4.24　"素材"功能

数据是编制商业计划书的基础，提供了对市场、竞争和财务预测的深入见解。在商业计划书的编写过程中有必要对竞争环境进行分析，包括主要竞争对手及他们的优势和弱点、市场份额等。疯狂BP也提供了"图表"功能，如图4.25所示，以帮助用户整合这些数据，并以图表和图形的形式呈现，以提高可读性。

在商业计划书的编制过程中，个性化和创新是不可忽视的要素。虽然模板提供了一个基础结构，但每个商业计划书都应该反映出企业的独特性和创新点。如图4.26所示，用户可以在"上传"功能中上传本地图片和音乐。

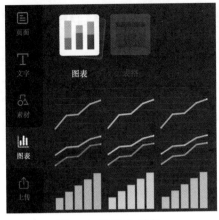

图4.25 "图表"功能

图4.26 "上传"功能

4.2.4 计划书的输出与分享

商业计划书的输出和分享是疯狂BP商业计划制作过程的最后步骤,它涉及将商业计划书转换成适当的格式并有效地传递给预定的受众。

疯狂BP允许用户将商业计划书导出为多种格式,用户可以单击右上角的"保存"按钮保存已修改的操作,点击"导出"按钮保存文件,如图4.27所示,包括PDF,PPT两种不同的格式。PDF格式通常因布局和格式的一致性而被优先选择,而PPT格式则需要通过开通会员才可以使用。在导出之前,应再次检查文档以确保没有格式错误或遗漏信息,如图4.28所示,在单击导出后可以在屏幕下方查看导出进度。

图4.27 导出文件格式选择

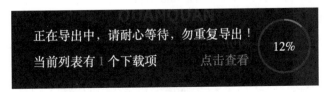

图4.28 导出下载等待

4.3 稿定设计：创新图形设计在创业中的应用

课程思政：大学生创业者应深刻认识到版权意识的重大意义。坚持使用正版素材和软件不仅是对知识产权的尊重，也是对社会公正和创新文化的维护。

4.3.1 工具简介

1. 软件概述

在创业和商业领域，有效的视觉传达是至关重要的。无论是品牌建设、市场推广还是产品展示，专业的图形设计都可以显著提升信息的吸引力和传播效果。然而，传统的图形设计往往需要专业知识和复杂的软件操作。在这样的背景下，稿定设计工具应运而生。稿定设计是一个创新的设计软件，旨在为用户提供一站式的设计解决方案。它结合了先进的图像处理技术和用户友好的界面设计，使设计工作变得更加高效和直观。无论是专业的平面设计师还是设计新手，都可以通过这款软件轻松创建出优秀的视觉作品。

2. 主要特性

多样化的模板库：稿定设计提供了丰富的模板库，涵盖海报、社交媒体图形、商业演示文稿等多种类型。这些模板由专业设计师制作，既可以直接使用，也可以根据需要进行定制。

强大的图像编辑功能：软件内置了强大的图像编辑工具，包括图层编辑、颜色调整、滤镜应用等。用户可以对图片进行细致地编辑，创造出独特的视觉效果。

直观的用户界面：简洁明了的用户界面设计使得软件易于上手，确保用户可以快速找到所需的工具和选项。

智能设计辅助：稿定设计采用先进的人工智能技术，能够提供智能布局建议、色彩搭配方案等辅助设计功能。这些智能工具大大提高了设计效率，帮助用户轻松应对复杂的设计任务。

团队协作功能：软件支持多用户在线协作，团队成员可以在同一个项目上实时共同工作，有效提高团队协作效率。

3. 用户界面和操作体验

稿定设计的用户界面设计注重直观性和易用性。主界面清晰展示了主要功能，如模板库、图像编辑工具和项目管理等，用户可以轻松导航至所需的功能区域。此外，软件还提供了丰富的教程和指引，帮助用户快速掌握各种工具的使用方法。在操作体验上，稿定设计追求流畅和高效。软件的响应速度快，即使在处理大型文件也能保持稳定的性能。拖放式的操作方式让设计更加直观，用户可以轻松地调整元素的位置、大小和样式。

4. 适用领域和用户群体

稿定设计适用于多种设计领域，包括平面设计、社交媒体内容制作、广告创意设计、企业品牌和营销物料设计等。它适合各类用户，从专业设计师到市场营销人员，再到个人创作者，都可以通过这款软件实现其创意和设计需求。

4.3.2　账号注册

首先登录稿定设计官方网站https://www.gaoding.com，单击屏幕右上角的"登陆/注册"，选择"手机号注册"，如图4.29所示，使用手机号进行注册。

图4.29　账号注册

注册成功后，首次登录，如图4.30所示，需要填写所从事的职业/行业，稿定设计将根据用户的选择推荐相关的模板内容，从而提高设计的效率。

图4.30　选择从事的职业

4.3.3　确定作图需求

在创业项目中，视觉内容是传达信息和吸引目标受众的关键。在正式使用稿定设计开始创作设计前，应准确识别作图需求，以便将其有效地应用于创业项目中。

1. 创业项目的视觉需求分析

目标受众识别：首先，明确项目的目标受众群体。不同受众群体可能对视觉元素有不同的偏好。例如，年轻受众者可能更喜欢现代化和动感的设计，而商业客户可能更倾向于专业和简洁的风格。

品牌定位：确保作图风格与品牌形象相符。如果品牌倾向于创新和活力，设计应体现这些特征；如果品牌更注重专业和信任，设计则应显得更为稳重和权威。

2. 明确作图目的与类型

营销与推广：若作图目的是营销推广，那么需要考虑制作具有吸引力的广告海报、社交媒体图形或产品宣传册。

投资者关系：若为吸引投资者或合作伙伴，制作专业的商业计划书或投资者演示文稿可能更为合适。

内部沟通：内部报告或汇报通常需要清晰、信息密集的PPT或信息图表。

3. 创业阶段与视觉需求

初创阶段：在项目初期，可能需要制作引人注目的启动页面、初步的产品原型或概念验证视频。

增长阶段：随着企业的成长，可能需要更多高质量的产品广告、用户指南和市场营销资料。

扩展阶段：在进入新市场或推出新产品时，需要制作地区或文化特定的营销资料。

4. 结合稿定设计的功能

选择合适的模板：基于上述分析，使用稿定设计的模板库，选择最符合需求的模板。例如，选择色彩鲜艳、设计新颖的模板来吸引年轻受众；选择简洁、专业的模板来制作商务演示文稿。

个性化定制：利用稿定设计工具的编辑功能，根据品牌风格和目标受众群体的偏好，定制设计元素，如颜色、字体和布局。

反馈与迭代：在设计过程中，获取团队成员或目标受众群体的反馈，并根据其反馈进行适当调整，以确保最终设计的有效性和吸引力。

通过这些步骤，用户可以更系统地分析和确定作图需求，有效地将视觉设计应用于各个阶段的创业项目中。

在创业项目中，快速而高效地找到合适的模板是关键。此章节旨在教授用户如何在稿定设计中查找并选择最适合其项目需求的作图模板。

4.3.4 查找作图模板

1. 搜索与筛选模板

利用关键词搜索：在稿定设计的搜索栏中输入与项目相关的关键词，如"商业""创新""科技"等，找到相关模板，如图4.31所示。

应用过滤条件：利用稿定设计的过滤工具，根据模板类型(如海报，PPT，视频等)、风格(如现代、简约、复古等)、颜色等进行筛选。

浏览模板分类：浏览不同的模板分类标签，如营销资料、社交媒体图形、企业报告等，以快速定位特定类型的模板。

图4.31　稿定设计图片模板

2. 利用推荐和资源库

探索推荐模板：稿定设计的"为你推荐"功能，会基于用户以往的选择和行业趋势提供模板建议，如图4.32所示。

图4.32　稿定设计为你推荐功能

企业资源库的应用：在"企业资源库"中查找已经被团队成员使用过的模板，这有助于保持设计的一致性，并加快制作过程。重用和修改团队成员保存的模板，特别是在时间紧迫的情况下，可以大大减少设计时间。

4.3.5　内容创作设计

在选择了合适的模板后，下一步将进入内容创作阶段。在稿定设计中进行有效的内容创作，有助于确保最终作品既符合创业项目的需求，又具有吸引力和专业性。

1. 启动创作

选择并打开模板：在确认所需的模板后，单击"开始创作"，如图4.33所示，进入编辑界面。在开始设计之前，应规划整体的内容布局，考虑要展示的主要信息、图片的排列顺序、文本框的位置等。

图4.33　稿定设计编辑界面

2. 图片处理

添加图片：根据设计主题和目标受众的偏好选择图片。例如，为年轻受众者设计时，选择更加现代和活泼的图片。如图4.34所示，在编辑界面中选择"图片"或"我的"，上传自己的图片或选择平台提供的图片库中的图片。

编辑图片：在稿定设计中可以根据设计布局，调整图片的大小和位置，对图片应用不同的滤镜和效果，以增强视觉冲击力。选中图片后，如图4.35所示，在屏幕右侧工具按钮中选择对应操作。

图4.34 添加图片

图4.35 编辑图片

3. 文本编辑

添加和替换文字：使用文本工具添加新的文本框或编辑现有文字。确保文本内容简洁明了，易于理解。

字体和颜色：选择与项目风格相符的字体和颜色。应考虑可读性和视觉效果等，避免使用过于复杂的字体或颜色。

4. 调整画布尺寸

输入尺寸：如图4.36所示，根据项目需要，如海报尺寸、社交媒体图像尺寸等，单击"调整尺寸"，可调整画布的宽度和高度。

图4.36 调整画布尺寸

适应内容：确保所有设计元素(如文本、图片、图标)都与新的画布尺寸匹配。

5. 细节优化

校对和调整：在设计过程中需要仔细校对所有文本，确保没有语法或拼写错误。同时调整元素间的对齐和间距，确保整体设计的协调性和美观性。

反馈循环：可以将初稿展示给团队成员或目标受众群体，并收集反馈。然后，根据反馈进行必要的调整和优化。

6. 保存和预览

定期保存：在创作过程中定期保存已完成的工作，避免数据丢失。

最终预览：完成设计后，进行全面的预览，确保所有元素都按预期显示，没有遗漏或错误。

通过遵循这些步骤，用户可以在稿定设计工具中高效地进行内容创作，创造出既符合项目需求又具有专业水准的视觉作品。在设计完成后，可以根据作品用途选择授权方式，如图4.37所示，并导出设计的作品。

图4.37　下载作品

本章小结

本章概述了创新工具在创业中的应用。首先介绍创新工具在创业过程中的关键作用；然后陈述了知犀作为一种思维导图工具，可以帮助用户优化组织信息和展开思路，使得创业规划变得更为清晰和系统；接着简述了疯狂BP的应用方法，通过其直观的商业计划书制作功能，极大地简化了复杂商业概念的呈现方式；最后讲述了稿定设计在图形设计方面提供的强大支持，增强了项目的视觉吸引力和市场传播效果。本章重点是知犀、疯狂BP、稿定设计三个软件的应用方法。

思考题：

1. 数字时代的创业环境与传统创业环境相比，有哪些本质的变化？

2. 互联网技术在优化商业流程中起到了哪些关键作用？

3. 当前数字营销的哪些创新策略对企业增长最为关键？

4. 社交媒体如何影响企业的品牌策略和用户参与？

测试题：

1. 数字时代对创业环境变革的影响不包括(　　)。(单选题)

　　A. 降低创业门槛　　　　　　　　B. 加速产品迭代

　　C. 减少市场竞争　　　　　　　　D. 扩大潜在客户群

2. 利用互联网技术优化商业流程的方式不包括(   )。(单选题)

    A. 自动化办公   B. 数据分析

    C. 人工智能决策   D. 减少在线资源

3. 以下哪项不是电子商务的新模式? (   )(单选题)

    A. 社交电商   B. 会员订阅制

    C. 价格战策略   D. 无界零售

4. 社交媒体在企业增长中的作用不包括(   )。(单选题)

    A. 提高品牌知名度   B. 增强用户粘性

    C. 降低市场调研成本   D. 减少企业利润

5. 在识别数字时代的创业机遇时，应考虑的因素包括(   )。(多选题)

    A. 市场需求   B. 技术趋势

    C. 竞争对手   D. 法律法规

6. 提高创业效率的数字工具可能包括(   )。(多选题)

    A. 项目管理软件   B. 客户关系管理系统

    C. 在线会议工具   D. 企业资源规划系统

7. 数字营销策略中，可以采取哪些措施来吸引和保持客户? (   )(多选题)

    A. 内容营销   B. 大数据个性化

    C. 搜索引擎优化   D. 价格优惠

8. 社交媒体在不同行业中的实际应用可能包括(   )。(多选题)

    A. 品牌推广   B. 市场调研

    C. 客户服务   D. 产品销售

9. 以下说法是否正确?

互联网技术在所有行业中的应用都能保证提高企业的盈利能力。(判断题)

10. 以下说法是否正确?

社交媒体的策略应当在不同行业中保持一致，以确保品牌信息的一致性。(判断题)

第 5 章

创业领导力与团队管理

📋 案例导读 | 科大讯飞的创业领导力与团队管理

科大讯飞是一家领先的人工智能和语音识别技术公司，成立于1999年。刘庆峰作为公司的创始人和CEO，他的创业领导力体现在多个方面。

首先，他对于语音识别技术的深刻理解和前瞻性视角，使得科大讯飞在这一尖端技术领域保持领先地位。刘庆峰提出的"智能语音与人工智能"战略，不仅为公司指明了发展方向，还为整个行业树立了标杆。

其次，刘庆峰在团队建设和企业文化塑造方面也发挥了关键作用。他倡导的创新、协作和开放的企业文化，为科大讯飞吸引和培养了大量优秀人才。在他的领导下，科大讯飞培养出了一支能够快速响应市场变化、勇于创新的团队。

最后，刘庆峰在业务发展和市场拓展上的远见卓识，使得科大讯飞能够在竞争激烈的市场环境中稳健成长。他领导公司不断拓展新的应用领域，如教育、医疗等，这些战略决策极大地促进了公司的长期发展。

创业团队的领导力是企业成长和成功的关键因素。创始人的愿景、战略决策能力以及对团队和企业文化的塑造，对企业的发展具有深远的影响。例如，刘庆峰的领导力不仅引领了科大讯飞走向成功，还为中国的人工智能领域做出了重要贡献。

📖 学习目的 |

1. 了解创业环境下的领导力要求。
2. 掌握建立和管理高效创业团队的方法。
3. 了解如何构建积极的组织文化和承担社会责任。
4. 掌握处理和解决创业团队冲突的策略。
5. 通过案例分析掌握初创企业应如何开展团队管理。

5.1 创业环境中的领导力

课程思政：在创业环境中，领导力对企业的成功至关重要。创业环境通常充满着不确定性，资源有限且竞争激烈，要求领导者具备高度的适应性、资源管理能力和创新思维。

领导者需要在快速变化的技术和市场中做出明智的决策。有效的领导力还包括建立和维护强大的社交网络，应对法规政策变化的敏锐度，以及持续的学习和创新，这是领导者引领企业成功的关键。

5.1.1 创业环境的特点

创业环境是指创业活动进行的外部和内部环境，它对创业的成功有着直接和深远的影响。创业环境的特点直接影响着创业策略的制定和实施。以下是创业环境的一些关键特点。

1. 高度不确定性

创业环境通常充满不确定性。市场需求、竞争格局、技术进步、法规政策等因素都可能迅速变化，给创业带来不可预测的挑战和机遇。

2. 资源的有限性

多数创业公司在起步阶段资源有限，无论是资金、人力还是技术资源。如何在有限的资源条件下实现最大的效益，是创业过程中的一个重要考验。

3. 竞争与合作并存

创业者不仅要面对激烈的市场竞争，还需要在适当的时机寻找合作伙伴。在快速变化的市场中，与其他企业或创业者的合作可以带来资源共享和优势互补。

4. 快速变化的技术和市场

特别是在高科技领域，技术迭代迅速，市场需求也在不断变化。创业公司需要不断学习和适应，以保持其产品或服务的竞争力。

5. 政策法规的影响

政府政策和法规在创业环境中扮演着重要角色。税收政策、行业规范、知识产权保护等都会直接影响创业企业的经营活动。

6. 文化多元性

随着全球化的发展，创业环境越来越具有文化多元性。不同地区和国家的文化差异可能会影响产品设计、市场策略甚至管理方式。

7. 社会网络的重要性

在创业环境中，建立和维护广泛的社会网络非常重要。社会网络不仅可以提供必要的资源和信息，还可以带来潜在的业务机会。

8. 持续的学习和创新需求

创业者需要持续学习和创新，以应对不断变化的环境。这包括对市场趋势的洞察、新技术的掌握以及创新思维的培养。

创业环境具有高度的不确定性、资源限制、竞合现象、技术和市场的快速变化、法规和政策的影响、文化多元性、社交网络的重要性以及对持续学习和创新的需求等特点。创业者需要深入了解这些特点，以便更好地导航其创业之旅。

5.1.2 创业领导力的定义

创业领导力是指在创业过程中所展现的领导能力，是推动创业项目从概念到实现、从启动到成长的关键驱动力。创业领导力涉及多种领导类型，每种都有其适用的场景和优势。创业领导者需要根据企业发展的阶段、团队特性以及市场环境，灵活运用不同类型的领导力，以便有效推动企业的成长和成功。创业领导力的主要类型如下。

1. 变革型领导力

强调创新和变革，激励团队成员超越现状，探索新的方法和策略。变革型领导者通常具有强烈的愿景感和鼓舞人心的能力。

2. 事务型领导力

侧重于确立具体目标和任务，以及奖励或纠正团队成员的表现。这种领导风格适合于需要高度组织和效率的创业环境。

3. 魅力型领导力

基于个人魅力和影响力，激发团队成员的热情和忠诚。魅力型领导者通常具备出色的沟通能力，从而能够吸引团队成员围绕一个共同目标团结起来。

4. 参与型领导力

强调团队成员的参与和共享决策权。在创业环境中，这种领导风格有助于激发创新思维和团队合作精神。

5. 服务型领导力

集中于服务团队和客户的需求，强调谦虚、关怀和倾听。服务型领导者倾向于通过支持和赋能团队成员来实现企业的目标。

6. 情境型领导力

依据具体情境调整领导风格。在创业环境中，领导者可能需要根据不同阶段的需求和挑战灵活变换其领导方式。

5.1.3 创业环境与创业领导力的关系

创业环境与领导力之间的关系是互动和相互影响的。创业环境的特点直接影响领导力的展现方式和效果。以下是创业环境与领导力关系的几个表现。

1. 适应环境的不确定性

创业环境通常充满不确定性，这要求领导者具备高度的适应性和灵活性。有效的领导力意味着能够迅速识别和应对环境变化，制定适应性强的策略，并在不确定的环境中做出明智的决策。

2. 资源限制下的领导挑战

在资源受限的创业环境中，领导者必须展现出卓越的资源管理能力。这包括有效分配和优化有限的人力、财力和物力资源，以实现企业目标。

3. 应对竞争和促进合作

创业领导者不仅要应对市场竞争，还需要在适当时机寻找合作伙伴。有效的领导力能够帮助企业在竞争中站稳脚跟，同时也能够识别和把握合作机会。

4. 应对快速变化的技术和市场

创业环境，特别是高科技领域中的技术迭代和市场需求变化迅速，领导者需要保持对这些变化的敏感性，并能够快速适应，以保持企业的竞争力。

5. 政策法规对领导决策的影响

政策和法规在创业环境中起着重要作用。领导者需要了解并适应这些外部条件的变化，确保企业策略和操作符合法律法规要求。

6. 在文化多元性中展现领导智慧

随着全球化进程加快，创业环境往往具有文化多元性。有效的领导力需要在不同文化背景中展现出敏感性和适应性，以管理多元文化团队并在全球市场中成功运营。

7. 通过社会网络构建影响力

在创业环境中，社交网络的建立和维护非常重要。领导者需要通过这些网络获取资源、信息和支持，同时也要依靠其自身的影响力在网络中建立企业的声誉和地位。

8. 持续学习和创新的领导需求

创业领导者需要持续学习新知识、新技能，并鼓励创新。这对应对创业环境的变化和挑战至关重要。

创业环境的特点对领导力提出了很高的要求，包括适应性、资源管理、竞争与合作、快速应变、法规适应、文化敏感性、社交网络建设以及持续学习和创新等。有效的领导力不仅帮助企业适应这些环境特点，还使企业在激烈的市场竞争中得以生存和发展。

5.1.4 创业领导者的关键素质

在复杂且充满挑战的创业环境中，创业领导者需要具备一系列特定的素质，这些素质共同构成了创业领导者引导企业走向成功的基础。

1. 愿景和远见

创业领导者必须具备清晰的愿景和预见能力，能够设定和引导公司的长期目标和方向。这种愿景不仅为企业指明方向，还激励团队成员朝着共同的目标努力。

2. 决策能力

面对创业环境中的不确定性和风险，领导者需要具备出色的决策能力。这包括收集和分析信息，以及在信息有限的情况下做出果断而明智的决策。

3. 适应性和灵活性

创业领导者需要适应快速变化的环境，并具备灵活调整战略和计划的能力。这种适应性对于应对市场变化和技术革新至关重要。

4. 坚忍和韧性

创业过程充满挑战，领导者需要具备坚忍和韧性，以便在面对困难和失败时能够坚持并继续前进。

5. 创新能力

创新是创业成功的核心。领导者应具备创新思维，不断寻求改进产品、服务和运营方式的新方法。

6. 沟通和影响力

有效的沟通对于建立团队信任和维护团结至关重要。领导者需要具备强大的沟通能力，以影响和激励团队成员，同时与投资者、客户和其他利益相关者有效交流。

7. 团队建设和人际关系

领导者需要具备强大的团队建设能力，能够吸引、发展和留住人才。此外，良好的人际关系能力有助于在团队内部和外部建立和维护关系。

8. 道德和责任感

作为企业的领头人，领导者应具备高度的道德感和责任感，这不仅有利于塑造企业文化，还会影响企业的社会形象。

9. 持续学习

在快速变化的商业环境中，持续学习是必要的。领导者应该不断提升自己的知识和技能，以保持企业的竞争力。

5.1.5 不同创业阶段的领导风格

创业过程可以分为多个阶段，每个阶段都有其独特的挑战和要求，这就需要创业领导者根据不同的创业阶段调整他们的领导风格，如图5.1所示。

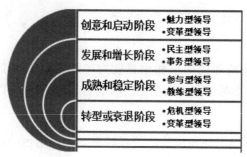

图5.1　不同创业阶段的领导风格

1. 创意和启动阶段

在这个阶段，创业主要是关于创意的生成和初步实现。领导风格应侧重于如下方面。

(1) 魅力型领导。鼓励创新思维，激发团队成员的热情和创造力。领导者通过个人魅力和公司愿景感染团队，激励他们共同追求创业目标。

(2) 变革型领导。强调创新和探索新领域。领导者需要推动团队接受挑战和不确定性，勇于尝试新的方法。

2. 发展和增长阶段

当企业进入发展阶段，开始实现增长和扩张时，领导风格需要进行如下调整。

(1) 民主型领导。该类型领导促进团队参与决策，因为这一阶段需要更多的创意和解决方案，团队成员的积极参与尤为重要。

(2) 事务型领导。该类型领导重视目标设定和任务完成。随着企业规模的扩大，需要更加明确的目标和结构，以确保团队高效运行。

3. 成熟和稳定阶段

在企业达到成熟阶段，领导者需要进一步调整风格以维持稳定和持续改进。

(1) 参与型领导。该类型领导鼓励员工参与决策过程，以增加他们对企业目标的承诺。在这个阶段，员工的经验和知识对于持续改进至关重要。

(2) 教练型领导。该类型领导专注于个人和团队的发展。领导者作为教练和导师，能帮助员工提升技能，为企业的成长和创新培养人才。

4. 转型或衰退阶段

在企业面临转型或挑战的阶段，领导风格需适应新的挑战。

(1) 危机型领导。在企业面临严重挑战或危机时，需要果断和有决策力的领导风格。领导者需要迅速做出决策，带领企业渡过难关。

(2) 变革型领导。重新引入变革型领导，以促进企业的重组和转型。在这个阶段，创新和改变是关键，领导者需要重新激发团队的热情和创造力。

创业领导者需要根据企业所处的创业阶段灵活调整其领导风格。从初创阶段的魅力型和变革型领导，到成长阶段的民主型和事务型领导，再到成熟阶段的参与型和教练型领导，以及面临挑战时的危机型和变革型领导，每一种风格都有其在特定情境下的重要性。成功的创业领导者能够识别每个阶段的不同需求，并采取适当的领导策略以引导企业向前发展。

5.2 初创企业团队的构建

课程思政：在初创企业团队的构建过程中，明确每个成员的角色与责任是至关重要的。这不仅有助于提高初创企业团队的工作效率，还能确保每个人都能为团队的目标和愿景做出贡献。

5.2.1 初创企业团队构建的基本原则

在初创企业中，团队的构建直接影响企业未来的发展和成功。团队构建的基本原则提供了一个框架，指导创业者如何高效地组建和发展他们的团队。

1. 共享愿景和目标

创立一个成功的团队始于共享的愿景和目标。团队成员需要对企业的使命、愿景和长期目标有共同的理解和承诺。这有助于确保所有成员都朝着相同的方向努力，并在遇到挑战时团结一致。

2. 多样性和互补性

在团队构建中考虑多样性和互补性至关重要。这意味着需要招募具有不同背景、技能和经验的成员。互补性的技能和观点可以增强团队的创新能力和解决问题的能力。

3. 明确角色和责任

团队的有效运作需要清晰定义每个成员的角色和责任。这不仅有助于减少重叠，避免混乱，而且能确保团队成员了解他们的工作范围和期望结果。

4. 透明和开放的沟通

建立一个透明和开放的沟通环境对于团队的健康发展和工作效率至关重要。这鼓励团队成员分享想法、反馈和担忧，从而促进彼此间的信任和尊重。

5. 灵活性和适应性

初创企业团队需要快速适应变化的环境。这要求团队成员具有灵活性和适应性，以应对不断变化的需求和挑战。

6. 持续的学习和发展

鼓励团队成员进行持续的学习和进步是非常重要的。这不仅有助于提高团队的整体能力，还能提高成员的工作满意度和忠诚度。

7. 构建正面的工作文化

创造一个积极和支持性的工作环境，可以激励团队成员发挥出最佳表现。这包括认可和庆祝团队成员的成就，以及在其面对挑战时提供支持和鼓励。

8. 促进团队合作和协作

在团队中培养合作和协作精神对于实现共同目标至关重要。通过团队建设活动和共同的项目工作，可以加强团队成员之间的关系并提升协作能力。

团队构建的基本原则包括共享愿景、多样性和互补性、明确的角色和责任、开放的沟通、灵活性、持续学习、积极的工作文化以及促进合作。遵循这些原则，可以帮助创业者构建一个高效、协调且富有成效的创业团队。

5.2.2 初创企业团队的特点

初创企业的团队应是一个多元化、高度协作和适应性强的小组，每个成员都为实现共同的商业愿景而努力。团队文化、成员之间的互动和对挑战的应对方法共同塑造了初创企业的发展进程。以下是初创企业团队的特点。

1. 规模较小，结构扁平

初创企业团队通常规模较小，成员数量有限，这促使团队拥有更扁平的组织结构。这种结构有助于快速决策和高效沟通。

2. 多角色兼职

团队成员往往需要担任多个角色，灵活地承担不同的工作和责任。这种多功能性要求团队成员具备多方面的技能和适应能力。

3. 密切协作和通信

小团队规模使得成员之间的协作和沟通更加密切。团队成员通常需要紧密合作，共同解决问题。

4. 高度适应性和灵活性

在不断变化的市场环境中，初创企业团队通常需要快速适应新情况和挑战。因此，团队具有高度的适应性和灵活性。

5. 创新和创造力

创新是初创企业的核心驱动力，通常鼓励团队成员运用创新思维和创造性地解决问题。

6. 热情和承诺

团队成员通常对企业的愿景和目标充满热情，这种热情和承诺是驱动初创企业前进的重要因素。

7. 资源有限

初创企业团队往往面临资源有限的挑战，包括资金、时间和人力。这要求团队在有限的资源下实现最大的效率和产出。

8. 学习和成长环境

初创企业团队拥有持续学习和成长的环境，团队成员在克服挑战和解决问题的过程中不断提升自己的能力。

9. 文化和价值观

初创企业团队通常强调独特的企业文化和价值观，这种文化和价值观在团队建设和决策过程中起着重要作用。

5.2.3　初创企业团队成员的角色与责任

一个初创企业的团队通常由一群具有共同愿景和目标的个体组成，他们共同努力将一个创业想法转化为成功的商业实践。其核心成员主要如下。

1. 初创企业创始人

负责制定整体企业战略和愿景，领导团队向设定的目标前进，还承担着代表企业与外部世界(如投资者、客户和合作伙伴等)进行沟通的角色。

2. 技术负责人

在技术驱动的初创企业中尤为重要。这个角色负责领导产品或服务的技术开发，确保技术策略与企业的整体战略和市场需求相符合。

3. 产品经理或运营负责人

负责日常运营的管理和产品的市场推广，还包括了解市场需求、规划产品发展路线图以及确保产品满足用户需求。

这三个角色是构成初创企业团队有效运作的基础，共同确保了企业的战略方向、技术实现和市场适应性。随着初创企业的发展，可能会增加更多专门化的角色，如财务、营销或人力资源等，除初创企业创始人、技术负责人、产品经理或运营负责人这些核心成员外，初创企业还可能包含以下其他关键角色。

1. 财务经理

负责管理公司的财务，包括制定预算、财务规划、投资决策等，监控和报告企业的财务表现，与投资者和股东沟通财务状况。

2. 市场营销负责人

制定和执行营销策略，推广品牌和产品。管理市场研究，分析消费者需求和市场趋势，以指导产品开发和制定营销策略。

3. 销售负责人

设计和实施销售策略，管理销售团队，推动销售业绩。建立和维护客户关系，扩大市场份额。

4. 人力资源经理

负责招聘、培训、绩效管理和员工福利。建立和维护正面的企业文化，处理员工关系和企业发展计划。

5. 客户经理

管理客户团队，确保客户满意度。收集客户反馈，为产品改进提供洞察。

6. 数据分析师或业务分析师

收集和分析业务数据，提供建议以支持决策。评估市场机会，协助规划和业务优化。

7. 研发团队成员

专注于产品或服务的研发，包括设计、开发和测试，推动产品创新。

8. 法务顾问

管理公司的法律事务，确保合规性。提供法律咨询，处理合同、知识产权和其他法律问题。

5.2.4 初创企业团队沟通与合作机制

初创企业团队的沟通与合作机制应当是开放的、高效的，并能够适应快速变化的环境。这种机制应促进信息的自由流通，支持团队成员之间的紧密协作，并鼓励创新和创造性思维。构建初创企业团队沟通与合作机制的具体步骤如下。

1. 构建开放和透明的沟通环境

(1) 确保信息共享。建立一个平台，其中所有重要信息都是透明的，确保每个团队成员都能访问到关键信息，包括业务目标、进展更新和决策依据。

(2) 多样化沟通渠道。利用不同的沟通工具，如团队聊天应用、邮件、视频会议和实体会议，以满足不同情境下的沟通需求。

2. 实施定期和按需会议制度

(1) 日常短会。通过每日站立会议等形式，快速同步日常工作，保持团队成员的工作同步并及时解决问题。

(2) 定期综合会议。组织定期的周会或月会，回顾项目进展，讨论更广泛的战略问题，确保长期目标的一致性。

3. 建立有效的任务协作系统

(1) 任务管理工具：采用项目管理工具，跟踪任务进度、分配工作并监控截止日期。

(2) 清晰的责任划分。确保每个任务都有明确的负责人，同时保证任务进展对所有团队成员的可见性。

4. 培养建设性反馈机制

(1) 鼓励开放式反馈。创造一个安全的环境，让团队成员能够自由地提供和接受反馈，以促进个人和团队的共同进步。

(2) 定期的绩效评估。实施定期的绩效评估和一对一会议，以帮助团队成员了解自己的表现并设定发展目标。

5. 加强团队协作和团队建设活动

(1) 跨功能合作。鼓励不同专业背景的团队成员共同协作，解决复杂问题，促进知识和技能的共享。

(2) 团队建设活动。定期举行团队建设活动和非正式聚会，增强团队凝聚力和成员间的信任。

6. 适应性沟通和协作策略

(1) 灵活调整。随着团队和业务的发展，持续评估和调整其沟通及协作策略，以确保各项内容始终有效和相关。

(2) 持续改进。定期收集关于沟通和协作机制的反馈，不断寻找改进和优化的机会。

5.2.5 初创企业团队的成长策略

对于初创企业而言，团队的成长是企业发展的关键。实施正确的成长策略，使得初创企业团队在保持动力和活力的同时，不断成长和发展，从而支持初创企业的整体成长和成功。初创企业团队的成长策略主要表现在以下几个方面。

1. 明确发展目标和里程碑

设定清晰的短期目标和长期目标，这些目标应与企业的整体战略和愿景保持一致。确定可衡量的里程碑，以追踪团队进展和成效。

2. 持续技能培训和专业发展

提供培训和学习机会，帮助团队成员提升专业技能和知识。鼓励自主学习和发展，包括参加行业会议、研讨会和在线课程等方式。

3. 强化团队合作和协作精神

通过参与团队建设活动和共同项目，增强团队成员间的信任和协作。促进开放和包容的工作环境，鼓励团队成员分享想法和知识。

4. 适应性和灵活性的培养

在快速变化的市场环境中，培养团队的适应性和灵活性，使其能够迅速应对变化。为团队成员提供足够的自由度，以探索新的工作方法和解决方案。

5. 有效的沟通和反馈机制

建立定期的反馈和沟通渠道，帮助团队成员了解自己的表现和改进方向。促进双向沟通，允许团队成员对团队发展和运作提出意见和建议

6. 人才管理和团队扩展

随着企业的发展，适时招募新的团队成员以增强团队力量和多样性。管理团队动态，确保新加入的成员能够融入团队并发挥作用。

7. 鼓励创新和创造性思维

为团队成员提供创新的空间和资源，鼓励他们提出新想法和改进方法。建立一种容忍失败的文化，鼓励团队成员在尝试新事物时不惧失败。

8. 绩效管理和激励机制

实施绩效管理系统，以公平地评估团队成员的贡献和成果。建立激励机制，如股权激励、奖金或职业发展机会，以奖励成员的优秀表现。

5.2.6 案例分析：奇安信集团——新一代网络安全领军者

奇安信由齐向东创立于2014年，是一家专注于网络安全的高科技公司。

1. 创业初期：愿景确立和团队动员

在奇安信创业初期，创始人兼CEO齐向东的领导力体现在明确公司的愿景和使命方面：打造全球领先的网络安全防御体系。在这个阶段，齐向东的角色不仅是决策者，更是激励者和团队建设者。他需要建立一个能够快速应对市场变化、具备强烈创新精神的团队。齐向东通过招募顶尖的网络安全专家和技术人才，激发团队成员的潜力，为公司奠定了坚实的基础。

2. 成长阶段：战略规划和执行力

随着公司的发展，奇安信进入了快速成长阶段。在这一时期，齐向东的领导力主要体现在制定并执行有效的战略规划上。面对激烈的市场竞争和技术迭代，他指导公司专注于研发创新的网络安全产品，同时寻求市场扩张和合作机会。这一阶段的领导者需要具备敏锐的市场洞察力和强大的执行力，以确保公司策略的正确性和有效实施。

3. 成熟阶段：可持续发展和企业文化

当奇安信进入成熟阶段，齐向东的领导重心转向了推动公司的可持续发展和企业文化的创建。在这一阶段，他需要确保公司能够持续创新，同时维持稳定的业务增长。此外，强化企业文化、促进员工发展和维护公司的社会责任成为领导者的关键任务。齐向东通过推动内部文化建设和参与公益活动，提升了公司的社会形象和员工的归属感。

案例点评：奇安信的发展历程说明，在不同的创业阶段，企业领导需要展现出不同的领导技能和专注点。从最初的愿景确立和团队建设，到战略规划和市场扩张，再到后期的可持续发展和文化培育，领导力的有效运用对于企业的成功至关重要。

5.3　初创企业团队的管理

> **课程思政**：初创企业团队管理的关键在于建立一个具有共同愿景、角色和责任明确的多元化团队，有效的沟通和协作机制、绩效管理，以及激励和奖励策略，对于激发团队成员的积极性和创造力至关重要。

在初创企业中，有效的团队管理不仅能促进产品的开发和市场的开拓，还有助于构建一个可持续发展、能够适应市场变化的组织。

5.3.1 初创企业团队管理的内容

初创企业团队管理是指在初创企业环境中对团队进行的组织、协调、指导和控制，以实现企业目标和战略的过程，通常涉及以下几个主要方面。

1. 目标设定与战略规划

明确团队和企业的目标，为这些目标的实现制订战略和计划，确保团队的工作与企业的整体愿景和目标保持一致。

2. 组织结构和角色分配

设计有效的组织结构，明确团队成员的角色和职责。根据企业的发展阶段及不同需求，适时调整组织结构和角色分配。

3. 资源配置和管理

合理分配和管理有限的资源，包括人力、财务和物料资源，以支持团队和企业的目标。确保资源的有效利用及投资回报的最大化。

4. 团队建设和文化培养

发展和维护积极的团队文化，促进团队协作和沟通。通过团队建设活动增强团队凝聚力和员工间的关系。

5. 绩效管理和反馈

实施绩效评估系统，定期评估团队和个人的绩效。提供持续的反馈和指导，帮助团队成员提升工作能力，促进员工职业发展。

6. 变革管理和创新激励

领导和管理团队面对市场和技术变化时应适应或变革。鼓励创新思维和实践，支持团队成员提出新想法和改进方案。

初创企业团队管理的核心在于灵活性和适应性，能够快速应对市场和内部环境的变化，维持团队的稳定性和高效运作。这对于初创企业在竞争激烈的市场中生存和发展至关重要。

5.3.2 初创企业团队管理的类型

初创企业的管理类型通常因企业的具体情况而异，但大体上可以归为以下几种典型的管理类型。

1. 灵活型管理

灵活型管理重视创新和适应性，鼓励员工进行自主和创造性思考。这种类型适合快速变化的市场和需要频繁调整策略的业务环境。

2. 结果导向型管理

专注于成果和目标的达成，强调绩效和效率。这种类型适用于目标明确且需要快速实现成长和盈利的初创企业。

3. 民主型管理

高度重视团队成员的意见和参与，鼓励开放式的沟通和集体决策。这种类型有助于提高员工的满意度和忠诚度，适合团队协作密切的工作环境。

4. 指令型管理

管理者做出决策并指导团队执行，强调控制和指令。这种类型往往适用于企业的早期阶段，即当快速决策和明确的指导对成功至关重要时。

5. 变革型管理

强调不断地创新和改变，激励员工追求新的可能性并改进。这种类型适合需要不断发展新产品或服务的企业，特别是在高科技或快速发展的行业。

6. 参与型管理

鼓励员工在日常运营中发挥更大的作用，强调团队合作和共享责任。这种类型适用于依赖团队智慧和创造力的初创企业。

每种管理类型都有其优势和局限性，有效的初创企业管理往往需要根据企业的特定环境、团队特性和业务目标灵活地调整管理风格。理想的管理方式应当能够激发团队的潜力，同时促进企业的持续成长。

5.3.3 初创企业团队绩效评估与反馈机制

在初创企业团队的管理中，绩效评估与反馈机制是至关重要的。它们不仅有助于监控团队进展和效率，还能提供成员个人发展和团队整体改进的机会。以下是构建有效绩效评估与反馈机制的关键方面。

1. 设定明确和可量化的目标

与团队成员共同制定清晰、具体且可衡量的短期目标和长期目标，确保这些目标与企业的整体目标一致。定期检查目标的相关性，必要时进行调整，以适应业务的变化和市场的变动。

2. 定期绩效评估

实施定期的绩效评估，如季度或年度评估，评价团队成员对设定目标的贡献程度。评估应涵盖多方面的指标，包括工作成果、团队合作、创新能力等。

3. 持续反馈机制

建立一个持续的反馈系统，鼓励团队成员及时分享他们的成就和挑战。采用多种反馈方式，比如一对一会谈、团队会议中的公开讨论或电子反馈渠道等。

4. 360度反馈方法

评估采用360度反馈方法，允许团队成员从各级同事处收集反馈，提供全面的绩效评估视角。这种方法有助于识别个人的强项和改进领域，同时增强团队内的沟通和信任。

5. 个性化发展计划

基于绩效评估的结果，为团队成员制定个性化的职业发展计划。计划应包括培训、职业辅导、新项目机会等，以促进个人成长和技能提升。

6. 透明和公正的评估过程

确保评估过程的透明性和公正性，让团队成员了解评估标准和过程。对评估结果进行公开讨论，让团队成员就此提出问题和反馈。

7. 鼓励积极的反馈文化

在团队中培养积极的反馈文化，鼓励正面和建设性的反馈，避免批评性或消极的评论。强调反馈是为了促进个人和团队的成长，而不仅仅是为了指出错误。

初创企业建立一个有效的团队绩效评估与反馈机制，不仅有助于提高团队的整体绩效，还能促进团队成员的职业发展和个人成长。

5.3.4　初创企业激励与奖励策略

对于初创企业团队而言，有效的激励与奖励策略是保持团队动力和提高工作效率的关键。这些策略不仅有助于提升员工的士气和满意度，还能促进企业目标的实现。以下是设计初创企业团队激励与奖励策略的几个要点。

1. 非财务激励

(1) 职业发展机会。提供成长和晋升的机会，让团队成员看到个人发展的前景。

(2) 工作灵活性。实施灵活的工作安排，如远程工作或弹性工作，以提升工作满意度。

(3) 认可与表彰。公开认可优秀表现，通过表扬等形式肯定团队成员的努力和成就。

2. 财务激励

(1) 绩效奖金。根据个人或团队的绩效给予奖金，作为对优异表现的物质奖励。

(2) 股权激励。尤其在初创企业中，采用股权激励可以让团队成员在企业成功中获得实际的收益。

3. 团队建设和社交活动

(1) 组织团队活动。定期举办团队建设活动和社交聚会，增强团队凝聚力和员工间的关系。

(2) 创造轻松愉快的工作环境。在工作场所创造一种积极和愉悦的氛围，提高工作的吸引力。

4. 个性化激励计划

(1) 了解员工的个人需求和偏好。定期与员工沟通，了解他们的个人目标和激励因素。

(2) 制定个性化的激励方案。基于每个员工的需求和偏好制订激励计划，如提供专业发展的机会、担任特殊项目的负责人等。

5. 目标设定与反馈

(1) 设定可达成的目标。确保设定的目标既具挑战性又有可实现性，激发团队成员的积极性。

(2) 提供及时反馈。对于团队成员的努力和成就给予及时的反馈，强化正向行为。

6. 健康和福利计划

(1) 提供健康福利。如健康保险、健身会员等，关心员工的身心健康。

(2) 强调工作与生活的平衡。鼓励员工保持工作与生活的良好平衡，避免长时间的过度劳累。

通过实施这些激励与奖励策略，初创企业团队可以保持动力和积极性，同时促进团队成员的满意度和对企业的忠诚度，进而推动企业的长期成功和成长。

5.3.5 初创企业团队冲突管理与解决方法

在初创企业的团队管理中，未妥善解决的冲突可能影响团队士气和效率，有效地处理冲突至关重要。以下是管理和解决团队冲突的方法。

1. 识别和承认冲突

首先识别存在的冲突，是工作方法、目标不一致，还是个人价值观不同而造成的冲突。公开承认冲突的存在，并强调其解决对团队和公司的重要性。

2. 及时沟通和开放讨论

促进冲突双方或团队进行开放和直接的沟通。创建一个安全的环境，让团队成员能够自由地表达自己的观点和担忧。组织中立的讨论会议，确保所有相关方的意见都有机会被听到。

3. 了解冲突的根源

通过倾听和问询，深入了解冲突背后的真正原因，鼓励团队成员真实地表达自己的感受和需要。

4. 协商和寻找共识

鼓励冲突双方寻找共同点和共识。这可能涉及寻找妥协或双赢的解决方案。在协商过程中，重视每个人的意见，寻找平衡各方利益的方法。

5. 引入中立的调解者

在某些情况下，引入第三方调解者或顾问可以帮助解决更复杂的冲突。中立的调解者能够客观地评估情况，帮助各方达成一致。

6. 建立有效的冲突解决策略

为团队制定明确的冲突解决程序和指南，定期为团队成员关于冲突管理和解决技巧进行培训。

7. 从冲突中学习和成长

将冲突视为学习和成长的机会。分析冲突的原因和解决过程，从中得到经验教训。强调团队成员的重要性，确保无人因参与冲突而受到负面影响。

通过上述方法，初创企业的团队可以有效地管理和解决内部冲突，确保冲突不会阻碍团队的发展和企业的进步。正确处理冲突还可以促进团队成员之间更好的理解和合作，从而增强团队的凝聚力。

5.3.6 不同创业阶段创业团队的管理方法

创业团队的有效管理随着企业的不同发展阶段会有所不同。以下是针对不同创业阶段的团队管理方法。

1. 初始阶段(启动和形成)

1) 灵活与自主

在初始阶段,管理应当更加灵活,允许团队成员展现自主性和创造力。由于团队规模较小,因此可以鼓励直接和开放的沟通,减少级别上的程序。

2) 明确目标和愿景

明确团队和企业的长期愿景及短期目标,确保所有成员对目标有共同的理解。鼓励团队参与制定目标和解决方案,增强成员的参与感和归属感。

3) 多功能角色分配

团队成员可能需要承担多种角色,管理者应识别每个成员的技能和潜力,灵活分配任务。

2. 成长阶段

1) 组织结构和角色专业化

随着团队扩大,需要逐渐建立更明确的组织结构和专业化角色。增加中层管理人员,帮助管理更复杂的团队结构。

2) 绩效管理与职业发展

引入更系统的绩效评估和反馈机制,定期评估员工的表现和贡献。提供职业发展机会和培训,帮助员工成长和提升。

3) 强化内部沟通和团队协作

随着团队扩大,加强内部沟通机制,确保信息流通和协作效率。促进跨部门合作,打破信息孤岛,提高整体效率。

3. 成熟阶段

1) 标准化流程和规范化管理

实施标准化流程和规则,提高工作效率和一致性。采用更加规范的管理方法,确保团队和企业的稳定发展。

2) 变革管理和适应性

即使在成熟阶段,也需要保持对市场变化的敏感性和适应性。管理变革和创新,确保企业能够持续进步和保持竞争力。

3) 长期战略规划与人才培养

重视长期战略规划和持续的人才培养,为企业未来的发展打基础。关注员工的长期职业规划和满意度,减少人才流失。

在不同的创业阶段,团队管理的焦点和技巧各有侧重。初始阶段重在灵活性和创新性,成长阶段需要更多的结构化和专业化,而成熟阶段则需要强调标准化、高效率和长期规划。适时调整管理方法和技巧,是确保团队和企业持续成功的关键。

5.3.7 案例分析：滴滴一下，美好出行

在滴滴出行的快速发展期，公司内部出现了一个显著的冲突，涉及技术开发团队和市场营销团队。技术团队主张优先开发新的技术功能，以提升服务效率和用户体验。而市场团队则认为应该集中资源进行市场推广和用户增长，认为这是公司当下最紧迫的需求。

1. 冲突解决策略

1) 沟通和理解

滴滴出行管理层首先组织了多次跨部门会议，让技术团队和市场团队都有机会表达自己的观点。

2) 数据和市场分析

为了更客观地评估各方意见，滴滴出行进行了详细的市场分析和用户研究，以确定哪种策略最符合公司的长期发展目标。

3) 寻求共识和妥协

通过深入分析和讨论，滴滴出行的这两个团队达成了共识，同意采取一个平衡的方法，即同时推进技术开发和市场推广，但对资源分配和优先级进行了适当的调整。

4) 明确目标和里程碑

为了确保新策略的有效实施，滴滴出行明确了具体的目标和里程碑，并定期检查进度，确保两个团队协同工作。

案例点评：滴滴出行成功缓解了团队之间的冲突。通过鼓励沟通、理解对方的观点、利用数据驱动的决策，寻求双方都能接受的解决方案，滴滴出行不仅解决了短期的冲突，还提高了长期的团队协作和效率。

5.4 初创企业组织文化和社会责任

课程思政：企业社会责任强调企业在其业务决策和活动中考虑和平衡对股东、员工、客户、社区和环境的影响，这就要求企业在追求财务盈利的同时，还要确保对社会和环境负责。

5.4.1 初创企业组织文化的内涵

组织文化在初创企业中指的是一套共享的价值观念、信念、行为准则和工作态度，这些因素共同塑造了企业的内部环境和工作氛围。

1. 初创企业组织文化的内涵

1) 创新性和创造性

鼓励员工探索新思路，尝试不同的解决方案。创新被视为推动企业成长的关键。

2) 灵活性和适应性

面对快速变化的市场环境，初创企业组织文化强调灵活应对变化和挑战。

3) 团队合作和沟通

强调团队间的紧密合作和有效沟通，以促进信息流通和集体智慧的发挥。

4) 风险承担和容错

倡导敢于承担风险的精神，同时对失败持宽容态度，视其为学习和成长的机会。

5) 扁平化管理

在创业企业中，组织结构通常较为扁平，层级较少，以增强员工的自主性和参与感。

2. 组织文化的重要性

组织文化在创业企业中非常重要，它在很多方面对企业的成长和发展起着决定性作用。

1) 塑造企业身份

组织文化帮助企业形成独特的身份和品牌形象，这对于在市场中保持特色和吸引客户非常重要。

2) 增强内部凝聚力

共享的价值观和信念有助于增强员工之间的凝聚力，建立团队精神。

3) 提升员工满意度和忠诚度

积极的企业文化能提高员工的工作满意度，降低员工流失率。

4) 促进创新和适应能力

支持创新和灵活适应变化的企业文化是初创企业持续发展的动力。

(5) 吸引和留住人才

具有吸引力的企业文化能吸引优秀人才加盟，并促使他们长期为企业贡献力量。

5.4.2　初创企业组织文化的构建

在初创企业中，构建一种正向的组织文化是一个独立于团队管理的过程，它更多关注于营造一个整体的、支持性的工作环境，以及鼓励积极的态度和行为。以下是组织文化的构建策略。

1. 确立和强化正向价值观

1) 识别和定义核心价值

从企业的使命和愿景中提炼出几个核心价值，如诚实、正直、创新、卓越、团队协作精神等。确保这些价值观与企业的长期目标相吻合，并能激发员工的共鸣。

2) 价值观的生活化

通过具体的行动和制度将这些价值观融入日常工作中，如在会议中强调，或在决策过程中作为评估标准。

2. 营造积极的工作环境

1) 促进正面的人际关系

鼓励团队成员间建立相互支持和相互尊重的关系。定期组织团队活动和非正式的社交聚会，加强团队成员之间的沟通和交流。

2) 强化积极沟通

培养一种积极的沟通风格，鼓励开放和诚实的对话。在团队会议和日常交流中，避免消极批评，尽量采用建设性和鼓励性的反馈方式。

3. 推广创新和容忍失败

1) 鼓励创新思维

为员工提供时间和资源探索新想法。鼓励风险承担和创新实验，即使这可能造成短期失败。

2) 从失败中学习

将失败视为学习和成长的机会，而不是惩罚的理由。分享失败案例的教训，鼓励团队从中吸取经验。

4. 强调个人发展和职业成长

1) 个人发展计划

鼓励员工设定个人发展目标，并为其提供必要的资源和支持。定期评估员工的成长和发展，提供反馈和建议。

2) 职业发展机会

提供培训、工作坊和研讨会，帮助员工提升技能和知识，为有潜力的员工提供晋升机会。

5. 建立和维护正向的企业形象

1) 社会责任和道德标准

企业应在企业活动中体现社会责任，如环境保护、社区服务等，确保企业遵守高标准的道德和合规性要求。

2) 积极的品牌传播

在对外沟通中强调企业的正面价值和文化，利用社交媒体、公关活动和市场营销传播正面信息和品牌形象。

通过这些策略，初创企业能够构建一个积极、健康和支持性的组织文化，这不仅有助于吸引和留住人才，还能提升企业的整体效能和市场竞争力。

5.4.3 初创企业社会责任的内涵

企业社会责任(corporate social responsibility，英文缩写为CSR，以下称CSR)在初创企业的语境中，指的是企业在追求商业成功的同时，自愿承担对社会和环境的责任。

1. CSR的社会影响

CSR强调企业在其业务决策和活动中考虑和平衡对股东、员工、客户、社区和环境的影响，这意味着企业在追求盈利的同时，还要对社会和环境负责。

2. 初创企业中CSR的特殊性

1) 规模和资源的挑战

初创企业通常资源有限，因此在实践CSR时需要更加具有创造性和聚焦，寻找与企业使命和业务紧密结合的社会责任活动。

2) 与业务融合的CSR

在初创企业中，CSR往往与核心业务紧密相连。例如，一家初创科技公司可能专注于开发对社会有益的产品或服务。

3. CSR的重点领域

1) 环境保护

对初创企业而言，重视环境保护意味着要采用可持续的业务实践，减少对自然资源的消耗和废物的产生。

2) 社区参与

初创企业通过支持当地社区项目、参与慈善活动或提供社会创新解决方案，为社区的福祉和发展做贡献。

3) 道德行为

企业应强调透明、诚信和道德的业务实践，建立良好的公司治理结构。

3. CSR的长期影响

1) 品牌形象和声誉建设

积极的CSR实践有助于建立积极的品牌形象，提高客户和投资者的信任。对于吸引和留住人才也至关重要，特别是对于希望自己的工作有更大社会意义的人才。

2) 创新和商业机会

通过参加社会责任活动，初创企业可以发现新的商业机会，如开发可持续产品或服务。

CSR在初创企业中不仅是一种道德上的承诺，更是一种战略考量，它有助于企业在社会中建立积极的形象，同时促进可持续的商业模式和创新。

5.4.4 初创企业社会责任的践行

在初创企业中，CSR的践行涉及将社会责任理念转化为实际的行动和策略。这不仅反映了企业的价值观，还能对外展示企业的社会担当。以下是CSR在初创企业中践行的关键方面。

1. 集成CSR至企业战略

1) 与核心业务相结合

将CSR活动与企业的核心业务相结合，确保社会责任活动与企业目标和能力相匹配。例如，一家科技初创公司可能专注于提高其产品的可持续性或提供技术解决方案以解决社会问题。

2) 长期规划

将CSR视为长期战略的一部分，而不仅仅是短期行动，在企业的发展规划中考虑对社会和环境的长期影响。

2. 实施具体的CSR项目

1) 环境责任

实施节能减排措施，如使用可再生能源、减少废物、循环再利用，开发环保产品或服务，减少对环境的负面影响。

2) 社区参与

在当地社区开展或支持社会责任项目，如教育、健康、环保或社区发展方面。鼓励员工参加志愿活动，为社区贡献时间和技能。

3. 建立良好的治理和伦理标准

1) 透明和诚信运营

建立透明的治理结构和公开的财务报告，确保企业运营的诚信和透明。在所有业务实践中坚持高标准的伦理行为，如诚实交易、拒绝贿赂等腐败行为。

2) 员工权益和福利

确保提供公平的薪资和良好的工作环境。重视员工的健康和安全，提供足够的职业发展机会和培训。

4. 评估和报告CSR成效

1) 定期评估

定期评估CSR活动的效果，确保社会责任项目达到预期目标，并根据评估结果调整和优化CSR战略和计划。

2) 公开报告

定期发布CSR报告，公开分享企业在社会责任方面的活动和成效。报告应包括具体的数据和案例，展示企业在社会责任方面的努力和成果。

通过这些方法，初创企业能够有效地践行企业社会责任，不仅可以提升企业的社会形象，还能促进可持续发展，同时获取企业内外部利益相关者的信任和支持。

5.5 案例分析：企业组织文化的创建与传承

> **课程思政**：企业通过履行社会责任，不仅能提升自身的品牌形象和市场竞争力，还能促进社会的整体福祉，实现企业与社会的共赢。

5.5.1 案例分析：西京学院——始终秉承"诚健博能"校训

西京学院是一所民办高等教育机构，以其深厚的教育理念和丰富的文化底蕴而闻名。学院秉承"诚健博能"的校训和"三个一切"的办学理念，践行"无私奉献、报国为民、挑战极限、追求卓越"的西京精神，注重学生的全面教育和个性发展，致力于培养具有社会责任感、创新精神和全面发展的人才。

1. 组织文化的内容

1) 校训"诚健博能"

"诚健博能"的含义为：至诚明德、行健笃学、博雅以礼、允能至善，主要强调诚信、健康、博学和卓越的重要性，这不仅体现在学术教育上，还渗透在学生的全面素质培养中。

2) 办学理念"三个一切"

"一切为了学生，为了一切学生，为了学生一切"的理念，体现了西京学院以学生为中心的教育目标，这意味着学院在所有决策中都将学生的发展放在首位。

3) 西京精神

"无私奉献、报国为民、挑战极限、追求卓越"的西京精神，鼓励学生和教职工努力为社会为人民多做贡献。

2. 组织文化的构建

1) 组织文化贯穿于人才培养全过程

将西京学院校训和西京精神贯穿于人才培养全过程，鼓励学生和教师共同探讨核心理念。开展专题讲座和研讨会，让学生深入理解西京学院核心理念在学术研究和社会实践中的应用。

2) 教师的发展和作用

教师作为文化传承的关键，学院为其提供专业培训，强调教师在传承校园文化中的作用。通过教师的榜样行为和课堂教学，展现和弘扬学院的组织文化。

3) 校园环境和活动

校园环境设计反映和强化西京学院组织文化，如图书馆、公共空间和艺术作品等体现西京校训与精神。通过举办文化节、学术竞赛和社区服务活动，让学生和教师共同参与和体验西京学院组织文化。

3. 组织文化的传承

1) 重视组织文化历史和仪式

维护和弘扬西京学院的组织文化历史和仪式，如举办开学典礼、毕业典礼、校庆活动，加强师生对组织文化的认同感。

2) 文化教育和培训

对新生和新教师进行文化培训，确保他们从入校之初就深刻理解学院的价值观和精神。定期组织文化分享会和研讨会，让老师和学生共同参与文化传承。

3) 社区参与和外部合作

通过与社区、媒体，以及其他外部组织的合作，让西京学院组织文化得以更广泛的传播。举办公开讲座、社区服务项目，展示西京学院的社会责任和文化价值。

案例点评：西京学院不仅构建了一个深入师生群体的组织文化，而且通过师生的积极参与和校园文化历史的传播，将西京组织文化从一代代师生中传承下去。这种文化不仅塑造了西京学院的学术特色和社会形象，还为全体师生提供了一个共同成长和实现价值的平台。

5.5.2 案例分析：数坤科技——数字医生破与立

数坤科技于近年成立，是一家致力于运用大数据和人工智能技术优化医疗服务的公司。通过创新的数字医疗解决方案，数坤科技旨在提高医疗服务的可及性和质量，同时减轻医疗系统的负担，在有效地践行企业社会责任方面提供了有价值的参考。

1. 社会责任的有效践行

1) 提高医疗服务可及性

数坤科技开发的数字医疗平台使远程医疗成为可能，特别是在偏远和资源匮乏地区。通过这种方式，公司帮助缩小在医疗服务方面的城乡差距。

2) 优化医疗资源分配

数坤科技的大数据分析能力有助于医疗机构更有效地分配资源，如通过预测疾病趋势和患者流量，使医院能够更好地准备和应对医疗需求。

3) 促进医疗知识的普及

通过在线平台和移动应用，数坤科技提供易于了解的医疗健康信息，提高公众对健康问题的认识和自我管理能力。

4) 支持医疗研究和创新

通过收集和分析大量的医疗数据，数坤科技为医疗研究提供了宝贵的数据支持，促进了医疗科技的创新和发展。

5) 提升医疗服务的质量和效率

数坤科技的AI技术有助于提高诊断的准确性和效率，降低医疗错误的风险，为患者提供更高质量的医疗服务。

2. 社会责任实践的影响

数坤科技的这些社会责任实践不仅提升了自身的品牌形象和市场竞争力，还对整个医疗行业产生了积极影响。通过提供高效和高质量的医疗服务，数坤科技减轻了公共卫生系统的负担，提高了医疗服务的整体水平。

案例点评：数坤科技在增强公众健康意识和支持医疗科研方面的努力，对增进社会整体健康做出了贡献。数坤科技通过其在数字医疗领域的创新和社会责任实践，展示了初创企业如何通过技术和服务改进行业及社会的现状。

5.5.3 案例分析：泡泡玛特——创造潮流，传递美好

泡泡玛特(POPMART)是一家专注于时尚潮流玩具设计和零售的公司，成立于2010年，旨在打造年轻人喜爱的潮流文化品牌。其虽然初期取得了一定的市场关注，但因为缺乏有效的组织文化建设及未能充分履行企业社会责任而面临挑战，如2022年10月，泡泡玛特的一款单双售价79元的长袜盲盒因虚假宣传被北京市朝阳区市场监管局罚款20万元；截至2023年10月10日港股收盘，泡泡玛特报收23.60港元/股，对应市值318.9亿港元(约折合人民币297.35亿元)；对比2021年6月的市值高点1447亿港元，市值已缩水77.96%，如图5.2所示。

图5.2　2023年10月10日，泡泡玛特市值已缩水77.96%

1. 组织文化构建和传承的问题

一是缺乏清晰的组织文化和价值观。泡泡玛特在迅速扩张的过程中，未能建立明确和统一的组织文化。这导致了内部管理和员工士气出现问题。二是创新和团队协作有所欠缺。公司未能有效鼓励创新和团队合作，导致产品创意和市场营销策略缺乏新意，难以持续吸引消费者。

2. 企业社会责任的忽视

一是产品质量和安全问题。泡泡玛特曾因产品质量问题受到批评，包括使用低质材料和安全标准不足，损害了品牌信誉。二是对消费者反馈的忽视。公司未能有效应对消费者的投诉和反馈，导致客户满意度下降和品牌忠诚度降低。

3. 导致的后果

一是市场份额和品牌形象下滑。由于产品创新不足和品牌形象受损，泡泡玛特在激烈的市场竞争中逐渐失去优势。二是经营困难和资金压力。随着销售额下降和市场份额缩水，公司可能面临经营困难和资金链断裂的风险。

案例点评：泡泡玛特的案例表明，即使在具有潜力的市场领域，初创企业也需要重视组织文化的构建和企业社会责任的实践。缺乏这些要素的企业可能无法维持长期的市场竞争力，面临品牌信誉受损和经营挑战。对于初创企业而言，构建健康的组织文化和积极承担社会责任是实现可持续发展的关键。

📑 本章小结

本章全面概述了创业领导力和创业团队管理。首先介绍了创业领导者应具备的关键素质和适应创业环境的领导风格；随后探讨了初创企业团队的构建，包括团队构建的基本原则、团队成员的角色与责任、团队沟通与合作的重要性，以及团队如何适应和发展的策略；接着论述了初创企业团队的管理，涉及团队绩效评估、激励与奖励策略、团队冲突管理以及团队适应性与变革管理；最后讲述了初创企业的组织文化和道德实践，强调建立积极的组织文化和企业责任的重要性，并通过案例分析，强调了初创企业中组织文化的创建与传承，以及承担社会责任的重要性。本章重点是对于初创企业而言，如何构建一支优秀的创业团队，且如何加强管理，此外，企业的组织文化和社会责任也是不容忽视的。

思考题：

1. 创业环境有什么特点？

2. 初创企业团队构建的基本原则是什么？

3. 初创企业组织文化的内涵是什么？

4. 如何践行初创企业社会责任？

测试题：

1. 创业环境通常充满不确定性。如市场需求、竞争格局、（　　）、（　　）等因素都可能迅速变化，给创业带来不可预测的挑战和机遇。(复选题)

    A. 技术进步　　　　　　　　　　B. 法规政策

    C. 社会发展　　　　　　　　　　D. 股权结构

2. 在创业环境中，领导力对企业的成功至关重要。创业环境通常充满不确定性、资源有限且竞争激烈，要求领导者具备（　　）、（　　）、（　　）。(复选题)

    A. 决策能力　　　　　　　　　　B. 高度的适应性

    C. 资源管理能力　　　　　　　　D. 创新思维

3. 构建开放和透明的沟通环境，包括（　　）、（　　）。(复选题)

    A. 确保信息共享　　　　　　　　B. 日常短会

    C. 多样化沟通渠道　　　　　　　D. 定期综合会议

4. 创业过程可以分为多个阶段，每个阶段都有其独特的挑战和需求，这就要求创业领导者根据不同的创业阶段调整他们的领导风格。例如在创意和启动阶段，领导风格为（　　）。(复选题)

    A. 魅力型领导　　　　　　　　　B. 民主型领导

    C. 事务型领导　　　　　　　　　D. 变革型领导

5. 初创企业的管理类型通常因企业的具体情况而异，但大体上可以归为以下几种典型管理类型，如灵活型管理、结果导向型管理，以及（　　）这些类型。(复选题)

    A. 民主型管理　　　　　　　　　B. 指令型管理

    C. 变革型管理　　　　　　　　　D. 参与型管理

6. 将冲突视为学习和成长的机会。分析冲突的原因和解决过程，从中得到经验教训。强调团队成员的重要性，确保无人因参与冲突而受到（　　）。(单选题)

    A. 正面影响　　　　　　　　　　B. 负面影响

    C. 积极作用　　　　　　　　　　D. 消极作用

7. 将（　　）视为学习和成长的机会，而不是惩罚的理由。分享（　　）的案例和教训，鼓励团队从中吸取经验。(单选题)

    A. 成功　　　　　　　　　　　　B. 失败

    C. 挫折　　　　　　　　　　　　D. 不择手段

8. CSR强调企业在其业务决策和活动中考虑和平衡对股东、员工、客户、社区和环境的影响，这意味着企业在追求盈利的同时，还要确保对(　　)负责。(单选题)

    A. 国家与企业　　　　　　　　B. 社会和环境

    C. 人与自然　　　　　　　　　D. 社会与进步

9. 以下说法是否正确？(判断题)

在初创企业的团队管理中，未妥善解决的冲突可能影响团队士气和效率，有效地处理冲突至关重要。因此，首先识别存在的冲突，是工作方法、目标不一致，还是个人价值观不同而引起的冲突。公开承认冲突的存在，并强调其解决对团队和公司的重要性。

10. 以下说法是否正确？(判断题)

对于初创企业团队而言，有效的激励与奖励策略是保持团队动力和提高工作效率的关键，其中，非财务激励是指绩效奖金、股权激励。

第 6 章

知识产权保护与科技成果转化

📖 **案例导读** | **公牛集团遭遇近10亿专利诉讼**

2018年12月，通领科技向南京市中级人民法院提起诉讼，称公牛集团以及南京中央金城仓储超市有限责任公司侵犯了其所拥有的2项专利权，并要求索赔近10亿元。这两项专利分别为：专利号为ZL201010297882.4的"支撑滑动式安全门"发明专利和专利号为ZL201020681902.3的"电源插座安全保护装置"实用新型专利。

2019年1月，接到法院通知后的公牛集团立刻做出回应，向国家知识产权局复审和无效审理部提出将被诉专利无效的申请。2019年7月，国家知识产权局经过审理，以涉案专利的权利要求不具备《中华人民共和国专利法》第二十二条第三款规定的创造性为由，做出了涉案专利全部无效的决定。通领科技在当天就向法院提出了撤回针对该发明专利起诉的请求，但保留了对实用新型专利的起诉。2020年4月，终审宣判来了。最高人民法院做出裁定，驳回通领科技的上诉，维持原裁定，10亿专利纠纷案就此落下帷幕。

案例点评：企业在保护自身创新成果和专利权益时需要积极应对，包括通过法律手段提起诉讼或申请专利无效宣告，以确保自身的合法权益。同时，这个案例也凸显了专利保护在商业竞争中的重要性，以及企业在面对专利纠纷时的应对策略及其专利保护的重要性。通领科技在面对侵权行为时，选择了通过法律手段来保护其专利权，并提出了近10亿元的赔偿要求。另外，公牛集团也积极采取行动，向国家知识产权局提出了涉案专利无效的申请，并最终成功使涉案专利全部无效，从而成功应对了专利侵权诉讼。

📖 **学习目的**

1. 了解知识产权保护的重要性。

2. 掌握知识产权保护的基本知识与流程。

3. 了解科技成果转化的商业性。

4. 通过案例分析掌握知识产权保护和科技成果转化的成功经验。

6.1　创新产品保护与转化

> **课程思政：** 创新是引领发展的第一动力，保护知识产权就是保护创新。知识产权制度用权利激励创新，用限制确保创新，用保护保障创新。

在当今竞争激烈的商业环境中，创新产品的保护和转化对企业的发展至关重要。创新产品是企业竞争力的源泉。如果没有得到有效的保护和转化，其商业价值很难得到充分发挥。因此，企业需要思考如何在创新产品的保护和转化上进行有效的战略规划和实施。

6.1.1　创新产品保护与转化的意义

创新产品的保护，包括知识产权的申请和保护，这不仅能够保护企业的创新成果，还可以为企业带来竞争优势。同时，创新产品的转化需要企业建立有效的技术转化机制，寻求合作伙伴，进行技术授权或转让，进而开拓市场，将创新产品转化为商业价值。

在这一过程中，企业需要关注法律合规，加强员工对知识产权保护的意识培养，建立鼓励创新的文化氛围，制定健全的专利布局和管理体系。只有通过这些措施，企业才能够充分保护和转化其创新产品，实现可持续发展。创新产品保护与转化的意义主要体现在以下几个方面。

(1) 维护创新成果。创新产品保护能够确保企业的研发成果不被侵权或抄袭，保护企业的技术和商业机密，防止竞争对手非法获取或使用企业的创新成果。

(2) 提升市场竞争力。成功的创新产品转化可以帮助企业拓展市场，提升产品竞争力，满足消费者需求，增加市场份额，实现盈利增长。

(3) 保护品牌价值。创新产品保护有助于提升企业品牌价值和声誉，增强消费者对企业产品的信任度和忠诚度，有利于企业长期发展。

(4) 激发科研热情。通过加强对创新产品的知识产权保护，可以激发科研人员的创新热情，促进科技成果涌现。

(5) 提高投资回报率。通过创新产品的保护与转化，企业可以最大程度地实现对研发投资的回报，从而提高企业的盈利水平。

(6) 法律合规。创新产品保护与转化需要遵守相关的知识产权法律法规，加强企业的法律合规意识，这有助于企业规范经营，避免知识产权纠纷和法律风险。

因此，创新产品保护与转化对企业的发展至关重要，不仅能够帮助企业保护创新成果，提升市场竞争力，保护品牌价值，激发科研热情，提高投资回报率，还有助于保障企业行为的法律合规。企业应该高度重视创新产品的保护与转化工作，制定有效的战略规划和实施方案，以实现创新产品的最大化价值。

6.1.2 创新产品与知识产权保护

企业可以根据自身实际情况、结合所在行业的现状,考虑对企业的研发成果选择具体的知识产权类型进行保护。

1. 知识产权保护的类型

(1) 产品概念和新技术方案的形成、对现有技术方案的优化和改良、ID设计图呈现、产品功能和控制方法的实现,可以分别申请发明、实用新型、外观设计等不同的专利类型进行保护。

(2) 产品使用的型号、名称,在经过设计后可以申请商标注册。

(3) 在具体的硬件开发和软件开发环节,可以将集成电路布图设计、软件程序和代码通过登记获得集成电路布图设计专有权和计算机软件著作权。

(4) 企业的包装、装潢设计可以通过著作权作品登记进行保护。

(5) 企业独有的、不适合申请专利保护的技术实现方法、特殊工艺方法、材料组成和配方等,可以通过商业秘密进行保护。

发展中企业和成熟企业的产品开发流程有概念、计划、开发、验证、发布、产品生命周期管理这几个阶段,而初创企业的产品开发流程相对简单灵活。综合来看,在产品研发的立项、计划、执行、结项等几个重要环节都有必要开展知识产权管理工作。

2. 不同阶段知识产权管理

1) 立项阶段

在立项前,知识产权管理部门或专职人员可以配合产品研发部门进行市场信息、客户信息、竞争信息、技术发展趋势等信息的收集和分析,帮助研发部门了解市场需求,为产品策划和技术预研提供支持。

在立项时,产品的功能定义已确定,产品实现的技术难点已呈现。在这个阶段,需要制定初步检索策略,扫描是否存在侵权风险,为立项提供决策依据。针对实施难点,可以收集并提供专利情报,以有效解决问题。同时,此阶段应初步形成对各类知识产权(专利、商标、著作权等)的布局规划。

2) 计划阶段

在这个阶段,产品设计方案和技术实现方案已定型,应确定检索方案,与研发人员一起开展详细的检索、分析工作,就检索到的现有技术提出规避设计方案。知识产权评审人员还要对选定的设计方案进行评审,确定对研发成果(如设计方案、产品名称、功能实现方法、软件代码等)的知识产权保护类型(是进行专利、商标、著作权保护,还是技术秘密保护)。

3) 执行阶段

随着研发进入具体的开发和验证阶段,知识产权管理工作的重要性更加凸显。在这个阶段,知识产权管理人员和研发人员不仅要紧跟项目进度,对研发中有所变更的内容及时进行检索,排除知识产权侵权风险,还要启动专利、商标、计算机软件著作权的申请或登记。同时,企业市场营销部门应对外发布产品相关信息,企业需要确保知识产权应申请尽申请,并注意避免相关发布中公开的内容影响知识产权的获取(如影响新颖性或创造性等)。

4) 结项阶段

产品研发项目结项时，除了要整理研发项目过程文件并保存，还要对立项阶段制定的知识产权布局规划进行总结、复盘、查漏补缺，关注是否有新的替代方案产生，对新的技术方案进行侵权风险排除和专利申请。

6.1.3 创新产品与科技成果转化

创新产品与科技成果转化密不可分。科技成果转化是将科技研究的成果转化为实际的产品或服务，创新产品往往正是转化的结果。以下是创新产品与科技成果转化之间的关系。

(1) 技术转移：在科技成果转化为创新产品的过程中，往往需要进行技术转移，将科技研究中的技术成果转移到实际生产中。这可能涉及技术许可、技术合作等形式，将科技成果应用到实际的产品开发中。

(2) 商业化：科技成果转化为创新产品需要考虑商业化的问题，包括市场需求、商业模式、盈利模式等，确保科技成果能够在市场上得到应用和推广。

(3) 创新驱动：科技成果转化为创新产品需要创新驱动，即在将科技成果转化为创新产品的过程中，需要进行技术创新、产品创新等，以满足市场需求。

(4) 产学研合作：在科技成果转化为创新产品的过程中，通常需要进行产学研合作，即产业界、学术界和研究机构之间的合作，实现产学研的有机结合。

因此，科技成果转化为创新产品是科技创新活动的重要环节，需要充分发挥科技成果的价值，促进科技成果与市场需求的对接，推动科技创新成果向实际生产力的转化，从而为经济社会发展提供更多的创新产品和服务。

6.1.4 案例分析：科技创新企业——字节跳动(ByteDance)

字节跳动是一家成立于2012年的中国科技公司，以其开发的新闻聚合应用今日头条和短视频平台抖音(在国际市场以TikTok的名义运营)而闻名。这两个应用都是字节跳动的创新产品，为用户提供个性化内容推荐。字节跳动在知识产权方面的保护策略和具体措施如下。

1. 商标注册

(1) 核心产品商标注册。字节跳动针对其主要产品今日头条和抖音在中国及国际市场进行了商标注册。商标包括但不限于产品名称、标志和某些特定的标识符。

(2) 国际扩展。随着抖音在国际市场的推广，尤其是作为TikTok的出现，字节跳动在多个国家和地区申请了商标注册，以确保其品牌在全球范围内受到保护。

2. 品牌识别与保护

(1) 维护品牌形象。通过注册商标，字节跳动能够有效地保护其品牌标识，确保消费者能够识别其正版产品和服务，避免品牌混淆。

(2) 防止仿冒与侵权。商标注册帮助字节跳动抵御模仿者和侵权行为，尤其是在移动应用市场和在线内容领域。

3. 法律维权

(1) 诉讼与法律行动。字节跳动对于侵犯其商标权的行为采取法律措施。例如，公司会针对仿冒其应用的企业或个人提起诉讼，保护其知识产权。

(2) 国际法律适用。在国际市场，尤其是在美国和欧洲的业务扩展中，字节跳动也努力适应不同国家的商标法律和法规。

4. 市场策略与品牌扩展

(1) 品牌宣传与营销。通过有效的商标注册和保护，字节跳动能够在市场营销活动中安全地使用其品牌标识，从而增强品牌识别度和影响力。

(2) 新产品和服务的商标策略。随着公司不断创新和推出新的产品与服务，其商标保护策略也在不断调整和完善，以适应不断变化的市场和技术环境。

5. 与政府及行业组织的互动

(1) 遵守当地法律法规。字节跳动在各个运营国家严格遵守当地的商标法和知识产权法律。

(2) 参与行业标准制定。作为科技领域的重要参与者，字节跳动参与相关行业标准的制定，进一步保护和强化其在市场中的地位。

案例点评：字节跳动通过一系列的商标注册和法律维权行为，在全球范围内保护其创新产品和服务，不仅维护了公司的品牌价值，还为其他初创企业提供了宝贵的经验。这种策略对于任何追求长期稳定发展和国际扩张的初创企业来说都是至关重要的。

6.2　知识产权保护

> **课程思政**：加强知识产权(如专利、商标、版权等)保护，以保障创新者和知识产权拥有者的利益，涉及创新、创造力、公平竞争和社会公正等方面。

知识产权保护是指通过法律手段保护知识产权，包括专利、商标、版权等，以促进创新和保护创造者的利益，推动经济和社会发展。在当今知识经济时代，知识产权保护对于激励创新、促进科技进步、维护公平竞争和保护消费者权益至关重要。

6.2.1　知识产权的概念

在经济全球化的今天，全球商家都在打造产品的品牌价值和核心竞争力，企业国际化已成定局。而知识产权作为企业的无形资产，其重要性不低于有形资产。知识产权是一种无形的财富，是由劳动者通过脑力劳动创造的价值。随着现代经济的发展，人们对知识产权的重视程度也在不断增长。

知识产权是一种无形财产权，它是依照各国法律赋予符合条件的著作者、发明者或成果拥有者在一定期限内享有的独占权利，一般包括版权(著作权)和工业产权。版权(著作权)是指创作文学、艺术和科学作品的作者及其他著作权人依法对其作品所享有的人身权利和财产权利的总称；工业产权则是指包括发明专利、实用新型专利、外观设计专利、商标、服务标记、厂商名称、货源名称或原产地名称等在内的权利人享有的独占性权利。

《中华人民共和国民法典》规定，民事主体依法享有知识产权。知识产权是权利人依法就下列客体享有的专有的权利：作品、发明、实用新型、外观设计、商标、地理标志、商业秘密、集成电路布图设计、植物新品种及法律规定的其他客体。

知识产权保护的重要性包括如下方面。

(1) 为智力成果完成人的权益提供了法律保障，调动了人们从事科学技术研究和文学艺术作品创作的积极性和创造性。

(2) 为智力成果的推广应用和传播提供了法律机制，将智力成果转化为生产力，运用到生产建设中去，从而产生巨大的经济效益和社会效益。

(3) 为国际经济技术贸易和文化艺术的交流提供了法律准则，促进人类文明进步和经济发展。

(4) 知识产权法律制度作为现代民商法的重要组成部分，对完善我国法律体系，建设法治国家具有重大意义。

6.2.2　我国知识产权的基本知识

中国知识产权制度的内容包括专利、商标、著作权、商业秘密和集成电路布图设计等。我国积极参与国际知识产权合作，加入了世界知识产权组织(WIPO)等国际组织，并签署了多边和双边的知识产权协定，致力于加强知识产权保护和合作。我国的知识产权保护体系日益完善，这对创新和经济发展起着重要的作用。对于企业和个人来说，了解和保护知识产权是非常必要的。我国知识产权分类见表6.1。

表6.1　我国知识产权分类

种类	内容	保护期限	申请/管理部门	法律依据
专利权	依法授予发明创造者或单位对发明创造成果独占、使用、处分的权利。主要包括：发明专利，是指对产品、方法或其改进所提出的新的技术方案；实用新型专利，是对产品、装置或方法进行小规模改进以提高实用性或效率的专利保护；外观设计专利，是指工业品的外观，包括形状、色彩、图案或三者结合的新设计	发明专利权的期限为20年；实用新型专利权和外观设计专利权的期限为10年	国家知识产权局	《专利法》

（续表）

种类	内容	保护期限	申请/管理部门	法律依据
商标权	商标权主管机关依法授予商标所有人对其注册商标受国家法律保护的专有权。商标是用以区别商品和服务不同来源的商业性标志，由文字、图形、字母、数字、三维标志、颜色组合、声音或者上述要素的组合构成	10年	国家市场监督管理总局	《商标法》
著作权	也称版权，是公民、法人或非法人单位按照法律享有的对自己文学、艺术、自然科学、工程技术等作品的专有权。主要包括：文字作品，口述作品，音乐、戏剧、曲艺、舞蹈、杂技艺术作品，美术、建筑作品，摄影作品，电影作品和以类似摄制电影的方法创作的作品，工程设计图、产品设计图、地图、示意图等图形作品和模型作品，计算机软件及法律、行政法规规定的其他作品	作者的署名权、修改权、保护作品完整权的保护期不受限制，发表权、著作财产权的保护期为作者终生及其死亡后50年	国家版权局	《著作权法》
未披露过的信息专有权	未披露过的信息是指不为公众所知悉、能为权利人带来经济利益、具有实用性并经权利人采取保密措施的技术信息和经营信息。在我国通常称之为商业秘密权，即民事主体对属于商业秘密的技术信息或经营信息依法享有的专有权利	无	国家市场监督管理总局	《反不正当竞争法》
植物新品种权	植物新品种是指经过人工培育的或者对发现的野生植物加以开发，具备新颖植物性、特异性、一致性和稳定性，并有适当的命名的植物品种。植物新品种权是指完成育种的单位或个人对其授权的品种依法享有的排他使用权	15～20年	国家林业和草原局、农业农村部	《专利法》
集成电路布图设计权	集成电路布图设计权是一项独立的知识产权，是权利持有人对其布图设计进行复制和商业利用的专有权利	10年	国家知识产权局	《集成电路布图设计保护条例》
商号权	商号权是指商业主体对其注册取得的商业名称依法享有的专有使用权。商号权具有人身权属性，与特定的商业主体的人格与身份密切联系，与主体资格同生同灭，具有精神财产权属性	一般而言，商号权没有明确的时间段，由企业的经营年限所决定	国家市场监督管理总局	《商标法》《企业名称登记管理规定》

目前，还有一部分存在争议的知识产权保护范围，主要包括：药品的专利授予及其所受的特殊限制问题；计算机程序是否受到保护的问题；工程基因产品是否可取得专利的问题；角色销售权保护问题；对计算机软件的保护权应限于制定的密码设计，还是应该扩大计算机程序的"外形和感觉"；制止不正当竞争的内容范围等。

6.2.3　知识产权保护的注意事项

知识产权为创新者提供了法律保护，鼓励他们投入资本、时间和精力进行创新活动。知识产权的存在和保护，为创新者提供了合理回报的机制，使他们能够从创新中获得经济利益，从而激发更多的创新活动。

1. 专利的申请与保护

专利是指受到专利法保护的发明创造，即专利技术，是受国家认可并在公开的基础上进行法律保护的专有技术。专利的种类在不同的国家有不同的规定，《中华人民共和国专利法》(以下简称《专利法》)中的规定有：发明专利、实用新型专利和外观设计专利。

发明是指对产品、方法或者其改进所提出的具备创新性的技术解决方案。实用新型则特指对产品的形状、构造或其结合所提出的具备实用性特征的全新技术构思。外观设计是指对产品的整体或局部的形状、图案或其结合以及色彩与形状、图案的结合所创造出的具有审美价值并适用于工业应用的新型设计方案。

首先，要明确产品的技术特征和优势，确定申请专利的类型，如发明专利、实用新型专利或外观设计专利。接下来，进行专利检索，确保所申请的专利在技术上具有新颖性、创造性和实用性。然后准备申请文件，包括专利请求书、权利要求书、说明书和附图等，并按照法定的程序提交给国家知识产权局或地方知识产权局。在获得专利授权后，应定期缴纳年费以维持专利的有效性。

在申请专利时，需要注意以下几点。

(1) 尽早申请。在产品研发阶段或初步面世后，应尽快申请专利，以保护创新成果。

(2) 保密措施。在申请专利前，应对创新产品采取严格的保密措施，防止技术信息泄露。

(3) 避免侵权风险。在申请专利前，应进行专利检索，确保所申请的专利不侵犯任何已有专利的权利。

(4) 维持有效状态。获得专利授权后，应按时缴纳年费，以维持专利的有效状态。

2. 商标的注册与保护

商标作为一种特定的标识符号，旨在明确区分一个经营者的品牌或服务与其他经营者的品牌或服务，从而确保市场的有序竞争和消费者的合法权益。《中华人民共和国商标法》(以下简称《商标法》)规定，经商标局核准注册的商标，包括商品商标、服务商标和集体商标、证明商标，商标注册人享有商标专用权，受法律保护，如果是驰名商标，将会获得跨类别的商标专用权法律保护。

对于创新产品的品牌标识，商标的注册与保护同样重要。首先，要选择独特、易于记忆和与产品相关的商标名称和标识。然后，向国家商标局或地方商标局提交商标注册申请，并等待审核结果。在获得商标注册证书后，应按照规定进行商标注册续展和维护。

在选择和申请商标时，需要注意以下几点。

(1) 商标要具有独特性和显著性，避免与已有商标相似或冲突。

(2) 商标应与产品或服务相关，能够准确传达品牌形象和定位。

(3) 及时申请商标注册，并注意在相关类别和地域进行保护。

(4) 定期进行商标监测和维护，及时发现和处理侵权行为。

3. 著作权

对于创新产品而言，著作权的保护同样不可忽视。著作权主要保护文学、艺术和科学作品，包括软件程序、音乐、电影、美术作品等。对于计算机软件，应注意软件的源代码、文档和用户界面等部分的著作权保护。对于其他类型的作品，应注意作品的创作和发表，并在必要时申请著作权登记。

在保护著作权时，应注意以下几点。

(1) 确保作品具有独创性，并保留创作证据。

(2) 在适当的时候，通过著作权登记等方式强化保护。

(3) 对侵权行为采取法律措施，维护自身权益。

知识产权保护是创新产品发展的重要保障。通过专利、商标和著作权的申请与保护，可以有效地保护创新成果，防止侵权行为，提升品牌形象和市场竞争力。在实践中，企业或个人应结合具体情况，采取合适的策略和措施，确保知识产权得到充分保护。同时，对于存在争议的保护范围问题，要进一步探讨和研究，以完善知识产权保护体系，促进创新活动的持续发展。

6.2.4 知识产权申请流程

1. 专利申请

申请专利应提交必要的书面申请文件，并按规定缴纳费用。申请发明或者实用新型专利时，应向专利局递交请求书、说明书摘要、摘要附图、权利要求书、说明书、说明书附图和其他文件。申请外观设计专利时，应向专利局递交请求书、图片或照片及简要说明。申请文件各部分的第一页必须使用国家知识产权局统一制定的表格。这些表格可以从国家知识产权局官方网站下载，也可以在所在地专利局受理大厅咨询处或代办处直接索取。依据专利法，发明专利申请的审批程序包括受理、初审、公布、实审和授权五个阶段。实用新型或者外观设计专利申请在审批中不进行早期公布和实质审查，只有受理、初审和授权三个阶段。发明、实用新型和外观设计专利的申请、审查流程如下。

1) 发明专利申请流程

如图6.1所示，向专利局递交申请文件→(1周内)→收到电子受理通知书→(2～3个月内)→收到电子初审合格通知书→(18个月)→收到公布通知书、进入实审通知书→收到第一次审查意见通知书→(4个月内)→答复第一次审查意见通知书→收到第N次审查意见通知书→(2个月内)→答复第N次审查意见通知书→收到授权通知书或驳回通知书→

(收到驳回通知书的3个月内)→提出复审请求

(收到授权通知书的2个月内)→缴纳授权费用→缴费后的1个月→收到发明专利证书

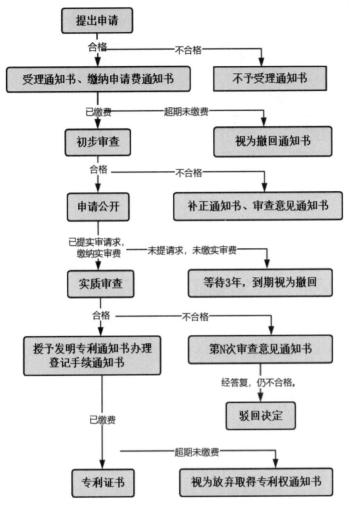

图6.1　发明专利的申请流程图

2) 实用新型专利申请流程

如图6.2 实用新型专利申请流程图，向专利局递交申请文件→(1周内)收到电子受理通知书→收到补正通知书或审查意见通知书→(2个月内)→答复补正通知书或审查意见通知书→收到授权通知书或驳回通知书→

(收到驳回通知书的3个月内)→提出复审请求

(收到授权通知书的2个月内)→缴纳授权费用→缴费后的1个月→收到实用新型专利证书

3) 外观设计专利流程

向专利局递交申请文件→(1周内)收到电子受理通知书→收到补正通知书或审查意见通知书→(2个月内)→答复补正通知书或审查意见通知书→收到授权通知书或驳回通知书→

(收到驳回通知书的3个月内)→提出复审请求

(收到授权通知书的2个月内)→缴纳授权费用→缴费后的1个月→收到外观设计专利证书

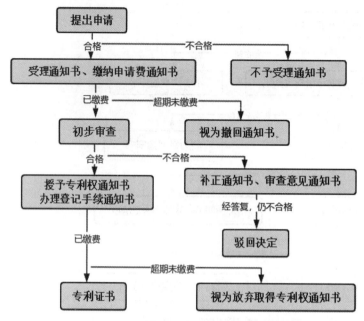

图6.2　实用新型专利申请流程

2. 商标申请

注册商标是指经商标管理机构依法核准注册的商标。商标的注册需具备法定条件并经法定程序。在实施商标注册制度的国家，商标成功获得注册之后，注册人具有使用注册商标的专有权和排斥他人在同一种商品或者类似商品上使用与其注册商标相同或者近似的商标的禁止权。在我国，商标注册是取得商标权的基本途径。除此之外，商标权亦可通过使用取得。《商标法》第三条规定，经商标局核准注册的商标为注册商标，包括商品商标、服务商标和集体商标、证明商标；商标注册人享有商标专用权，受法律保护。

创业者可以自己到相关机构办理商标注册事宜，也可以外包给经验丰富的商标代理机构代为办理，这样可以节省时间与精力，但需额外支付商标代理费。

一个商标从申请到核准注册，大约需18个月时间。注册商标的有效期限为自核准注册之日起10年，期满可以申请注册商标续展。

1) 注册准备

❍ 商标选择与检索。根据商标拟定的基本原则，一旦选择了某个合适的商标，就可以进行商标检索以确定是否可以申请这一商标。商标检索遵循自愿查询原则，以减少商标注册的风险。

❍ 申请商标资料的准备。准备好营业执照复印件、商标注册申请书，以及商标图样(5平方厘米≤长×宽≤10平方厘米)。

2) 申请注册

❍ 企业、事业单位、社会团体、个体工商业者等商标注册申请人，按照自愿的原则，向商标局提出商标注册申请。

❍ 按商品与服务分类提出申请。申请商标注册时，应按商品与服务分类表的分类确定使用商标的商品类别。同一申请人在不同类别的商品上使用同一商标的，应当按商品分类在不同类别提出注册申请，这样可以避免商标权适用范围的不当扩大，也有利于审查人员的核准和商标专用权的保护。

○ 商标申请日的确定。商标注册的申请日以商标局收到申请书的日期为准。我国商标注册实行申请在先原则，对同一天申请的，初步审定和公告的是使用在先的商标，对同日申报均未使用的可进行协商，如协商不成，由商标局裁定。

3) 商标审查

商标审查是商标局对商标注册申请是否合乎商标法的规定所进行的检查、资料检索、分析对比、调查研究并决定给予初步审定或驳回申请等一系列活动。

4) 初审公告

商标的审定是指商标注册申请经审查后，对符合《中华人民共和国商标法》有关规定的，允许其注册的决定，并在商标公告中予以公告。初步审定的商标自刊登初步审定公告之日起3个月内没有人提出异议的，该商标予以注册，同时刊登注册公告。

5) 注册公告

商标注册是一种商标法律程序，由商标注册申请人提出申请，经商标局审查后予以初步审定公告，3个月内没有人提出异议或提出异议经裁定不成立的，该商标即注册生效，受法律保护，商标注册人享有该商标的专用权。

6) 领取商标注册证

通过代理机构办理的，由代理人向商标注册人发送《商标注册证》；直接办理商标注册的，商标注册人应在接到《领取商标注册证通知书》后3个月内，携带相关证明材料到商标局领证。

3. 著作权

著作权是指自然人、法人或者其他组织对文学、艺术和科学作品享有的财产权利和精神权利的总称。在我国，著作权即指版权。广义的著作权还包括邻接权，我国《著作权法》称之为"与著作权有关的权利"。

我国著作权的产生实行的是自动产生原则。作品一旦完成，即获得著作权保护，无须履行登记手续，也无须向登记机关交存样本。但是，对著作权进行登记，仍然具有十分重要的意义。著作权登记，好比给作品上了一个"法律户口"，可以在相当程度上避免或减少纠纷的发生。首先，能够帮助著作权人确定和明确著作权的归属，避免今后因为著作权归属问题发生纠纷；其次，当著作权人被侵权需主张自己的权利时，登记的事项可作为拥有权利的初步证明；最后，授权登记的内容可以作为拥有权利的证明，以利于版权交易。

(1) 作品著作权登记流程。申请人办理作品著作权登记申请，既可去中国版权保护中心版权登记大厅办理，也可通过邮寄方式向中国版权保护中心著作权登记部提交登记申请材料办理。

(2) 软件著作权登记办理流程。依据《计算机软件著作权登记办法》的规定，申请人依照以下步骤办理即可。

○ 办理流程：填写申请表→提交申请文件→登记机构受理申请→审查→取得登记证书。

- 填写申请表：在官方网站上首先进行用户注册，然后登录，按要求在线填写申请表后，确认、提交并在线打印。

- 提交申请文件：申请人或代理人按照要求提交纸质登记申请文件。

- 登记机构受理申请：申请文件符合受理要求的，登记机构在规定的期限内受理，并向申请人或代理人发出受理通知书；不符合受理要求的，发放补正通知书。根据计算机软件登记办法规定，申请文件存在缺陷的，申请人或代理人应根据补正通知书要求，在30个工作日内提交补正材料，逾期未补正的，视为撤回申请；属于《计算机软件著作权登记办法》第二十一条有关规定的，登记机构将不予登记并书面通知申请人或代理人。

- 审查：经审查符合《计算机软件保护条例》和《计算机软件著作权登记办法》规定的，予以登记；不符合规定的，发放补正通知书。

- 获得登记证书：申请受理之日起30个工作日后，申请人或代理人可登录中心网站，查阅软件著作权登记公告。申请人或代理人的联系地址是外地的，中心将按照申请表中所填写的正确的联系地址邮寄证书(北京地区的申请人或代理人在查阅到所申请软件的登记公告后，可持受理通知书原件在该软件登记公告发布3个工作日后，到中心版权登记大厅领取证书)。

6.2.5　案例分析：仿拍"网红服装"照片著作权侵权案

朱某某与乐某著作权侵权纠纷案〔一审：江西省抚州市中级人民法院(2021)赣10民初453号；二审：江西省高级人民法院(2022)赣民终132号〕。

为了宣传推广中国风唐装男士牛仔套装，原告朱某某委托摄影师杨某某拍摄多组模特身穿中国风唐装男士牛仔套装的摄影图片(以下简称涉案照片)，双方约定涉案照片的著作权由朱某某享有。朱某某将涉案照片上传到其注册经营的"绿叶家具日用品"店铺内，首次向公众公开发表。之后一段时间，中国风唐装男士牛仔套装成为销售量较大的"网红服装"。被告乐某在拼多多平台经营的"零下一度男装"销售同款服装。乐某委托某工作室仿照涉案照片中模特的姿势身穿同款服装拍摄了多组照片。经过对比，在乐某重新拍摄的照片中，模特与涉案照片中的模特不一致，且模特的姿势、神态、摄影设备的型号、镜头型号、照片的光圈值、ISO感光、焦距、闪灯与涉案照片也不相同。乐某在其店铺的销售链接中使用的是其仿拍的同款服装照片。朱某某认为乐某侵犯了涉案照片的著作权，诉至法院。

二审法院经审理认为，朱某某的涉案照片整体构图简单、模特动作单一，属于公有领域中服装拍摄中经常使用的动作，但其在模特的挑选、拍摄角度、光线等因素上进行了个性化的选择和安排，因此朱某某的涉案照片具有独创性，属于我国著作权法规定的摄影作品，但整体的独创性程度不高。乐某仿拍的被诉侵权照片与相应的涉案照片相比，两位模特的神态以及照片的光圈、焦距均有所区别，体现了摄影师的个性化选择的成果，因此乐某的仿拍照片也有独创性，也属于我国著作权法规定的摄影作品。虽然乐某委托的摄影师仿拍被诉侵权照片之前接触了朱某某的涉案照片，两者照片的相似体现在对场景的布置以及模特姿势的设定上，但这两部分都属于服装拍摄中的惯用思想和公有领域的知识成果，乐某的被诉侵权照片与朱某某的涉案照片不构成"实质性相似"，故乐某将被诉侵权照片置于其开设的店铺中的行为不构成对朱某某涉案照片的著作权侵害，因此驳回了朱某某的诉讼请求。

案例点评：本案例是涉及仿拍他人"网红服装"照片是否构成著作权侵权的新类型案件。本案例从模特的选择、拍摄角度选择、拍摄场景的安排、后期制作等四个方面分析主要展示服装的摄影照片是否构成我国著作权法规定的摄影作品，厘清了仿拍他人"网红服装"照片的摄影照片是否构成摄影作品，以及"网红服装"照片与仿拍的"网红服装"照片是否构成"实质性相似"的判断标准。该案的判决，有助于主要展示服装的摄影照片的合理保护，有利于网上服装出售行业的规范发展，从而促进数字平台经济的健康发展。

6.3　科技成果转化

> **课程思政**：科技成果转化可以促进产业升级和转型，推动经济结构优化和创新驱动发展，提高国家的科技含量和附加值，促进经济的持续增长。

科技成果转化是指将科研成果转化为实际的生产力和经济效益的过程，是科技创新与产业发展的重要环节。通过科技成果转化，科研成果可以得到更广泛的应用，推动产业升级和经济增长。同时，科技成果转化也是科学技术与市场需求对接的过程，有助于创新成果更好地满足社会需求，推动社会进步。因此，科技成果转化不仅是促进科技创新成果产业化、市场化的重要手段，还是推动社会发展和提高人民生活水平的重要途径。

6.3.1　科技成果转化的概念

根据《中华人民共和国促进科技成果转化法》(以下简称《科技成果转化法》)第二条的规定，科技成果指通过科学研究与技术开发所产生的具有实用价值的成果。在科技成果的分类中，特别强调了"职务科技成果"的概念，这是指在执行研究开发机构、高等院校和企业等单位的工作任务，或者主要是利用上述单位的物质技术条件所完成的科技成果。这种分类有助于区分由个人独立完成的科技成果和在组织资源支持下完成的成果，为科技成果的管理和转化提供了法律依据。

科技成果转化是指为提高生产力水平而对科技成果所进行的后续试验、开发、应用、推广直至形成新技术、新工艺、新材料、新产品，发展成为新产业等活动。就字面意思来说，科技成果转化包括科技成果的"转"和"化"，也就是应用技术成果的流动与演化的过程。具体如图6.3所示。

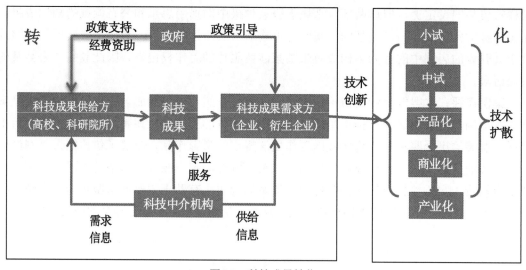

图6.3　科技成果转化

1. 科技成果转化背景及政策

2016年2月国务院印发了《关于实施〈中华人民共和国促进科技成果转化法〉若干规定的通知》；2016年5月《国家创新驱动发展战略纲要》明确提出了科技强国的发展战略；为了进一步加快实施创新驱动发展战略，落实《科技成果转化法》，打通科技与经济结合的通道，鼓励研究开发机构、高等院校、企业等创新主体及科技人员转移转化科技成果，推进经济提质增效升级。

在国务院发布《关于实施〈中华人民共和国促进科技成果转化法〉若干规定的通知》之前，由于政策、体制等多方面的原因，我国高校和科研院所科研人员长期以来受"重成果、轻实践；重水平、轻效益；重科研、轻转化；重成果、轻推广"的思想束缚，高产出率的背后是低下的转化率，80%以上的成果闲置，高校科技成果实际转化率不到10%，大量的科技成果被束之高阁。但在美国，高校科技成果转化率高达22%～28%，美国在1980年推出了《拜杜法案》，该法案解决了国家投资开发的科技成果由隶属国家转为隶属科技人员和机构，也因此使得大量科技成果涌向产业和市场。《拜杜法案》所引发的科技成果转化浪潮对美国经济增长的贡献率由60%增长到90%，高校成为科技创新的主力军，从高校诞生了一大批伟大的科技创新企业，如Cisco、Google、Sun、Yahoo、Netscape、Cirrus Logic、Lycos、RSAData等，这些企业的聚集区被称为硅谷，高校与企业形成紧密的高新技术发展结合体，斯坦福大学、麻省理工学院的校友企业总市值均超过2万亿美元。

《科技成果转化法》是我国为促进科技成果在经济建设中的应用而制定的法律。该法律旨在建立和完善科技成果转化的激励机制，保护科技成果的合法权益，同时加快科技成果从实验室到市场的转化过程。该法规定了关于科技成果转化的基本原则、政策支持、权利义务、激励措施及相关管理规定，为科技成果转化提供了法律框架和政策指导。这有助于促进科技与经济的深度融合，推动创新驱动发展战略的实施。

2. 科技成果转化过程及步骤

科技成果转化能够将科研成果应用于实际，推动经济发展和社会进步。加速创新成果的市场化，为社会带来新技术、新产品，推动产业升级。通过技术创新提升国家在全球的技术地位和竞争力。科技成果转化过程及步骤如下。

(1) 成果识别与评估：科研团队识别潜在的成果，进行技术和市场评估，确定其商业化潜力。

(2) 知识产权保护与市场分析：对具有商业潜力的成果进行知识产权申请与保护，并进行深入的市场分析，包括对市场需求、竞争环境和商业化路径进行分析。

(3) 技术成熟度提升与转化途径确定：进一步研发以提升技术成熟度和市场适应性，并根据成果特性和市场需求，确定最佳的转化途径，如技术转让、创业公司成立或与企业合作。

(4) 寻找合作伙伴与商业化计划的实施：寻求合作伙伴和投资者，建立合作关系，并实施商业化计划，包括产品开发、生产、销售和市场推广。

(5) 效果监测、评价与持续优化：对转化效果进行持续监测和评价，并根据市场反馈及技术进步，对产品或技术进行持续迭代和优化。

6.3.2　科技成果转化的方式

1. 科技成果转化方式

根据《促进科技成果转化法》，科技成果转化方式主要有以下6种。

(1) 自行投资实施转化：研发单位或个人自行投入资金将科技成果转化为实际应用。

(2) 向他人转让科技成果：将科技成果的所有权或使用权直接转让给其他个人或单位。

(3) 合作实施转化：与其他个人或单位合作，共同将科技成果转化为商业产品或服务。

(4) 许可他人使用科技成果：通过授权许可的方式，允许他人使用科技成果。

(5) 作价出资：将科技成果作为股份或出资比例的一部分投入企业或合作项目。

(6) 其他协商确定的方式：双方通过协商确定的其他科技成果转化方式。

根据《中国科技成果转化2021年度报告》，最常见的科技成果转化方式是转让、合作实施和作价出资。其中，转让是主要方式，占合同数量的近70%，而作价出资虽然合同数量较少，但平均合同金额最高。这表明不同转化方式在实施中的效益和适用性各有不同，应根据具体情况选择最合适的转化策略。

2. 科研成果转化方式选择

在实际转化科技成果时，选择方式应基于一系列标准进行综合考量，包括如下方面。

(1) 科技成果特点：根据成果的特性来决定最适合的转化方式。

(2) 技术与市场成熟度("两度")：考虑技术的成熟程度和市场接受程度。

① 技术和市场成熟度都高的成果，更适合通过转让或许可进行转化。

② 技术和市场成熟度都低的成果，合作转化或许可+合作的方式更为适宜。

③ 技术成熟度高但市场成熟度不高的成果，作价投资可能是一个好的选择。

④ 技术成熟度低而市场成熟度高的成果，合作转化或许可可能较为合适。

(3) 转化企业因素：包括企业的资金实力、在特定行业的地位、企业发展阶段，以及因转化所获得的权利。

(4) 高校与科研机构因素：考虑商业化收益预期以及决策流程和程序的复杂度。

这样的评估标准旨在确保选取的转化方式最大程度地契合科技成果的特点和市场需求，同时考虑参与各方的能力和需求，以实现有效且高效的科技成果转化。

6.3.3 科技成果的项目定位与来源

清晰的项目定位有助于为科研成果的转化制定有效的战略和计划，而对成果来源的深入理解则有助于更好地利用现有资源，以及指导后续的研发和商业化过程。

1. 科研成果的项目定位

项目定位主要涉及对科研成果的性质、潜在应用和目标市场进行详细分析，需要考虑科研成果的技术特征、创新程度、应用前景以及其对现有市场和技术环境的适应性。例如，一个新开发的药物的项目定位将考虑其疗效、安全性、目标疾病、潜在患者群体以及市场上现有药物的竞争情况。项目定位的准确性会直接影响科研成果转化的策略选择和成功率。

2. 科研项目的来源

科研成果的来源是指产生这些成果的起源和背景。其主要来源包括高校、科研机构和企业。在高校和科研机构中，成果通常来源于基础科学研究或应用科学研究，这些研究往往着眼于理论探索或针对特定科学问题的解决。而在企业中，科研成果的产生往往是由市场驱动的，更多关注于新产品的开发或现有产品的改进。不同来源的科研成果在资源支持、研发动力和商业化过程中可能存在差异，这些差异对科研成果的最终应用和转化路径有直接影响。

3. 科技成果的关键信息发布与交流

科技成果的关键信息发布与交流是科研成果转化过程中不可或缺的一环。科技成果的信息发布和交流是一个多方位、动态的过程，涉及从科技成果的初始展示到深入合作探讨的各个阶段，对促进科技成果的成功转化起着至关重要的作用。

科技成果有效的信息发布可以显著提高科技成果的可见度，吸引潜在的合作伙伴和投资者。这通常通过专业展会、学术会议、在线科技成果平台、专业期刊等渠道实现。通过这些平台，研究人员能够展示他们的成果，分享技术细节，讨论潜在的应用前景。

科技成果的交流涉及与潜在合作伙伴或行业专家的互动。这不仅包括科技成果的技术细节和商业潜力的讨论，还包括对市场需求、资金筹集、知识产权保护等方面的讨论。有效的交流有助于形成合作关系，拓展网络，甚至获取关键的市场反馈，从而指导后续的研发和商业化策略。

在科技成果发布和交流的过程中，确保信息的准确性和及时性至关重要。科研人员需要清晰、准确地传达他们的研究成果和技术优势，同时保持对市场动态和行业趋势的敏锐洞察。此外，鉴于知识产权的保护，科技成果的信息发布和交流应在确保法律权益的前提下进行。

6.3.4　科技成果的商业化

科技成果转化通常是指将科研成果"商业化"。这个过程包括将科技创新或发现转变为可市场化的产品、服务或工艺，使其能在商业环境中产生经济价值。这涵盖了产品化和商品化，但重点在于实现商业价值，包括发展商业模式、市场推广及销售策略等。简言之，商业化并非仅限于产品的制造，而是涵盖了将科研成果有效转化为实际经济收益的完整过程。

1) 科技成果商业化特点

(1) 它是技术经济系统的一部分，不能孤立考虑。

(2) 它是技术成果与市场相结合的过程，在实施这个过程中伴随着资金的投入，这种投资应不低于产品开发的投资，涉及投入产出的问题，由于技术商品效益的特殊性，风险的存在就成为必然。所以，从某种意义上讲，成果商业化工作实际上就是一项风险工程。

(3) 成果商业化工作源于科研，目的是形成效益，所以，作为技术商品，必须按经济规律办事，建立适用的经济模式。一种好的模式有利于缩短商业化的周期，降低投资的风险程度。

2) 科技成果的商业化步骤

(1) 确定市场需求：在商业化科技成果之前，需要进行充分的市场调研，了解目标用户的需求和痛点，以确保科技成果具有商业化的潜力。

(2) 保护知识产权：确保拥有科技成果的完整知识产权，并进行适当的知识产权保护，以避免侵权纠纷。

(3) 寻找合作伙伴：与相关企业或机构建立合作关系，共同推进科技成果的商业化。这有助于寻求必要的资金、技术和市场支持。

(4) 进行产品化开发：将科技成果转化为可销售的产品或服务，并进行必要的产品化开发，以满足市场需求。

(5) 制定营销策略：为产品制定合适的营销策略，包括定价、推广和销售渠道等，以扩大市场份额和提高销售额。

(6) 持续改进和优化：根据市场反馈和用户需求，持续改进和优化产品，以提高用户体验和保持竞争优势。

(7) 寻求投资和融资：为科技成果的商业化和产品化提供必要的资金支持，可以通过寻求投资和融资等方式筹集资金。

(8) 建立专业团队：组建一支专业的团队，包括技术、市场、销售和管理等方面的人才，以支持科技成果的商业化进程。

(9) 遵循法律法规：在商业化科技成果的过程中，需要遵守相关法律法规和政策规定，以确保合规经营。

(10) 持续学习和创新：不断学习新知识、新技术和新思想，持续进行科技创新和商业化尝试，以保持竞争优势和实现可持续发展。

3) 科技成果商业化的宣传与推广

为了让更多的人了解和认识科技成果，可以通过各种渠道和形式进行宣传和推广。这包括利用网络、媒体、展览会、研讨会等多种途径，向社会各界普及科技成果的知识和应用价值。同时，还要加强与企业、科研机构、投资机构等各方的合作与交流，不断扩大科技成果的影响力。

6.3.5 案例分析：智能无人机提高了农业生产效率

随着科技的不断进步，无人机技术得到了广泛的应用，特别是在农业领域。智能无人机可以用于喷洒农药、监测作物生长、精准施肥等方面，不仅提高了农业生产效率，还减少了人力成本。

智能无人机采用先进的传感器和导航技术，可以自动规划飞行路线、避开障碍物、精准定位等。同时，该无人机还可以根据作物的生长情况，智能调整喷洒量和施肥量，提高了农药和肥料的利用率，减少了环境污染。

(1) 技术转移：该科技成果由科研机构研发成功后，通过技术转移的方式，转让给了一家无人机制造企业。

(2) 商业化应用：该企业将这种技术应用到无人机制造中，生产出智能无人机产品，并开展了一系列试验和验证工作。

(3) 市场推广：经过试验和验证后，该企业将智能无人机产品推向市场，通过宣传和推广，逐渐得到了广大农户的认可和青睐。

该科技成果转化后，取得了显著的经济效益和社会效益，具体表现在以下几个方面。

(1) 经济效益：智能无人机的应用提高了农业生产效率，减少了人力成本，提高了农产品的产量和品质，为农民带来了实实在在的经济收益。

(2) 社会效益：该技术的应用还有助于减少环境污染、保护生态环境、促进农业可持续发展等。

(3) 技术进步：该科技成果的转化有助于推动无人机技术的发展和创新，为未来的科技发展提供了有力支持。

通过以上分析可以看出，该科技成果转化在农业领域取得了显著的经济效益和社会效益，推动了农业现代化的发展。未来，随着技术的不断进步和应用领域的拓展，智能无人机将会在更多领域得到应用和推广。

6.4 案例分析：知识产权保护与科技成果转化

课程思政：科技成果转化可以带来新的生产技术、工艺和设备，提高生产效率，降低生产成本，推动生产方式的转变，从而提高社会整体的生产力水平。

6.4.1 产销量连续五年世界第一，河南盾构机产业向世界品牌迈进

上天有神舟，下海有蛟龙，入地有盾构。盾构机被誉为国之重器，位于河南郑州经开

区的中铁工程装备集团有限公司在盾构机研发生产领域占有重要地位。盾构领域曾一直被国外技术垄断，1997年中国曾斥巨资从德国维尔特公司购买了两台盾构机，用于西康铁路秦岭隧道的修建。

2002年8月，国内首个国家级盾构产业化基地在河南新乡落成(也就是中铁装备的前身，于2009年迁到郑州经开区)，揭开了中国盾构研发的序幕。

"早期研发团队仅有18人，被喻为'盾构梦之队'。而后，自主盾构机的发展经历了从无到有，从有到优，从优到卓越领先的过程。"中铁工程装备集团设计研究总院副总工程师兼海外分院院长庞培彦介绍道。

2008年，中国首台具有知识产权的复合式盾构机在河南新乡下线，并成功应用于天津地铁的修建。

1. 打破国外垄断，从无到有

经过20年的发展，如今的中铁装备在全国有20个生产基地，累计出厂盾构机超过1300台，安全掘进里程超过3000千米，具有掘进机生产特级资质，产品远销新加坡、以色列、意大利、丹麦等30个国家，市场占有率连续十年保持国内第一，产销量连续五年居世界第一。盾构机俨然成为河南骄傲、中国骄傲。

从2002年启动研发至今，中国盾构机产业20余年的发展，经历了从无到有，从有到优，从优到卓越领先的过程。如今，中铁装备生产的盾构机可以应用于各种隧道、地下管廊，还可以用于地下停车场的修建。

2. 盾构机还能修建地下停车场

盾构机不仅能够穿山、跨海打隧道，还能应用在很多场景，如修建地下停车场。

现有地下停车场的施工工艺，分为敞开式明挖和浅埋暗挖两种，其中，绝大多数用的是敞开式明挖，然后浇筑钢筋混凝土。这种施工工艺，由于开挖面积过大，不但破坏环境，还严重影响交通。2018年5月，中铁装备集团"中国首个盾构工法地下停车场、综合管廊示范工程"投入使用。参与项目施工的组合式盾构机，由两台2.87米×5.02米的小矩形盾构机拼装组合到一起，形成一台5.74米×5.02米的大矩形盾构机，既能实现组合模式推进，也能实现分体推进，根据断面尺寸灵活组合。这套设备掘进运用了土压平衡原理，可以保证施工过程中地面环境安全，具有良好的地质适应性。采用盾构工法修建地下停车场，是我国首创，在世界范围内也没找到类似案例。

3. 勇于创新，由"中国制造"向"中国创造"迈进

采用盾构法修建地下停车场，只是由"中国制造"向"中国创造"转变的一个缩影。

早在2013年，中铁装备就研制成功了当时世界上最大断面的矩形盾构机，并成功应用于郑州市中州大道下穿隧道工程，开启了国内城市隧道建设新模式，而后中铁装备不断刷新自己创造的纪录。

"这种产品，我们想到过，但是我们没有付诸实践，你们敢于创新，做到了，你们是好样的！"2016年4月，在德国慕尼黑宝马展上，面对中铁装备的矩形盾构模型，德国海瑞克的高管连连称赞。

德国宝马展是世界上规模最大、国际影响力最强的工程机械、建材机械、矿山机械，

以及建筑、工程车辆和设备的专业展览会，每三年定期在德国慕尼黑举办。作为中国掘进机行业的领军企业，2016年，中铁装备首次出征德国慕尼黑宝马展，这也是中国中铁工业装备在国际市场的首次集体出征。2020年中铁装备研制生产的土压平衡盾构机、硬岩掘进机，先后出口到波兰、澳大利亚等国家，以良好的地质适应性和优质高效的掘进表现，不仅征服了国内客户，还征服了海外客户，为"中国质量"赢得了尊严。2021年4月，中国出口巴黎地铁的盾构始发，助力了巴黎地铁项目，并成功进入欧洲高端市场。

不断突破自我的背后，是研发投入在支撑。2021年，中铁装备研发投入5.56亿，研发投入占比9.67%，高于国企平均研发投入占比水平。在"中国制造"向"中国创造"迈进的这条道路上，中铁装备不断刷新着纪录。

6.4.2 涉"SPALDING"篮球商标侵害商标权纠纷案

SGG利是高有限公司、斯伯丁体育用品(中国)有限公司与南昌伟众实业有限公司、南昌斯帕林电子商务有限公司、南昌百动体育用品有限公司、晁双燕、袁星侵害商标权纠纷案〔一审：江西省南昌市中级人民法院(2021)赣01民初641号民事判决书；二审：江西省高级人民法院(2022)赣民终127号判决〕。

1. 裁判要旨

对网络销售侵害知识产权产品案件，应以打击侵权源头为原则，在查明侵权产品销量、销售额、权利人利润率等事实基础上，依法明确区分制造者、销售者、连带责任人、共同侵权人等各知识产权侵权主体的责任，并根据案件事实合理确定制造者、销售者就侵权商品单笔销售承担侵权责任的比例。

2. 基本案情

SGG利是高有限公司(以下简称利是高公司)、斯伯丁体育用品(中国)有限公司(以下简称斯伯丁公司)分别系篮球相关商品"SPALDING"商标的商标权人、排他性许可使用人。南昌伟众实业有限公司(以下简称伟众公司)在天猫及拼多多两家店铺、南昌斯帕林电子商务有限公司(以下简称斯帕林公司)和南昌百动体育用品有限公司(以下简称百动公司)在各自的拼多多店铺分别销售伟众公司制造的"SAINRANG"等标识的篮球8380件、26 982件、28 506件、187件。晁双燕系斯帕林公司的一人股东，袁星帮助上述三家拼多多店铺发货，伟众公司曾因销售上述侵权商品受到行政处罚，且其申请注册"SAINRANG"等商标亦曾被不予注册或被宣告无效。利是高公司、斯伯丁公司起诉请求伟众公司、斯帕林公司、百动公司、晁双燕、袁星承担侵害涉案商标权责任。

二审法院经审理认定，本案构成商标侵权，晁双燕应与斯帕林公司承担连带赔偿责任，袁星构成帮助侵权，商标权利人因侵权行为受到的实际损失为销量64 055(件)×平均销售单价71(元)×利润率10%=454 790.5(元)，并对制造商和销售商按照各承担侵权商品单笔销售造成损失的60%、40%计算出伟众公司、斯帕林公司、百动公司分别应承担损失赔偿额37 3302.38元、80 957.04元、531.08元，因伟众公司构成恶意重复侵权对其适用1倍惩罚性赔偿，判令公司一人股东晁双燕与斯帕林公司承担连带责任，酌定共同侵权人袁星连带承担侵权人部分责任，并酌定本案维权合理开支10万元。二审法院最终判决提高赔偿金额至93万元。

案例点评：本案例是对网络销售侵害他人商标权产品赔偿责任精细化计算并适用惩罚性赔偿的典型案例。本案涉案商标在篮球行业具有一定的影响力，在篮球商品上使用被诉侵权标识，容易让相关群体认为二者存在某种联系，产生混淆，且被诉侵权人申请注册被诉侵权标识被宣告无效或驳回，亦曾因使用被诉侵权标识被行政处罚，法院认定该行为构成商标侵权，并针对网络销售数量、金额及多主体侵权特点，依法确定制造商、销售商、连带责任人、共同侵权人责任，从而认定制造商的侵权责任比例，精细化计算权利人侵权损失并适用惩罚性赔偿，保护了权利人的合法权益，平衡了商标权利人、侵权人和社会公众的利益，彰显了人民法院依法加大惩罚力度，进行溯源打击，服务和保障营商环境优化升级的职能作用。

6.4.3　涉网上销售"仁和"药品商标侵权及不正当竞争案

江西中进药业有限公司与长春市靠山庄大药房连锁有限公司侵害商标权及不正当竞争纠纷案〔一审：江西省宜春市中级人民法院(2022)赣09知民初26号民事判决书〕。

1. 裁判要旨

在电商平台上使用他人商标作为检索引流关键词，并在商品名称、商品详情中擅自使用他人商标，但实际销售第三方同类药品的行为，构成对他人商标的商标性使用，构成商标侵权。擅自用他人商品的外包装、说明书等图片为第三方同类商品做宣传的行为，有违诚信原则与商业道德，构成不正当竞争。

2. 基本案情

仁和(集团)发展有限公司(以下简称仁和公司)是"仁和"注册商标的权利人。经授权，江西中进药业有限公司(以下简称中进公司)负责涉案"仁和"牌药品的包装设计、商标授权及独家经销，并可单独提起商标诉讼。长春市靠山庄大药房连锁有限公司(以下简称长春靠山庄大药房)在其拼多多店铺内销售"爱力生"牌某药品时，擅自使用"仁和"作为检索引流关键词，并在商品名称、商品主图、商品详情中擅自使用"仁和"字样及"仁和"牌药品的外观包装等图片。后中进公司向长春靠山庄大药房出具律师函，要求其立即停止侵权及不正当竞争行为，删除侵权图片和链接。长春靠山庄大药房收函后，删除了"仁和"牌药品的网页宣传图片，但并未删除涉案链接，在商品名称和商品详情(参数)页中仍保留"仁和"字样。中进公司认为长春靠山庄大药房的行为构成商标侵权和不正当竞争，故诉至法院，并主张适用惩罚性赔偿。

一审法院经审理认为，长春靠山庄大药房在拼多多平台上使用"仁和"作为检索引流关键词，并在商品名称、商品详情中擅自使用"仁和"商标，但实际销售"爱力生"牌药品(第三方同类药品)的行为，构成对"仁和"商标的商标性使用，构成商标侵权；同时，其擅自用"仁和"牌药品的外包装、说明书等图片为第三方同类药品做宣传，并在其商品详情中说明"爱力生"牌药品与"仁和"牌药品为同品同厂同批号同效果产品的行为，有违诚信原则与商业道德，构成不正当竞争。关于赔偿金额的认定，在长春靠山庄大药房未举证证明涉案侵权药品的销量及利润的情况下，参考中进公司的主张和提供的证据，根据侵权商品销售量与注册商标商品的单位利润乘积确定赔偿额为353 800元。同时考虑长春靠山庄大药房与中进公司曾有业务往来，在收到要求立即停止侵权的律师函后，依然存在侥幸心理与攀附行为，利用"仁和"商标引流，继续实施侵权和不正当竞争行为，主观恶意明显，侵权行为严重，依法适用惩罚性赔偿，判令长春靠山庄大药房承担赔偿数额1倍的惩罚性赔偿款及合理维权费用共计712 702元。

案例点评：本案例系网络环境下利用他人商标宣传产品、设置关键词引流销售药品的典型案例。此种恶意引流、虚假宣传、货不对版的现象，扰乱了数字经济商环境，不仅侵犯了权利人的商标权益，分流了原属于权利人的市场，也侵犯了广大消费者的知情权与自主选择权。本案将其定性为商标侵权与不正当竞争，在权利人向侵权人发出停止侵权的通知、侵权人仍未完全停止行为后，适用惩罚性赔偿，体现了对数字赋能行业中知识产权严保护的司法理念，有助于为数字经济发展营造公平竞争的市场环境。

6.4.4 西安交大科技成果转化企业华晟复材科创故事

2022年12月30日，"2022第十一届中国创新创业大赛全国总决赛"在广东深圳圆满落幕。陕西省参赛企业西安华晟复材科技有限公司(以下简称华晟复材)以航空航天先进复合材料构件成型装备产业化项目参加本次大赛。历经省赛、全国赛等多轮选拔，华晟复材成功晋级，在全国总决赛中荣获"创新创业50强"称号，并获第十一届中国创新创业大赛全国总决赛初创组二等奖。

华晟复材是西安交通大学科技成果转化企业。其佳绩的背后，是科研团队"十年磨一剑"潜心攻克一项"卡脖子"技术。据华晟复材创始人、西安交通大学教授段玉岗介绍，碳纤维复合材料因具有低密度、高强度、耐高温、耐腐蚀等优异特性，广泛应用于航天航空、风电装备、大型舰船、交通运输、压力容器、体育用品等领域。但长期以来，复合材料的自动铺丝技术主要掌握在美国、法国和西班牙等国家手里。

"随着我国大飞机项目的实施及航空航天飞行器高性能化的需求增大，轻量化树脂基复合材料构件的高质量成型制造，成为我国航空工业领域亟须攻克的关键技术。其中，自动铺丝技术是制约我国航空航天大型先进复合材料构件高质量制造的关键难题。"段玉岗说。

2005年，段玉岗带领团队开始进行自动铺丝设备、工艺及软件的研制工作。段玉岗团队是国内最早从事复合材料自动铺丝技术研究的团队之一。该团队现有教授5人、副教授3人、助理教授5人、博士及硕士研究生30余人，是一支机械工程、自动控制、软件工程及材料工程等学科交叉、技术实力雄厚的自动铺丝技术与设备及软件研究开发队伍。

该团队攻克的自动铺丝相关技术获批国家发明专利27项、实用新型专利4项，获自动铺丝路径规划及控制软件著作权14项。近年来，团队先后在国家自然科学基金、科技部"863计划"、国家数控机床重大专项(04专项)等十余个国家及省部级项目的资助下，开展了自动铺丝工艺及设备等方面的相关研究工作。2017年，该团队推出国内第一台8丝束8自由度工程化机器人式铺丝机，铺丝速度最大达到每分钟30米。在此基础上，团队又先后成功研制了具有自主知识产权的机器人式自动铺丝设备、机床式自动铺丝设备(卧式及龙门式)及配套CAD/CAM软件系统。2021年7月6日，由段玉岗团队主要成员及西交一八九六科创投资合伙企业作为初始股东，华晟复材在秦创原创新驱动平台总窗口正式注册成立。

之后，华晟复材以"技术入股+职业经理人股权激励"的方式组建了核心团队，以"科学家+工程师"的方式组建了技术队伍。成立一年，华晟复材自动铺丝装备技术就达到国内领先水平，订单金额超过亿元，并完成A轮融资，公司估值2.75亿元，进入新型复合材料智能装备高速发展的快车道。

同时，段玉岗团队成功研制了连续纤维增强热固性复合材料3D打印技术与装备，该技术处于国际领先水平。目前，华晟复材已经与西安交通大学合作进一步完善该技术及相关产品，且在近期推出工程样机并投入使用。

本章小结

本章全面概述了知识产权保护与科技成果转化。首先介绍了创新产品保护与转化的意义、关系；然后叙述了知识产权保护的概念、基本知识、申请注意事项及申请流程；接着又讲述了科技成果转化，从科技成果转化的概念、转化方式、项目定位与来源、商业化过程；最后，通过案例分析，揭示了知识产权对创新产品的关键价值，对创新产品的科技成果转化过程有借鉴价值。本章重点是掌握知识产权保护的举措和科技成果转化路径。

思考题：

1. 谈谈你对知识产权保护的理解，以及其在创业过程中的重要性。

2. 选择和申请商标时，需要注意什么？

3. 在申请专利时，需要注意哪些问题？

4. 什么是科技成果转化，请列举两种科技成果转化的方式。

测试题：

1. (　　)不属于知识产权的范畴。(单选题)

　　A. 专利　　　　　B. 商标　　　　　C. 版权　　　　　D. 企业注册资金

2. 专利权的保护期限是(　　)。(单选题)

　　A. 10年　　　　　B. 20年　　　　　C. 30年　　　　　D. 50年

3. 商标的注册有效期是(　　)。(单选题)

　　A. 5年　　　　　B. 10年　　　　　C. 15年　　　　　D. 20年

4. 科技成果转化项目的定位是(　　)。(单选题)

　　A. 促进科技成果的产业化和商业化　　B. 提供科研资金支持

　　C. 促进学术交流　　　　　　　　　　D. 推动科研人员的学术成就

5. 科技成果转化项目的来源主要包括(　　)。(复选题)

　　A. 科研院所　　　B. 高校　　　　　C. 企业

　　D. 政府部门　　　E. 社会组织　　　E. 上市公司

6. (　　)适用于保护新发明的技术。(单选题)

　　A. 专利　　　　　B. 商标　　　　　C. 版权　　　　　D. 商业秘密

7. (　　)适用于保护产品的外观设计。(单选题)

　　A. 专利　　　　　B. 商标　　　　　C. 版权　　　　　D. 工业设计

8. ( )适用于保护产品的品牌标识。(单选题)

   A.专利   B. 商标   C. 版权   D. 商业秘密

9. 以下说法是否正确？(判断题)

科技成果转化是指将科研成果转化为实际生产力和经济效益的过程。

10. 以下说法是否正确？(判断题)

自行转化是科研机构或院校等市场主体将其研发的科技成果转让给外部企业的一种科技成果转化方式。

第 7 章

创业融资与企业创立

案例导读 "数码试衣"引来2亿多元风投

重庆的陈富云为服装业想到一个名为"数码试衣"的智能互联化营销模式,由此实现了"以销定产",大大降低了库存积压,并引来了一家英国风投公司的2000万英镑(相当于人民币2.22亿元)先期投资。

在陈富云的试衣店里,智能终端机两秒钟后即可完成对客户人体4800个坐标点的精确测量,并按客户要求合成个性化服装。下单前,通过宽6米、高3米的高清晰仿真视频系统,客户试穿的效果可以像照镜子一样显示出来。

这个案例充分展示了创新型公司如何通过引入智能技术和互联化营销模式吸引了大额投资。

(1) 创新技术和商业模式。陈富云的"数码试衣"利用智能终端机和高清晰仿真视频系统,实现了个性化定制服装的精确测量和试穿效果展示。这种创新技术和商业模式之所以引起投资者的关注,是因为它代表了对传统服装行业的颠覆性创新。

(2) 市场潜力和增长空间。"数码试衣"模式可以帮助减少库存积压,实现"以销定产",这对于服装行业来说是一个重大的市场需求和解决方案。投资者看中了这个市场潜力和增长空间,愿意通过投资来支持这个创新模式的发展。

(3) 先期投资的作用。2000万英镑的先期投资为公司提供了资金支持,可以用于技术研发、市场推广和团队建设等方面。这种投资可以帮助公司实现快速扩张和发展,增强市场竞争力。

创业融资与企业创立是创业过程中的关键环节,涉及获取资金以支持业务发展,并涵盖了企业成立的各个方面,包括法律、财务和组织结构。创业融资可以通过多种渠道进行,如风险投资、天使投资、众筹或政府补助。而企业的创立则包括制定合适的商业结构、完成法律注册、建立财务管理体系等。这一过程对于保障创业项目顺利启动和未来的可持续发展至关重要。

确保合法合规的创立对于初创公司是至关重要的，这不仅包括正确完成公司注册和符合法律法规，还涉及融资问题的合法性。在融资过程中，初创公司需要确保遵循适用的金融法规和证券法，特别是在进行股权融资、众筹或接受天使投资和风险投资时，要注意投资者的资格审查、投资协议的合法性，以及披露相关财务和业务信息的透明度。

📑**学习目的**

1. 了解创业融资的概念。
2. 掌握创业融资的方法。
3. 了解初创企业的财务管理方法。
4. 掌握初创企业的注册流程与选址方法。
5. 通过案例分析掌握创业融资的方法和企业的创立流程。

7.1　创业融资

课程思政：在准备创业融资时，创业者要加强对市场、行业和财务知识的学习，提高谈判和沟通能力，同时要建立良好的人脉关系，寻找合适的投资人和机构进行合作。

创业融资是指创业者为了支持初创企业的发展和运营所需的资金而进行的融资活动。在创业初期，很多创业者会面临资金短缺的问题，而融资可以帮助他们解决这一问题，以支持企业的发展和扩张。创业融资通常包括种子轮融资、天使轮融资、A轮融资、B轮融资等不同阶段的融资过程。

7.1.1　创业融资的概念及准备

融资，从狭义上讲，即企业筹集资金的行为与过程。从广义上讲，融资也叫金融，就是货币资金的融通，当事人通过各种方式在金融市场上筹措或贷放资金的行为。《新帕尔格雷夫经济学大辞典》对融资进行了解释，认为融资是指为支付超过现金的购货款而采取的货币交易手段，或为取得资产而集资所采取的货币手段。

项目融资，从狭义上讲，是指以项目的资产、预期收益或权益作抵押取得的一种无追索权或有限追索权的融资或贷款活动。从广义上讲，为了建设一个新项目或者收购一个现有项目，或者对已有项目进行债务重组所进行的一切融资活动都可以被称为项目融资。一般提到的项目融资仅指狭义上的概念。

创业融资是指创业者为了将某种创意转化为商业现实，通过不同渠道、采用不同方式筹集资金以建立企业的过程。创业融资与一般融资相比，其最大的优势就是减少了融资过程中的信息不对称，提高了融资效率。创业融资不是简单地以资金来维持技术，而是实现了资金、技术与管理的结合，建立了一套以绩效为标准的激励和约束机制。

　　融资对于初创企业来说至关重要，而融资前充分的准备可以使创业者明确自己的融资目标，增加融资成功的可能性。融资前的准备包括确定融资框架、制订商业计划书和筛选目标投资商。

1. 确定融资框架

　　融资前创业团队内部首先要确定一个融资框架。融资框架包括：确定融资额度；确定出让股份；期权的设置；确定一个融资代表，与投资方进行接洽与谈判；事先确定企业的估值范围。这都是需要在融资前决定好的，所以要提前确定一个融资框架，且这个融资框架一定是创业团队内部一致同意的。

2. 制订商业计划书

　　一份优质的商业计划书是成功融资的敲门砖。在准备商业计划书之前，创业团队必须对经营概念进行一个快速的可行性研究，尽量多地搜集相关信息，这些信息将主要集中于市场、财务和生产运营几方面。商业计划书中，应提供所有与企业的产品或服务有关的细节，包括企业所实施的所有调查，还应细致分析竞争对手的情况。

3. 筛选目标投资商

　　投资商非常多，投资咨询公司或者做早期投资、各行业投资的机构也比较常见，初创企业进行融资之前，需要进行一定的筛选，筛选出对于企业来说最有价值的投资商。以下几个方面可以为创业者提供一定的参考依据。

- 品牌价值。应该选择那些能够给企业带来品牌效应的投资方，这些投资方的认可有利于之后获得更多的投资。
- 战略价值。即考虑投资方所处的行业，比如有的投资人专门投电子商务，有的专门投云计算，有的专门投移动互联网，这样就存在战略价值。
- 竞争分析。一些投资方可能已经投了初创企业的竞争对手，这就需要放弃。

7.1.2　创业融资额度的估算

　　初创企业需要多少资金？何时需要这些资金？这些资金能撑多久？从何处、向谁筹集资金？这个过程应该怎样编排？这些问题对公司的任一发展阶段，对任何一个创业者来说，都是至关重要的。确定资本的需求量是每一个创业者在融资前都需要明确的关键问题，可以分为以下几个步骤进行。

1. 估算启动资金

　　启动资金是创业初期的必备资金，主要用于购买资产和支付日常开支。估算启动资金需要创业者深入了解市场行情，既要保证资金充足，也要尽量节省开支。例如，在满足经营需求的前提下，可以考虑租赁厂房、采购二手设备等节约资金的措施。

2. 测算营业收入、营业成本和利润

　　对营业收入的预测是制定财务计划和报表的基础。预测时可以结合市场研究、行业状况和试销经验，利用多种预测技巧。预测后，还需预估每年的营业成本、费用等。初创企业在最初几年的市场成本高，营业收入与成本可能不成正比。因此，第一年每个月的费用

都要仔细估算，不能遗漏。第二、第三年的成本预估，可关注稳定支出，若销售量预估明确，可用营业百分比法计算相关项目。完成预估后，可估算税前、税后利润等，并编制第一年的利润表，之后进入预估财务报表阶段。

3. 预估财务报表

初创企业常常采用营业百分比法预测财务报表。此方法能够快速预测项目在营业额中的占比和资本需求，但市场和行业变化可能会影响这些比率，因此需及时调整。预测报表包括预计资产负债表和预计利润表，资产负债表预测资产、负债及留存利润，从而估计外部融资需求。利润表预测留存利润这种内部融资，同时为资产负债表的外部融资预测提供依据。

4. 预计现金流量表

现金流量是初创企业面临的主要问题之一，逐月估计现金流对新创企业来说非常重要，且如何精确地算出现金流量表中的项目是一个难题。为此，在预计财务报表时需要根据创业时的时间点设置各种情境，如最乐观的估计、最悲观的估计及现实情况估计。这种预测有利于潜在投资者更好地了解创业者如何应对不同的环境，使创业者能更熟悉经营的各种因素。

5. 结合企业发展规划预测融资需求量

创业者应当具备一定的财务知识，了解相关的财务指标，大致掌握预估融资需求量的方法。融资需求量的确定不是一个简单的财务预算问题，而是将现实与未来综合考虑的决策过程。创业者在基本财务数据的基础上，应综合考虑企业所处的经营环境、市场状况、内外部资源条件及创业计划等因素。

7.1.3 创业融资的方法

1. 创业融资的形式

创业融资按照融资对象可以分为私人资本融资、机构融资、政府创业扶持项目融资、互联网平台融资和其他融资。

1) 私人资本融资

(1) 个人资金。创业者创业资金的第一来源永远是个人资金。个人资金具有使用成本低、可用时间长等优势，通常是创业项目的主要启动资金。

(2) 亲戚朋友借款或投资。家庭成员及朋友的资金与个人资金在创业领域具有相似性。一方面，得益于亲情关系，创业者能以较低成本获取和使用这些资金；另一方面，家庭成员和朋友对创业者和其创业项目相对了解，从而规避了风险投资中常见的信息不对称问题。然而，为确保顺利推进，创业者有义务在事先告知相关人员其利益与风险。

(3) 天使投资。天使投资是自由投资者或非正式机构对有创意的创业项目或小型初创企业进行的一次性前期投资，是一种非组织化的创业投资形式。天使投资有三个方面的特征：一是直接向企业进行权益投资；二是不仅提供现金还提供专业知识和社会资源方面的支持；三是投资程序简单，短期内资金就可以到位。

2) 机构融资

(1) 风险资本是指由专业创业投资者管理的专门进行创业投资的资本，分为专业风险投资公司、风险投资家和大企业附属的风险投资公司三种。

(2) 向银行贷款是我国企业最常见的融资方式，个人经营类贷款有多种类型，发放时需由创业者提供担保，包括抵押、质押及第三人担保。

(3) 中小企业间的互助机构贷款是由依法设立的担保机构以保证的方式为债务人提供担保，以保障银行债权实现的一种金融支持制度。

3) 政府创业扶持项目融资

创业者需要善于利用政府扶持政策，如科技型中小企业技术创新基金、中小企业国际市场开拓资金、科技部的"863"计划、大学生创业基金等，这些基金和计划可以帮助创业者获得融资支持。

(1) 科技型中小企业技术创新基金是经国务院批准设立的政府专项基金，用于支持科技型中小企业的技术创新。根据项目特点，创新基金的支持方式包括贷款贴息、无偿资助和资本金投入。

(2) 为帮助下岗失业人员创业，政府设立了再就业小额担保贷款。针对创业者在创业过程中缺乏启动资金和信用担保的问题，政府设立了再担保基金，为符合条件的人员提供贷款支持。

4) 互联网平台融资

(1) 互联网金融。利用互联网金融筹资方便快捷，如支付宝、微信借贷等，是目前互联网金融平台上比较常见的借贷方式。

(2) 众筹。众筹是指用"团购+预购"的形式，向网友募集项目资金的方式。

5) 其他融资

特许经营是指特许者将自己所拥有的商标、商号、产品、专利和专有技术、经营模式等以合同的形式授予被特许者使用。被特许者按合同规定，在特许者统一的业务模式下从事经营活动，并向特许经营者支付相应的费用。

2. 创业融资的形式选择

企业处于不同阶段时的融资渠道不同，此处将企业分为三个阶段，即种子阶段、成长阶段、成熟阶段，据此分析初创企业处于不同阶段时的融资方式。

1) 种子阶段

种子阶段是企业创业的早期阶段，主要任务是确定技术上和商业上的可能性，面临技术风险、市场风险和管理风险。此时产品尚无正式形态，无销售收入，无正式销售渠道，创业者需将创意或发明商业化。

2) 成长阶段

初创企业进入成长阶段后，已有成熟的商业模型和规范的商业运作，但仍需在市场中不断改进。此阶段资金主要用于生产能力和市场开拓，目标是尽快实现盈亏平衡，解决生存问题。风险投资尤其是私募股权是这一阶段的主要融资方式，通常包括A/B/C轮融资。竞争激烈的公司可能面临多家投资机构争相投资的情况。

3) 成熟阶段

成熟阶段是企业技术开发成功、市场需求迅速扩大的时期，企业已开始大量盈利，风险最小。为满足市场需求，企业需进行大规模生产、购置设备和材料、扩建厂房和招聘员工，资金需求量大。同时，企业还需考虑新项目或新产品的推出。此阶段的企业可考虑金融机构贷款或在国内外资本市场上市融资。

对企业不同发展阶段融资渠道的比较，如表7.1所示。

表7.1　企业不同发展阶段融资渠道比较

发展阶段	融资方式	优势	劣势
种子阶段	自有资金	成本低，安全性强	数量和规模有限；不易形成企业最优资本结构
	政府基金	成本低；有低息、无偿使用	数量少，项目挑选严格
	天使投资	投资程序简单方便；天使投资人具有创业经验，可提供咨询	天使投资少；不适用于大规模资金需求；对投资项目较为短视
成长阶段	风险投资、私募股权投资	可为公司引进国内和国际战略合作网络，能够为公司在战略、运营和财务上提供建议；具有丰富的上市或商业运作经验	风险投资寻找困难；谈判比较艰难；在与企业家目标存在差异的情况下会影响企业战略方向，并谋求对公司运作的控制
成熟阶段	银行贷款	不影响公司股权结构；不参与公司经营管理；偿还本息固定	利息成本高；中小企业信用担保较差，融资难
	资本市场	融资量大，不涉及负债；流动性强；可提高公司知名度和声誉	审批程序复杂，发行成本高；监管严格，信息透明度高

3. 创业融资的方式选择

根据资金来源的性质不同，融资可以分为债权性融资和股权性融资两种。

1) 债权性融资

债权性融资是借款性质的融资，资金所有人提供资金给资金使用人，然后在约定的时间收回资金(本金)并获得预先约定的固定报酬(利息)。资金所有人不过问企业的经营情况，不承担企业的经营风险，其所获得的利息也不因企业经营状况的好坏而变化，如前面提到的银行贷款、亲友借款等。

2) 股权性融资

股权性融资是投资性质的融资，资金提供人拥有企业的股份，按照提供资金的比例享有企业的控制权，参与企业的重大决策，承担企业的经营风险，一般不能从企业抽回资金，其所获得的报酬根据企业的经营状况而变化，如天使投资、风险投资等。

对债权性融资和股权性融资优缺点的比较，如表7.2所示。

表7.2　债权性融资和股权性融资优缺点的比较

融资方式	比较	
	优点	缺点
债权性融资	创业者保有企业有效控制权；创业者独享有未来可能的高额回报；债权方无权过问企业经营和管理	需要提供抵押或担保；企业要按时清偿贷款和利息；具有较大的资金压力；负债率高、再筹资和经营风险大
股权性融资	无须提供抵押或担保；投资人同企业共同承担风险并为企业提供资金以外的资源	创业者失去部分企业的控制权，重大决策需要投资者参与；降低企业决策效率；上市企业融资时需要披露信息；投资者参与企业的股份分红

7.1.4 创业融资步骤及成功技巧

在现实生活中，有些人有很好的创意，但没有资金；有些人虽然自己没有资金，但凭专业背景、信息和技术优势，以及个人信誉和人脉关系，总能一次次幸运地找到资金而实现企业梦想。创业融资不仅是一个技术问题，也是一个社会问题。在创业前或融资前做好充分的准备，会有助于创业融资的成功。

1. 创业融资的步骤

1) 建立个人信用并积累人脉资源

2) 测算资本需求量

(1) 估算启动资金：企业在开始运营前需要准备启动资金，用于购买资产和支付日常开支。

(2) 测算营业收入、营业成本和利润：预估营业收入是制订财务计划和财务报表的基础。

(3) 编制预计财务报表：初创企业可采用营业百分比法，预测相关项目在营业额中的比率，以及资本需求量。

(4) 结合企业发展规划预测融资需求量：创业者应了解财务知识，即使有专业财务人员，也应尽量掌握这些方法。

3) 编写融资商业计划书

融资商业计划书需基于真实调查，无经验者可请教有经验者，但切勿让他人代写，因为计划书的价值在于编写过程，需创业者客观评估资料。融资商业计划书可引导创业者正确行事，降低企业风险。

4) 确定融资来源

在确定融资需求后，创业者需要筛选潜在的资金来源，这涉及详尽的人脉关系排查和多方面的信息收集。除了银行、政府等传统资金来源，还需关注政府出台的相关政策，以免错过获取支持的机会。此外，创业者还需考虑股权和债权的比例分配。

5) 融资谈判

创业者要做好充分准备；要表现出信心；陈述时抓住要点，条理清晰；清楚资金提供者关心的是让投资对他们有什么好处。这些原则对融资谈判至关重要。

2. 企业项目成功融资的技巧

项目融资作为企业融资的重要手段之一，对企业的发展起着关键的作用。因此保证企业项目融资的成功至关重要，可以采用以下技巧来提高融资的成功率。

1) 提高企业的经济强度，保证融资的长期性

企业经济强度直接影响融资成败。好的项目发展好，风险承担能力强，成功率较高，且能带来丰厚回报，增强融资方信心，提高成功率。如某地处内陆的牛羊养殖基地，交通不便，产品结构单一，品种无特色，品牌优势不足。经数据分析，投资产出比低，回报率小，风险高，导致融资失败。

2) 做好项目包装，提高融资的通过率

项目包装在融资成功中具有关键作用，它不仅是增强融资方信心、提高企业项目品

牌知名度的手段，还包括对项目自身体系、风险等的详细分析。这种包装涉及明晰项目的投资模式、收益回报率、风险承担能力等，最终形成明晰的数据，帮助投资者更好地了解项目。

3) 开展多渠道融资，降低融资的成本与风险

在融资的过程中要开展多渠道的融资方式来分散企业项目风险。融资的渠道分为内源性融资与外源性融资，在实际的操作过程中应将两者相结合以拓宽融资的渠道。

7.1.5　创业融资过程中的风险

融资渠道没有完美的，每种方式都需要付出成本和努力，并且存在风险。为了提高融资效率并推动企业发展，创业者需要全面了解融资的成本和风险。

1. 融资规模和时机不当引发的融资风险

制定融资战略时，应紧密结合初创企业的情况确定融资规模，既不能太少，也不能太多，否则都会给初创企业的发展带来不确定性，甚至会使企业濒临破产。

1) 融资规模不足可能造成的负面影响

与成熟公司相比，初创企业的财务状况具有其独特性。成熟企业无论大小，都已经有了稳固的顾客基础和收入流，而初创企业要经过的是"财务之门"。在初创企业成立的早期，它们是资本的吞噬者，成长得越快，对现金的胃口越大。所以初创企业，特别是处在初创期的企业更需要有充足的资金，以保证企业顺利度过成长的关键期。

2) 融资规模过大的负面影响

融资规模也不是越大越好，超出企业需要且没有适当财务约束的融资反而会使初创企业在"温水煮青蛙"的宽松环境中放松对财务预算的限制，从而在不知不觉中陷入融资困境，进而走向破产。

3) 融资过晚带来的风险

初创企业要把握好融资时机，既不能过早，也不能过晚，切合实际地融资能够帮助企业解决资金难题，但如果没有掌握好时机，可能会导致增加成本或放弃控制权等，这给企业的发展带来不确定性。

2. 商业秘密可能被公开的风险

在筹资过程中，必须准备好向5个、10个甚至50个不同的人介绍公司情况，包括公司是否依靠一个专业的技术人员或工程师，管理层的能力及缺陷，股权结构，盈利模式，公司的竞争及市场战略等。此外，还必须公开个人及公司的财务状况。

3. 风险投资协议可能引发的风险

每个创业者都必须充分理解"优先股""清算优先权""对赌协议""防稀释条款""完全棘轮条款"等概念。对于创业者来说，通常会接受这些条款以获取更多的融资金额。

1) 清算优先权

清算优先权是以优先股为基础，是持有优先股的股东享有的具体权利，其行使条件是

公司出现清算事件("资产变现事件"，主要包括合并、被收购、出售控股股权、出售主要资产或结束业务)时，优先股股东在清算资产范围内有权优先于普通股股东获得预期回报及可得股利、股息等。

2) 防稀释条款

防稀释条款可以分为三类：对投资方有利的完全棘轮条款，相对中立的加权平均条款，对于创业者有利的无防稀释条款。其中，完全棘轮条款是指如果初创企业后续发行的股份价格低于前轮投资人当时适用的转换价格，那么前轮投资人的实际转化价格也要降低到新的发行价格。在完全棘轮条款下，就算公司以低于A系列优先股的转换价格只发行了一股股份，所有的A系列优先股的转化价格也都要调整到跟新的发行价格一致。

3) 对赌协议

对赌协议(VAM)是投资方与初创企业在达成融资协议时，对未来不确定情况进行约定的机制。如果约定的条件出现，投资方可以行使某种权利；反之，融资方则行使另一种权利。对赌协议实际上是期权的一种形式，旨在实现投资交易的合理和公平。近年来，我国企业引入风险投资较多，但与投资方签订对赌协议后，能"赌"赢的比例较小。例如，陈晓与摩根士丹利及鼎晖的对赌导致永乐电器失败，李途纯与英联、摩根士丹利、高盛的对赌导致太子奶破产。

7.1.6　案例分析：在线少儿编程教育平台——编程猫

编程猫是中国本土的编程教育企业，面向7～16岁青少年，专注研发适合中国儿童的编程教学体系，以"工具+内容+服务"产品形态培养孩子的逻辑思维、计算思维和创造性思维，提升综合学习能力，如图7.1所示。

图7.1　在线少儿编程教育平台——编程猫

编程猫自2015年成立以来，以"为下一代提供更有价值的教育"为使命，自主研发适用于中国7～16岁少儿的编程工具矩阵，包括小火箭编程Kids、海龟编辑器Turtle，服务于移动场景的图形化编程工具Nemo，以及国内真正意义上的自主知识产权图形化编程工具Kitten。编程工具涵盖图形化编程、Python等多种主流编程语言，覆盖PC端和移动端等多个使用场景。

近年来，编程猫面向学校、培训机构等提供全套编程教育解决方案，目前已与清华大学、香港大学、人大附小、复旦大学附属中学、成都七中等17 000余所公立学校开展课程合作，覆盖广东、山东、湖北、四川、甘肃、辽宁等地200余座城市，拥有线下学习中心600余家。

案例点评：少儿编程作为新兴的教育产品，在2018年站在了投资界的风口之上，但大多数产品缺乏标准化的课程研发体系，同时缺少具有相关教学经验的师资队伍，编程猫凭借其技术研发与内容创新能力从中脱颖而出，现单月营收已突破2亿元，三四线城市用户占比接近50%，因此受到越来越多的资本青睐。

7.2 初创企业的财务管理

课程思政：财务透明度和诚信经营在企业发展过程中具有举足轻重的作用。创业者需要建立诚信经营的理念，保持财务透明度，与投资人、合作伙伴和客户建立良好的信任关系。

初创企业的财务管理是企业管理中至关重要的一部分。良好的财务管理可以帮助初创企业在激烈的市场竞争中获得持续的发展。初创企业的财务管理涉及资金的筹集、运用和监控，以及财务数据的分析和决策。在创业初期，财务管理尤为关键，因为这一阶段企业通常面临资金短缺、风险高等挑战。

7.2.1 初创企业财务管理

1. 确立财务管理理念

对于初创企业来说，一般会有一个时间长短不一的"烧钱期"，资金需求紧张，筹资的渠道多样，资金构成也很复杂，因此资金的成本构成也是多样的，不同的财务管理观念与方式会导致财务成本的巨大差异，而先进的财务管理理念对有效控制资金成本、提高资金的使用效率意义重大。

(1) 货币时间价值观念。

(2) 效益观念。在筹资时，要考虑资金成本；在投资时，要考虑投资收益率；在资产管理上，要用活、用足资金；在资本管理上，要保值增值。既要"开源"，也要"节流"。

(3) 竞争观念。在市场经济条件下，价值规律和市场机制对现代公司经营活动的导向作用不断强化，无情地执行着优胜劣汰的原则。

风险观念。从创业者的角度来看，现代企业在组织财务活动过程中，由于不确定因素而使公司的实际经济收益与预期经济收益出现差异，从而使公司面临蒙受经济损失的可能。

2. 财务管理须注意的事项

对于小型初创企业，创业者通常是全面负责的经理人，财务决策也主要依赖创业者个人。即使在规模较大、组织结构更规范的公司中，创业者也需要密切关注公司的财务状况，参与财务管理决策。在制定财务决策时，创业者应关注以下几个方面。

(1) 掌握资金运动规律。

(2) 收益与风险的权衡。

(3) 研究资金成本。

(4) 关注理财所涉及的法律问题。

(5) 研究目标资本结构。

(6) 注意通货膨胀对企业财务的影响。

(7) 学习国际理财的理论和方法。

(8) 确保财务安全。

7.2.2　初创企业财务控制的关键

初创企业及处于成长阶段的小公司应当对各种支出加以规划和严格控制。创业者必须对公司的财务关键控制点做出相应的规定。对具备这些特征的管理项目进行重点、严格控制，可以从以下几方面入手。

1. 强化财务控制制度

(1) 不相容职务分离制度。初创企业合理设置财务会计及相关工作岗位，明确职责权限，形成相互制衡机制。不相容职务包括授权批准、业务经办、会计记录、财产保管、稽核检查等职务。

(2) 授权批准控制制度。初创企业明确规定涉及财务会计及相关工作的授权批准的范围、权限、程序、责任等内容。企业内部的各级管理人员必须在授权范围内行使职权和承担责任，经办人员也必须在授权范围内办理业务。如采购人员必须在授权批准的金额内办理采购业务，超出此金额必须得到主管的审批。

(3) 会计系统控制制度。初创企业应依据《中华人民共和国会计法》和国家统一的会计制度，制定适合本企业的会计制度，明确会计工作流程，建立岗位责任制，充分发挥会计的监督职能。

2. 有效的成本控制

(1) 需要明确企业成本管控的目标。目标包括降低生产成本、提高生产效率、减少浪费、优化资源配置等方面。明确目标后，可以开始制定成本管控策略。

(2) 进行成本分析。分析内容包括对直接成本和间接成本的分析，以及对固定成本和变动成本的分析。通过成本分析，可以了解企业的成本结构，找出成本高的原因，为后续的成本控制提供依据。

(3) 制订成本控制计划。计划包括设定成本控制目标、制定成本控制措施、建立成本控制机制等方面。例如，可以通过采购管理、生产管理、销售管理等方式来控制成本。

(4) 实施成本控制计划。该计划需要全员参与，从高层管理者到一线员工都需要积极参与成本控制。同时，还需要定期对成本控制的效果进行评估，以便及时调整成本控制策略。

3. 加强现金流预算与控制

企业财务管理首先应关注现金流量，而不是会计利润。现金流是初创型企业的命脉，其预算与控制是财务控制的一个关键点，新创企业应该通过现金流预算管理来做好现金流量控制。预测初创企业的现金流需求，可以进行以下三个步骤的分析预测。

(1) 收入的预测。预测收入的逻辑很简单，需要根据产品(或服务)的定价，对销售进行预测。

(2) 计算成本。成本一般包括：固定成本，如人员工资、房租、保险、职工福利费、办公费等；可变成本，如原材料、包装、运输、直接人工成本等；销售成本，如广告、销售、客户服务的成本；设备投入，如装修、办公家具、电脑、服务器、生产设备等。

(3) 分析和调整。当把每月的收入预测和成本预测对应放入同一个时间框架中时，就出现了一幅创业公司命脉图——现金流。找到"收支平衡点"，把收支平衡点之前的所有费用加在一起，即可得出需要为企业准备的资金数量。

4. 防范风险控制

企业风险主要有两个，一个是经营风险，另一个是财务风险。

(1) 经营风险，即企业没有使用债务时经营的内在风险。企业的经营风险主要来自产品或服务能否卖出去，产品的价格能否维持，产品成本能否控制，以及固定经营成本的比率。

(2) 财务风险，即企业运用了债务筹资方式而产生的丧失偿付能力的风险。企业的总风险就是经营风险和财务风险的叠加，即企业总风险=经营风险*财务风险。为了控制企业的总风险，要把经营风险和财务风险进行搭配，可以一高一低搭配或者双低搭配，很少出现高经营风险、高财务风险的双高搭配。

企业初创期，由于未来的经营具有很大的不确定性，企业的经营风险很高。这个时期，控制经营风险比控制财务风险更重要。出于控制总风险的考虑，初创期的企业采用高经营风险搭配低财务风险政策，控制债务在较低的水平，这样才能避免高财务风险。

7.2.3　实施恰当的财务战略

制定和实施财务战略，增强执行力，是创业公司必须提升的方面。财务战略旨在实现企业资金的均衡、有效流动和企业战略目标，通过分析内外环境因素，规划企业资金流动。对于创业公司，财务战略是其总体战略的应用和延伸，至关重要。

对于初创企业而言，可以采用的财务战略包括以下三种。

1. 扩张型财务战略

扩张型财务战略以实现企业资产规模的快速扩张为目的。要实施这种财务战略，企业往往需要在将大部分乃至全部利润留存的同时，大量地进行外部融资，更多地利用负债。随着企业资产规模的扩张，这往往使企业的资产收益率在一个较长的时期内表现出相对较低的水平。扩张型财务战略一般会表现出"高负债、高收益、少分配"的特征。

2. 稳健型财务战略

稳健型财务战略是以实现企业财务绩效的稳定增长和资产规模的平稳扩张为目的的一种财务战略。实施稳健型财务战略的企业，一般将尽可能优化现有资源的配置和提高现有资源的使用效率及效益作为首要任务，将利润积累作为实现企业资产规模扩张的基本资金来源。

3. 防御收缩型财务战略

防御收缩型财务战略是以预防出现财务危机和求得生存及新的发展为目的的一种财务战略。实施防御型财务战略，一般将尽可能减少现金流出和尽可能增加现金流入作为首要任务。

7.2.4　亿唐网：初创企业财务控制失败的教训

亿唐网是一个中国初创企业财务控制失败的典型案例。该公司一度在中国互联网领域迅速崭露头角，但最终因财务管理不善而走向衰败。

1999年，刚刚获得哈佛商学院MBA的唐海松创建了亿唐公司，其"梦幻团队"由5名哈佛MBA毕业生和两名芝加哥大学MBA毕业生组成。凭借诱人的创业方案，亿唐从美国两家著名风险投资机构手中拿到两期共5000万美元左右的融资。

亿唐宣称自己不仅仅是互联网公司，也是一个"生活时尚集团"，致力于通过网络、零售和无线服务创造和引进国际先进水平的生活时尚产品，全力服务所谓"明黄e代"的18～35岁、定义中国经济和文化未来的年轻人。亿唐网一夜之间横空出世，迅速在各大高校攻城略地，在全国范围快速"烧钱"。

在创业初期，亿唐网通过大规模的宣传和扩张活动迅速提升了自身的知名度。公司不仅在北京、广州和深圳等大城市设立了分公司，还在全国范围内大量招聘，试图快速攻占市场。此外，亿唐网还在各大高校和城市进行大规模的宣传造势活动，这些活动花费了大量的资金投入。

然而，亿唐网的快速扩张并没有带来预期的盈利。随着2000年互联网泡沫的破裂，亿唐网面临严重的财务危机。公司在短时间内用掉了大部分资金，却仍未找到有效的盈利模式。面对资金的枯竭和市场的低迷，亿唐网试图转型，但未能成功改善其财务状况。

到2008年，亿唐网仅剩下一个空壳公司，曾经的"梦幻团队"也因公司资金耗尽而纷纷离开。

案例点评：这个案例凸显了初创企业在追求快速增长时，如何因缺乏有效的财务控制和可持续的商业模式而走向失败。对于初创企业而言，合理的财务管理和持续的盈利能力是生存和发展的关键。

7.3　初创企业的创立流程

课程思政：注册公司是创业的第一步，同时也是一件烦琐的事情，首先需要创业者明确注册公司的流程，知晓需要花费多长时间，然后结合自身条件有计划地做足相应的准备。

7.3.1 企业的概念与分类

企业是以盈利为目的，实现投资人、客户、员工、社会大众利益最大化的社会经济组织。企业运用各种生产要素向市场提供商品或服务，自主经营、自负盈亏、独立核算。不同学科对企业的认识不同，经济学认为企业是创造经济利润的机器和工具；社会学认为企业是人的集合；法学认为企业是一组契约关系；商科和管理学则认为企业是一类组织、一种商业模式。

在我国，按照投资人的出资方式和责任形式，企业主要存在三大类基本组织形式：独资企业、合伙企业和公司制企业。其中，公司制企业是现代企业中最主要的最典型的组织形式。此外，企业也有其他分类形式。例如，按所有制结构可分为全民所有制企业、集体所有制企业、私营企业和外资企业；按规模可分为特大型企业、大型企业、中型企业、小型企业和微型企业；按公司地位和隶属关系类型可分为母公司、子公司；按经济部门可分为农业企业、工业企业和服务企业等。

7.3.2 初创企业的组织形式选择

创业者在完善创业理念后，会与伙伴一同创立组织。此组织不仅代表其身份，还是未来业务开展的基础。组织形式是指企业在法律和经济方面的组织结构，它决定了企业的所有权、管理方式、税务处理和法律责任等方面的特征。不同的组织形式适合不同规模和类型的企业，如图7.2所示。

图7.2　初创企业设立选择组织形式

1. 各工商组织形式的特点

各工商组织形式一般包括个体工商户、个人独资企业、合伙企业、有限责任公司(含一人有限责任公司)、股份有限公司这五类。

(1) 个体工商户。个体工商户不具有法人资格。个体工商户是我国特有的一种公民参与生产经营活动的形式，也是个体经济的一种法律形式。个体工商户可比照自然人和法人享有民事主体资格，但个体工商户不是一个经营实体。

(2) 个人独资企业。个人独资企业不具有法人资格，个人独资企业是依法在中国境内设立，由一个自然人投资，财产为投资人个人所有，投资人以其个人财产对企业债务承担无限责任的经营实体。

(3) 合伙企业。如果两个或两个以上的人共同创业，那么可以选择合伙制作为企业的法律组织形式。《中华人民共和国合伙企业法》规定，合伙企业是指依法在中国境内设立的由各合伙人订立合伙协议，共同出资、合伙经营、共享收益、共担风险，并对合伙企业债务承担无限连带责任的营利性组织。

(4) 有限责任公司(含一人有限责任公司)。根据《中华人民共和国公司法》(以下简称《公司法》)的规定，我国的公司分为有限责任公司(包括一人有限责任公司)和股份有限公司两种类型。有限责任公司是指根据《中华人民共和国公司登记管理条例》规定登记注册，由五十个以下的股东出资设立，每个股东以其所认缴的出资额为限对公司承担有限责任，公司以其全部资产对公司债务承担全部责任的经济组织。

(5) 股份有限公司。股份有限公司的全部资本分为等额股份，股东以其认购的股份为限对公司承担责任，公司以其全部资产对公司的债务承担责任。设立股份有限公司要有公司名称，要建立符合股份有限公司要求的组织机构，要有固定的生产经营场所及必要的生产经营条件，股份发行、筹办事项要符合法律规定。

2. 初创企业组织形式的选择

许多创业者认为，初创企业组织形式的最佳选择就是有限责任公司。实际上，合伙企业、个人独资企业、一人有限责任公司、股份有限公司等形式，也常常很受欢迎。企业组织形式的选择有赖于创业者的目标和实际的资源状况。究竟哪种组织形式最适合初创企业呢？创业者需要考虑下列问题。

(1) 创业者(投资者)有多少人？

(2) 承担有限责任对你很重要吗？例如，如果你有许多个人财产，这对你可能比较重要；而如果你没有什么个人财产，承担有限责任对你可能就不太重要。

(3) 所有权的可转让性是否重要？

(4) 你预料过你的新企业可能支付股利吗？如果想过，这些股利承受双重征税对你有多重要？

(5) 如果你决定离开企业，你会担心自己不在时企业能否持续经营下去吗？

(6) 保持企业较低的创办成本对你有多重要？

(7) 在将来，筹集企业所需追加资金的能力有多重要？

创业者在回答上述问题的基础上，避开不能满足自身目标和要求的企业组织形式，然后依据其余企业组织形式、特点与目标接近的程度进行选择。

(1) 根据不同的创业项目和经营范围，选择适合的企业形式。例如，从事各类工作室、零售业、手工业、服务业、农林渔等，通常采用个人独资企业形式；而保健品专营店、汽车美容店、医疗美容等，则更倾向于选择有限责任公司形式。

(2) 如果创业者不确定应该采取何种形式，最简单的方法是直接咨询业内人士或在企查查、天眼查等网站上进行查询。

(3) 创业者需要考虑自身的风险承担能力。个人独资企业、一人公司、合伙企业普通合伙人所承担的风险不仅限于投资额，还包括个人资产甚至家庭资产。相比之下，有限责任公司的有限责任制则可以有效控制风险，以投资额为限。

(4) 未来融资需求也是选择企业组织形式的重要考虑因素。随着企业的发展，融资需求可能会逐渐增加。从获取融资的角度来看，有限责任公司这种管理科学、历史信息透明的组织形式是更好的选择。

7.3.3 初创企业注册流程与选址

1. 初创企业注册流程

《中华人民共和国公司法》第二十九条规定，设立公司，应当依法向公司登记机关申请设立登记。该法第三十条规定，申请设立公司，应当提交设立登记申请书、公司章程等文件，提交的相关材料应当真实、合法和有效。申请材料不齐全或者不符合法定形式的，公司登记机关应当一次性告知需要补正的材料。该法第三十三条规定，依法设立的公司，由公司登记机关发给公司营业执照。公司营业执照签发日期为公司成立日期。公司营业执照应当载明公司的名称、住所、注册资本、经营范围、法定代表人姓名等事项。公司登记机关可以发放电子营业执照。电子营业执照与纸质营业执照具有同等法律效力。该法第三十四条规定，公司登记事项发生变更的，应当依法办理变更登记。

注册新公司的流程包括以下几个步骤(如图7.3所示)。

(1) 注册资料准备。需要准备的资料包括：公司名称、注册地址、注册资金、经营范围、法人与股东身份证等。

(2) 公司名称审核。在工商部门的网站上录入公司名称并进行审核，确认公司名称是否可用。公司名称核准不被通过的情形可能有以下几种：与同地同行业的其他公司名称相同或类似，使用容易让人产生误会的词语，使用禁止性的词语等。建议准备3~5个名字提交审核，以避免重复。

(3) 租赁办公地址。租赁写字楼并且出具房屋租赁合同，自己有厂房或者办公室也可以，没有地址的公司可以找挂靠地址，一般不允许在居民楼里办公。

(4) 提交注册材料。材料一定要齐全、无错误，否则会导致注册申请被驳回。

(5) 领取营业执照。只要材料无误、无遗漏，一般在3个工作日内注册申请成功。

(6) 刻制公司印章。公章是公司经营必不可少的，因此在公司成功注册下来后，需要到指定地点刻制印章。需要刻制的印章包括：公司公章、财务章、合同章、法人代表章、发票章。

(7) 开设对公账户。公司中的很多税务事项需要有对公账户，才能进行办理，因此必须尽早开设。开设基本账户需要的资料包括：法人证件(法人的身份证，且法人必须到场)、营业执照正副本原件、公章、财务章、法人私章。

(8) 办理税务登记。公司领取营业执照30天内须进行纳税申报，在纳税申报时须核定税种，确定纳税人的类型是一般纳税人还是小规模纳税人。

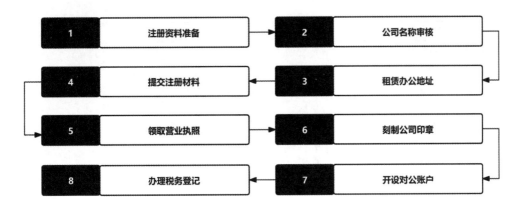

图7.3 注册新公司的流程

创业者选择新企业的注册与经营地点需考虑两个方面：地区和具体地址。选择地区需评估国家、地区和城市的经济、技术、文化和政治发展状况；选择具体地址则要考虑市场、交通、商圈、物业、价格、资源、消费群体、社区环境和商业环境等因素。例如，肯德基进入中国市场时，通过分析人口状况、商业文化与政治及城市影响力，选择了北京作为投资目的地。选择具体店铺位置时，家乐福遵循"十字路口"的原则。此外，新企业及其产品的名称对消费者有直接影响，需精心设计。

2. 影响新企业选址的因素

新企业选址是一个较复杂的决策过程，涉及的因素比较多。归纳起来，影响选址的因素主要有五个方面，即经济因素、技术因素、政治因素、社会文化因素和自然因素。

各行业企业选址侧重点有所不同：制造业侧重考虑生产成本，如原料与劳动力；服务业侧重考虑市场因素，如顾客消费水平、产品与目标市场的匹配关系、市场竞争状况等。

总之，无论影响企业选址的因素有多少，无论不同企业给予不同因素的权重如何变化，一般企业的选址都会在城市、郊区、乡村、工业区四者中进行选择，这四者中除郊区是城市与乡村的折中状况无须比较外，其他优缺点比较如表7.3所示。

表7.3 企业所在地之优缺点差异比较

比较	城市	乡村	工业区
优势	1. 接近市场，产销联系紧密 2. 劳动力来源充足 3. 交通运输系统健全 4. 各类用品购置容易 5. 公共设施良好，员工的教育、娱乐、住宿、交通、医疗等设施可由市区供应 6. 消防安保服务到位 7. 与银行保持良好关系 8. 卫星工厂及提供劳务机构容易寻找 9. 高级人才及顾问易聘任	1. 地价低廉，土地容易获得 2. 劳动成本较低 3. 厂房易于扩充 4. 建筑成本较低 5. 污染噪声管制较少 6. 人员流动率低 7. 交通不致拥挤	1. 公共设施完备 2. 建筑成本低 3. 工业区内厂商易于合作 4. 员工的教育、娱乐、住宿、交通、医疗等设施可由社区供应 5. 卫星工厂及提供劳务机构容易寻找

(续表)

比较	城市	乡村	工业区
缺点	1. 劳动力成本高 2. 人员流动率大 3. 场地不容易获得 4. 厂房扩充受限较大 5. 建筑成本高 6. 交通拥挤，噪声污染管制严格	1. 交通不便 2. 员工教育、娱乐、住宿、交通、医疗等设施需由企业自行供应 3. 安保消防需由企业自行负责 4. 高级人才顾问不易聘任 5. 零星物品不宜就近购买 6. 卫星工厂及提供劳务机构不宜就近寻觅	1. 人员流动率高 2. 雇员工资高 3. 厂房不易扩充 4. 交通拥挤 5. 与消费者距离较远，不易建立知名度
适合产业	1. 各种服务业 2. 加工销售业	1. 大型企业 2. 制造或初级加工业 3. 噪声污染不易控制的工业 4. 占地较多的工厂	视工业区专业规则状况而定

将企业的地址简单描述为城市、乡村、工业区类型，其实是对影响选址的经济、技术、政治、文化因素的初级分类。因此，创业者可以先根据不同类型地区的固有优势和劣势进行初步比较，再考虑对其企业类型有重要影响的细分因素，然后进行决策。

3. 选址的步骤

一个科学而行之有效的选址过程，一般包括收集和研究市场信息、评价多个地点、确定最终地点等步骤。

创业者在选址过程中，应先收集市场信息，并对其进行分析和整理。信息来源可以是二手资料，也可以亲自收集。通过综合考虑多种因素，如成本、竞争对手和市场吸引力等，创业者可以对多个地点进行评价，最终确定最适合的厂址。在这个过程中，可以使用量本利分析法、综合评价法、运输模型法和引力模型法等方法进行评估。对于服务业来说，市场因素是选址决策的主要变量，而顾客的吸引力是服务企业区位优势的体现。在选址过程中，创业者应优先考虑将企业选在主要贸易区或大商店附近，以获得更好的市场渗透性和吸引力。最终，创业者应依据汇总整理的市场信息和行业特点，借助科学的方法进行评估，完成选址决策，迈出创业的重要一步。

7.3.4 案例分析：盒马鲜生——从消费者需求出发选址

盒马鲜生是阿里巴巴旗下的新零售业态，其选址策略也是以消费者需求为出发点。盒马鲜生通过人工智能和大数据分析技术，深入了解消费者的购物习惯、偏好以及生活方式，从而选择最佳的店铺位置。

许炜锋是盒马鲜生北京地区的选址负责人，他在选择门店时遵循的原则突破了传统的"位置"理论，从消费者需求出发。门店选址前会对周边3公里范围的人群数量、质量，地产方的配合能力、物业特点等做整体考量，而不是单纯看重位置和流量。为了实现3公里内App下单、门店30分钟送达，盒马鲜生需要在一个场所完成陈列、配货、铺货、配送，不仅要保证容纳客流场地，还要关注消费者的体验，确保效率最大化，因此对物业的要求很高。

盒马鲜生利用大数据分析来评估不同地点的人口密度、消费水平、购物习惯等因素，以确定潜在的消费者群体。通过对这些数据进行分析，可以确定哪些地点适合开设盒马鲜生门店，以满足当地消费者的需求。

此外，盒马鲜生还利用人工智能技术分析竞争对手的分布情况，以及周边商业环境。通过了解竞争格局和当地的商业环境，可以更好地选择店铺位置，以确保店铺成功盈利。

盒马鲜生的选址策略以消费者需求为出发点，通过深入了解当地消费者的需求和市场情况，选择最佳的店铺位置。这种以消费者需求为中心的选址策略，有助于提高盒马鲜生门店的客流量和销售业绩，从而实现更好的经济效益。

7.4 案例分析：创业融资与企业创立

> **课程思政**：初创企业的融资策略是成功启动和发展企业的关键。选择合适的融资策略取决于企业的特定需求、发展阶段和长期目标。有效的融资策略可以帮助初创企业加速发展，扩大市场影响力。

7.4.1 拼多多——企业融资策略

拼多多是中国知名的电子商务平台，其融资策略是其发展壮大的重要支撑。拼多多在成立初期就获得了大量的风险投资，这些资金帮助拼多多进行了大规模的市场推广和用户获取，从而迅速扩大了其市场份额。

拼多多在2018年登陆纳斯达克上市，此次上市募集资金超过17亿美元。这笔资金的到位为拼多多提供了更多的发展资金，有助于扩大其在中国电商市场的份额，加速物流建设，提升技术研发能力等。

此外，拼多多还通过发行债券等方式融资，以支持其在物流、技术研发、市场推广等方面的投资。拼多多的融资策略不仅帮助其实现了快速发展，也为其未来的发展提供了更多的资金支持。

总的来说，拼多多通过风险投资、上市融资和债券发行等方式，实施了多元化的融资策略，为其快速发展提供了资金支持。这些资金的到位为拼多多提供了更多的发展机会，有助于其在电子商务领域保持竞争优势。

(1) 初创融资。拼多多在初创阶段通过多轮融资，包括天使轮、A轮、B轮等，用于产品研发、市场推广和人才引进。

(2) 资本运作与合作。拼多多积极进行资本运作，如引入知名投资机构、股权融资和并购合作，以获取技术、渠道和品牌等战略资源。

(3) IPO与上市融资。拼多多2018年在纳斯达克上市，进行了上市筹备、资本运作和成长支持等一系列操作。

(4) 国际化战略。拼多多上市后推进国际化,包括海外市场开拓和跨境电商业务,并注意分析资金支持、市场布局和合作伙伴策略。

通过对拼多多的融资战略进行案例分析,可以了解企业融资对企业发展的重要性,以及企业在不同阶段如何选择融资方式、进行资本运作,以支持企业的成长和发展。

7.4.2　张朝阳——寻求天使投资之路

张朝阳在创立搜狐网时,得到了导师尼葛洛庞帝的天使资金支持。他曾在美国留学并从事研究7年,期间获得物理学博士学位和博士后研究经历。1994年,他在MIT实验室被"互联网"的奇妙所震撼,决定回国创办网络公司。他觉得顺应时代潮流,创办网络公司是一个很好的选择。但是当时他并不知道具体做什么,在中国也没有任何资源。

这个时期张朝阳多次往来于美国和中国,其间曾在一家美国互联网公司ISI的短暂工作,这让他更加坚定了自己创业的决心。ISI从事一些基于互联网的封闭式服务。张朝阳曾是这家公司的中国区首席代表,在加盟ISI之初,他已经与ISI有过"君子协定",只干一年,然后自己创业。于是一年后,张朝阳在自己31岁生日那天回国开始自己艰难的创业生涯。

1996年7月,张朝阳开始融资之旅,频繁往返于中国和美国。由于美国的风险投资人对中国创业者存疑,他遭遇冷遇。为了融资,他在美国街头公用电话亭排队,甚至被投资人赶出办公室。他忍辱负重,忍受投资者的耍弄。经过持续努力,他终于见到了《数字化生存》的作者尼葛洛庞帝,并获得了天使投资。张朝阳认为,他成功吸引了投资人的注意是因为他年轻、气势强、专注,并成功展现了对成功的强烈欲望。

1996年8月,ITC爱特信电子技术公司(北京)有限公司正式注册。同年10月,公司获得第一笔15万美元的风险投资,投资者包括麻省理工学院教授尼葛洛庞帝和斯隆管理学院的教授爱德华·罗伯特。这笔投资对张朝阳至关重要,他终于可以开始创业。1997年9月,资金消耗大半,张朝阳开始了长达半年的融资之旅。1998年4月,搜狐公司获得第二笔220多万美元的风险投资,投资者包括英特尔公司、道琼斯、晨兴公司、IDG等。搜狐网站的运营模式成为后来者的样本,张朝阳也赚到了第一桶金。

7.4.3　返乡创业大学生——为了"一片叶子"

位于陕西汉中西乡的茶文化源远流长。当地人日常与茶紧密相连,茶山游览、茶叶采摘、品尝茶水、传唱茶歌成为生活的一部分。近日,中央主流媒体采访团参观了西乡茶园,聆听了"茶三代"江娟的创业故事。

西乡茶叶种植历史长达三千多年。江娟,1988年出生于汉中西乡县峡口镇,家族几代人均从事茶产业。从小见证了茶产业的变革,茶叶对江娟意义非凡。2012年,江娟毕业于华中农业大学茶学专业,后成为公务员。2015年,她放弃稳定工作,与丈夫回到西乡,接手了祖辈的茶企业。

2018年，江娟抓住夏秋茶产品新技术的机遇，扩大生产规模，丰富产品种类，如红茶、白茶、香茶等。其中，以夏秋茶为原料的红茶和绿茶出口海外。公司采用"公司＋合作社＋农户＋市场"模式，不断发展壮大。2019年，新建茶叶加工厂，年销售额达两千余万元。

江娟与周边2000余户茶叶种植农户合作，保障农户收入。她还带领30名留守妇女成立服务队，提供技术指导，宣传茶文化。2021年，她与另一创业明星陈慧合作，通过电商平台直播带货，提升产品影响力。目前，电商团队有4人，月销售额达十几万元。

江娟坦言出于情怀选择留在当地发展茶产业。她希望通过自己的努力，让家乡变得更美、更好。

7.4.4 便利店与西饼屋的选址秘籍

便利店和西饼屋的经营更多注重的是便民性，所以选址时的商圈划分不应以服务半径为原则，而是以便利性为原则，即以住宅小区为商圈的重心，根据街区和主干道的自然走向确定商圈范围。商圈确定后，就要根据既定的选址原则，在商圈范围内寻找合适的店面。

1. 便利店的选址秘籍

(1) 居民区入口或交通要道，便于居民出入。

(2) 面积50～200平方米，规模适中，控制成本。

(3) 尽量在建筑底层，避免夹层或二层；楼层高度至少3米。

(4) 具备基本水电和消防设施。

(5) 商圈半径500米，至少覆盖3000人。

2. 西饼屋选址秘籍

(1) 商圈选择：品牌企业通常在繁华的区域型、社区型商业街市开设店铺。

(2) 立店障碍：应重视同业竞争，需经食品卫生监督部门审核后才能经营。

(3) 建筑要求：店铺应为框架式结构，层高2.8米以上，门面宽度6米以上，橱窗开阔，距离污染源10米以上。

(4) 面积要求：店铺面积应在60～120平方米。

(5) 租金承受：知名企业可承受每天每平方米10元以下的租金，一般企业可承受每天每平方米3～5元的租金。

(6) 租期：租期应至少为2年。

3.《主流》提示——以下地理位置不适合开设便利店

(1) 徒步5～7分钟到达的顾客不足3000人。

(2) 非顾客汇集的交通干道。

(3) 在马路上无法看到商店。

(4) 在地下或者是二层以上。

(5) 无法设立店铺门面和招牌。

(6) 店铺租金超过一天的销售额。

开业资金预算费用，可参考表7.4所示。

表7.4 开业资金预算

费用项目	估计每月费用	估计启动费用
雇主/经理工资	×2个月=	
其他人员工资	×3个月=	
租金	×4个月=	
广告宣传费	×3个月=	
运输、托运费用	×3个月=	
原材料与供应品	×3个月=	
电话电信费用	×3个月=	
其他公用事业费(水电气)	×3个月=	
保险费	×3个月=	
税项	×4个月=	
办公行政费	×3个月=	
招待费	×3个月=	
律师和会计费	×3个月=	
其他每月杂费	×3个月=	
固定资产购置		
固定资产安装调试		
更新改造费		
初始库存		
经营许可执照费		
过户费		
开业前广告和促消费		
用不可预见费用		
合计		

📑 本章小结

本章全面概述了创业融资与企业创立。首先介绍了创业融资的概念、准备，创业融资的方式选择，创业融资步骤，以及创业融资的风险；然后叙述了初创企业的财务管理，分析初创企业实施的财务战略；接着详细讲述了初创企业的分类，以及初创企业组织形式的选择；最后通过案例分析，揭示了初创企业融资与创立的关键因素，为初创企业的成立提供实战指南。本章重点是初创企业融资方法和初创企业创立形式的选择。

思考题：

1. 创业融资有哪些渠道？

2. 融资方式选择的技巧有哪些？

3. 融资有哪些风险？应如何规避这些融资风险？

4. 简述新企业注册的流程和步骤。

5. 个人独资企业应具备的条件是什么？它的优劣势分别是什么？

测试题：

1. 为什么创业者需要确定自己需要多少资金，并清楚地说明这些资金将用于何种用

途？(单选题)

 A. 为了让投资人了解企业的规模

 B. 为了让投资人了解企业的需求

 C. 为了让投资人了解企业的盈利模式

 D. 为了让投资人了解企业的管理层

2. 为什么风险评估在创业融资准备中很重要？(单选题)

 A. 为了让投资人了解企业的规模

 B. 为了让投资人了解企业的需求

 C. 为了让投资人了解企业的盈利模式

 D. 为了让投资人了解企业的风险及风险管理计划

3. 初创企业通常可以获得哪些类型的融资？(单选题)

 A. 私募股权   B. 银行贷款

 C. 创业投资   D. 所有选项都是

4. 下列哪种融资形式涉及创业者出售一部分企业所有权以换取资金？(单选题)

 A. 股权融资   B. 债权融资

 C. 预售订单融资   D. 无抵押贷款

5. 创业者从家人、朋友或个人储蓄中获得资金的融资形式被称为(　　)。(单选题)

 A. 天使投资   B. 私募股权

 C. 初创借款   D. 无担保贷款

6. 初创企业财务管理的主要目标是(　　)。(单选题)

 A. 最大化企业市值   B. 最大化短期盈利

 C. 最小化成本   D. 所有选项都是

7. 初创企业应该注重以下哪些财务管理方面？(单选题)

 A. 现金流管理   B. 资本预算

 C. 财务报告透明度   D. 所有选项都是

8. 初创企业的财务决策应该基于(　　)。(单选题)

 A. 长期战略目标   B. 短期收益最大化

 C. 市场趋势   D. 所有选项都是

9. 初创企业的创建过程中，以下哪些步骤是必不可少的？(单选题)

 A. 市场调研和商业计划编制 B. 注册公司并获得必要的许可证

 C. 确定企业所有权结构和融资计划 D. 所有选项都是

10. 初创企业创建过程中，以下哪些因素是成功的关键？(单选题)

 A. 创始团队的经验和能力 B. 产品或服务的市场需求

 C. 良好的财务规划和资金管理 D. 所有选项都是

第8章

创新营销策略

📖 **案例导读** **方太：神转折系列视频，将旧事物重新组合创新**

宁波方太厨具有限公司(简称"方太")创立于 1996 年 1 月，位于浙江省慈溪市，专业生产以"方太"牌集成厨房、吸油烟机、家用灶具、消毒碗柜为主导的厨房系列产品，为中国厨房领域较为知名的生产厂家之一。

案例分析：

作为高端厨电引导者，方太在广告营销方面非常传统。然而在2018年11月初，方太却推出了一系列令人猜不到结局的神转折广告，将洗发水、护肤品和咳嗽药等旧事物与方太油烟机组合在一起，给人一种耳目一新的感觉。"带给你魅力与自信的秀发""源自法国的营养科技""清热宣肺，化痰止咳"，几条片子的前半段都一本正经地模仿了各类经典广告的套路，然后在一分钟左右的时候突然出现神转折——导致这些问题的终极根源是：油烟。广告中没有华丽的辞藻，没有强迫式的口号，但自身的优点通过当下女性的诉求展示了出来。广告告诉人们，美丽与健康的源头也许只是一台性能良好的不跑烟的吸油烟机。

短短的几只小广告上线没几天，点击量就突破了千万，好评连连，在朋友圈也引起了讨论。没有多花成本做炫酷的特效，没有大场面、大明星，用最低成本完成了刷屏式的传播。无论是圈内人还是圈外人，都记住了方太油烟机的特点——"四面八方不跑烟"。

要制定好创业营销策略，首先需要通过对市场进行正确的分析，确定好目标市场，营造一个能让产品和服务更利于销售的良好环境，然后根据目标市场的特定情况，结合企业的使命、愿景、资源和企业的外部营销环境，制定产品或服务的价格、销售渠道和促销模式等策略。只有这样，才能更好地满足目标消费者的需求，实现顾客价值最大化，从而使企业达到盈利的目标，实现企业最大经济效益。要针对不同的地理区域、不同的消费观念、不同的文化水平及不同的收入水平的消费者，制定不同的营销组合策略，如产品差异化策略、价格制定策略、分销渠道设计策略、促销设计策略。很多大学生创业者由于缺乏对市场细分、目标市场选择及市场定位的研究，不重视制定市场营销组合策略，导致盲目发展，甚至创业失败。

创新营销策略指的是采用新颖和创造性的方法来推广产品或服务，吸引客户，并与市场上的竞争对手区分开来。这些策略一般包括利用最新的技术(如社交媒体、大数据分析、人工智能)，开发独特的营销活动，创建创新的用户体验。创新营销的核心在于理解和预测消费者的需求与行为，然后利用这些洞察来设计影响力较大且具有吸引力的营销活动。这种方法有助于企业在竞争激烈的市场脱颖而出，建立强大的品牌影响力。

📖 **学习目的**

1. 了解创业目标市场选择的策略方法。
2. 掌握如何制定合适的创新营销策略。
3. 掌握如何开展数字时代下的网络营销。
4. 通过案例分析深入了解创新营销策略对于企业发展的重要作用。

8.1 营销目标市场的选择

> **课程思政**：每个企业都有自身的优势和劣势，只有明确了目标市场，才能够集中力量围绕经营目标合理使用有限的资源，以较少的经营费用获得较大的经济效益。

营销包含了两层意思：一是营，即营造一个能让产品和服务利于销售的良好环境；二是销，即在良好的环境和条件下，把产品和服务真的卖出去。要实现这一目的，就必须拥有对市场进行正确分析的能力。

市场是某种产品的实际购买者和潜在购买者的集合，这些购买者具有共同的需求和欲望，能够通过特定的交换得到满足。市场就是商品和服务价格建立的过程，能促进贸易并促成社会中的资源分配，创业者要想搞清楚市场，"5W"是一个很有益的研究框架，即思考清楚五个问题：谁是我们的客户(who)、他们需要什么(what)、他们何时购买(when)、他们在哪里购买(where)、他们为什么购买(why)。

8.1.1 选择创业的目标市场

创业企业在对市场进行细分后就要选择其将服务的目标市场，而在选择目标市场过程中必须进行两个方面的工作。

1. 评估细分市场

细分市场对企业具有吸引力的大小是企业进入市场与否的关键，这里所说的吸引力并不是市场规模越大越好，而是指企业在现有成功概率与成功条件下获得的利润是否适中。有些市场上的利润空间虽然很大，但是不具备企业成功条件，因此企业就不会进入，评估细分市场既要考虑市场的客观因素，也要考虑企业自己的主观条件。一般来说，必须考虑以下三个要素。

(1) 细分市场的规模和增长潜力。细分后潜在的市场是否具有适度规模和发展特征。大公司都重视销售量大的市场细分，往往忽视销售量小的市场细分，或者避免与之联系，认为不值得为之苦心经营。同时，小公司也应避免进入大的细分市场，因为市场过大则所需投入的资源也多，并且对大公司的吸引力也过于强烈。

(2) 细分市场结构的吸引力。细分市场可能具备理想的规模和发展特征，然而从盈利的观点来看，它未必有吸引力。公司应对五个群体对长期盈利的影响做出评估，这五个群体是：同行业竞争者、潜在的竞争者、替代产品、购买者和供应商。

(3) 企业目标和资源。即使某个细分市场具有一定规模和发展特征，并且其组织结构也有吸引力，公司仍需将其本身的目标和资源与其所在细分市场的情况结合在一起考虑。某些细分市场虽然有较大吸引力，但不符合公司长远目标，因此不得不放弃。

2. 确定目标市场的策略

通过细分市场评估，如果发现只有一个子市场对企业具有价值，则该企业别无选择。而在多数情况下，适合的子市场可能不止一个。那么，企业该如何选择自己的目标市场和设计营销组合策略呢？一般来说，企业可以根据三种思路进行选择。

(1) 无差异性市场策略。无差异性市场策略是指企业面对整个市场，只提供一种产品，采用统一的营销策略吸引所有的顾客。采用此策略的企业把整个市场看作一个整体，不需要进行市场细分。

无差异性市场策略的最大优点是成本的经济性。大批量的生产必然降低单位产品成本，能节省大量的调研、产品开发、广告宣传、管理等费用，从而取得较好的经济效益。缺点是市场适应性较差。市场环境是在变化的，随着消费者经济收入的提高，一种产品能长时间被所有消费者接受是比较少见的。

(2) 差异性市场策略。差异性市场策略是指企业对整体市场进行细分，根据企业的营销实力，选择不同数目的细分市场作为自己的目标市场，为所选择的各目标市场设计不同的产品，采取不同的营销组合策略，满足不同目标顾客的需要。

差异性市场策略的最大优点是市场适应性强。能够有针对性地满足不同顾客群体的消费需求，扩大市场范围，提高产品的竞争力，增强市场经营抗风险能力。最大不足是在推动销售额上升的同时，也在促使成本增加。

(3) 集中性市场策略。集中性市场策略是指在市场细分的基础上，选择一个或少数几个细分市场作为企业的目标市场，经营一类产品，实施一套营销策略，集中企业的资源和实力为之服务，争取更大的市场份额。

集中性市场策略一般适用于中小企业，或企业发展的初期。这一策略的优点是能够发挥企业的资源优势，集中资源在小市场获得营销成功。不足是经营风险较大，一旦市场发生变化，企业就会陷入困境。

因此，企业在选择自己的战略方针时，一定要进行多方面的考虑。而首先要考虑的便是自己的实力、产品性质、市场性质这三个方面是否协调、同步。同时，竞争者的状况也不容忽视，比如竞争者的数量，主要竞争者的形象，竞争者的生产能力和产量，竞争者的财务状况，竞争产品的质量、品位、特征，竞争者的营销队伍水平，各厂商的市场占有率等。

8.1.2　创业市场定位策略

创业企业选择目标市场后，在产品进入市场之前，管理者还需要调查研究市场上相互竞争的各个品牌所处的地位，以及各自的特色、实力如何，从而为自己的产品确定一个适当的位置，这就是市场定位。从理论上讲，企业可选择的目标市场定位策略主要有以下三种。

1. 拾遗补缺的市场定位策略

创业者避开强有力的竞争对手，将产品定位在目标市场的空白领域或空隙部分。市场的空白领域是指市场上尚未被竞争者发觉或占领的那部分需求。企业把产品定位于目标市场上的空白处，可以避开竞争，迅速在市场上站稳脚跟，并能在消费者心目中迅速树立一种形象。这种定位方式风险较小，成功率较高，常常为多数企业所采用。例如，亿利甘草良咽将自身定位为高端个性化产品，填补了该竞争市场的空白，从而市场占有率猛增。

2. 与之共存的市场定位策略

创业者将自己的产品定位在现有竞争者的产品周围，力争与竞争者满足同一个目标市场部分，即服务于相近的顾客群，相互并存和对峙。采用这种策略，企业无须开发新产品，可以仿制现有的产品，省去了大量的研究开发费用。同时，因为现有的产品已经畅销于市场，企业也不必承担产品不为市场所接受的风险，这样企业可以在树立自己的品牌方面多投入精力。

企业决定采用并存策略的前提是：首先，该市场的需求潜力还很大，还有很大的未被满足的需求，并足以接纳新进入的产品；其次，企业推出的产品要有自己的特色，能与竞争产品媲美，只有这样才能立足于该市场。

3. 针锋相对的市场定位策略

这是竞争性最强的目标市场定位策略。创业者这样定位是准备挑战现有的竞争者，力图从他们手中抢夺市场份额。选用这一策略，创业者必须做到知己知彼，了解自己是否拥有比竞争者更多的资源，是否能比竞争对手做得更好。同时，选择恰当的市场进入时机与地点。否则，针锋相对的市场定位策略可能会成为一种非常危险的战术，将创业企业引入歧途。当然，也有些创业者认为这是一种更能激励自己奋发向上的定位尝试，一旦成功，就能取得巨大的市场份额。

总体来说，市场定位是通过为自己的产品创立鲜明的特色，从而塑造出独特的市场形象来实现的。创业企业在进行产品市场定位时，一方面要了解竞争对手的产品特色和个性，另一方面要研究顾客对产品各种属性的重视程度，即把顾客和产品两方面联系起来，选定本企业产品的特色和形象，从而完成企业产品的市场定位。

8.1.3　案例分析：班尼路旗下品牌各显神通

班尼路创立于1981年，品牌本身为一个意大利品牌，后被香港德永佳集团有限公司收购，并重新将班尼路商标进行品牌包装。班尼路坚持其发展理念为：物超所值、大众化。产品组合方面，则以男、女、中性的休闲服为主导。班尼路服饰公司旗下已推出十多个品牌，其中较著名的品牌主要有六个品牌，其在目标市场的选择上各不相同。

1. 衣本色(ebase)

顾客锁定在15～35岁年轻时尚的女性群体，其独特的款式和大胆的立体剪裁总是最吸引思想前卫的女性的眼球。这个品牌的产品款式多而量少，货品周转期快，力求把新鲜感带给顾客。喜欢衣本色的女孩大都懂得享受生活，更喜欢站在潮流前端，力求展现自己前卫的一面。

2. 生活几何(S&K)

顾客锁定在16～28岁追求时尚简约的年轻人。生活几何的优点在于款式大气简约，布料和剪裁上不断更新改良，加之其价格合理，拥有了一定的顾客群。

3. 班尼路(BALENO)

顾客锁定在18～40岁追求低调而又不失时尚的人群。班尼路所塑造的是一种轻便自然而舒适的衣着态度，不喜夸张。此产品的强项在于针织类衣物，含蓄而稳重。

4. 传真传说(BAMBINI)

顾客锁定在15～22岁懂得时尚、追求自我的年轻人。其取胜点在于选用丰富的面料和特殊的设计，使之永不流于俗套。

5. 互动地带(I. P. ZONE)

顾客锁定在15～25岁受街头文化影响较大的年轻人，专为有性格、有棱角的年轻人而设计，带有城市的街头文化色彩。

6. 水虹(Attitude)

顾客锁定在20～28岁细致简约的女性，尤其是白领女性。这类顾客不仅懂得如何打扮自己以提高自身形象，而且具有一定的经济能力，追求优雅和高档的材质。

案例点评：消费者的需求是多样化的，市场上的产品相应地呈现不断细分的趋势，班尼路旗下的六个品牌根据消费者的需求差异将市场进行了细分，每个品牌都有自己的特色和定位，这有助于班尼路更好地满足不同消费者的需求，从而有针对性地采取营销策略。同时，多品牌策略可以帮助企业占据更大的市场份额，提高企业的竞争力，并增强企业在面对市场变化时的灵活性。

8.2　创新营销策略的制定与实施

课程思政：创业是跌宕起伏且充满诸多不确定性的，必须理性面对。合格的创业者或创业团队应该充分掌握营销的原则与关键技能。

确立了明确的目标市场，接下来就是针对目标市场制定和实施有效的市场营销组合策略。市场营销组合策略是指企业根据目标市场的特定情况，结合企业的使命、愿景、资源和外部营销环境情况，将各种可控制的因素进行分析后制定的产品或服务的价格、渠道和促销模式等策略。只有这样，才能很好地满足目标消费者的需求，实现顾客价值最大化，从而使企业达到盈利的目标，实现企业最大经济效益。

8.2.1 传统营销4P策略

数字经济的到来为创业企业提供了更好的发展契机。在数字化技术的推动下，营销已经从传统的单向传播推广变为双向沟通发展，营销的方式和关注点也发生了巨大变化。虽然数字经济改变了营销方式，但是经典的营销理论仍然具有一定的指导意义，因此在学习创新营销策略前，有必要理解传统的营销策略。

营销4P策略是指产品(product)、价格(price)、渠道(place)和推广(promotion)这四个基本策略的组合。这一理论首次由美国密歇根大学的杰罗姆·麦卡锡教授于20世纪60年代提出，因此也被称为"麦卡锡模型"。

1. 产品策略

产品是指企业为满足消费者需求而生产的物质实体或非物质形态的服务。产品策略就是要注重开发产品的功能，要求产品有独特的卖点，把产品的功能诉求放在第一位。

产品开发策略有以下几种。

(1) 新产品开发：开发全新的产品以满足市场需求。

(2) 产品改进：对现有产品进行改进以增加竞争力。

(3) 产品线扩展：在现有产品基础上开发新产品以满足不同细分市场的需求。

(4) 产品组合优化：调整现有产品组合以提高整体竞争力。

2. 价格策略

价格是消费者为购买产品或服务所支付的价值。价格策略直接影响产品销售额和市场份额。根据产品定位、成本和市场竞争情况，制定合理的价格策略，如高价策略、低价策略或差异化定价策略。同时，还可以通过折扣优惠、动态定价(根据市场需求、库存等因素实时调整价格)、心理定价(利用消费者心理，如99元定价策略等)等方式进行价格策略调整。

3. 渠道策略

渠道是指产品从生产商到消费者的流通路径。渠道策略可以有效地将产品推向市场，提供更好的销售环境。渠道类型包括：直接渠道、间接渠道和混合渠道。

4. 推广策略

推广是指通过各种营销手段和渠道，传播产品信息，提高产品的知名度和销量。通过市场调研了解目标消费者群体的需求和购买行为，制定相应的推广策略，通过品牌建设提升品牌认知度和消费者对品牌的好感度，并选择适宜的广告媒体吸引目标消费群体的关注，组织各类促销活动增加消费者购买动机，提高销售量。

因此，企业可以根据自身特点和市场需求，制定相应的营销策略，不断创新，全面提升产品竞争力和扩大市场份额。

8.2.2　产品与服务策略创新

在创业过程中，制定产品策略时，要从消费者的需求出发，进行产品的构思和设计，同时要考虑产品的整体层次，做好延伸产品或附加产品，把附加产品当成产品的一部分而不是负担，这也是提高竞争力的有效手段。

在进行产品的设计与开发时，也可以考虑体验式营销，特别是服务业，把美好的体验融入产品的设计当中，可以增加产品的附加值。宜家就是体验式营销的典范，创业者可以学习、体会这些大企业的产品策略，同时最重要的一点是要围绕目标市场设计产品，企业对产品的设计应包含不同的属性，不同产品的属性固然不同。

1. 产品命名

一个好的名字能够很快让顾客记住自己的企业和产品，能够和其他产品区别开来。所以，为自己的产品精心设计一个名字，是使产品快速步入市场的重要一步，应当受到创业者的重视。"可口可乐"4个字可以说是家喻户晓，但刚进入中国的时候音译为"蝌蚪啃蜡"，与"可口可乐"相比，给人的感觉简直是天壤之别，所以传播效果并不好。产品的命名要体现出个性化和产品的特点。例如，由李彦宏等人创立的中文搜索引擎"百度"，致力于向人们提供简单、可依赖的信息获取方式，其名称源自一首美丽而富有联想的诗词——"众里寻她千百度"。"寻"与"百度"连在一起，会让人联想到"搜索"，也象征着百度对中文信息检索技术的执着追求。给自己的公司或产品取的名字，要与经营的商品相吻合，新颖且有特点。一般来说，应易读易记，给人以美感和艺术享受，还要注意与当地的文化、经济等相适应，当然还应当遵守商标法的规定。

2. 给消费者最需要的产品

消费者购买化妆品是为了满足美颜需要，购买图书是为了满足增长知识的需求，购买药品或保健品是为了满足健康的需要，所以要了解顾客真正的需求。例如，不同年龄、性别、身份、收入的人对手机的需求是不同的。比如，天语的一款老年手机屏幕很大，短信能够播放，有放大镜、手电筒、验钞灯等，同时价格又很低；朵唯女性手机针对女性的特点，外观设计得非常漂亮，同时还有安全的一键设计。

3. 产品差异化

有些创业者往往注重产品的有形价值，而忽视产品的无形价值。创业者要想使自己的产品差异化，可以从以下几个方面着手：一是产品角度，包括产品的包装、品质、属性等；二是消费者角度，包括消费者的年龄、爱好、职业、收入等；三是情景角度，包括产品适用的场合等。加减法创新在产品的差异化应用中用得最多。还是以手机为例，最初的手机仅仅是用来打电话的，后来增加了短信功能，而后音乐、拍照、摄像、网络、电视等功能不断增加，这就是利用加法不断进行创新。减法的创新也比较常见，比如针对农村市场的电视，可以把一些不太必要的功能去掉，从而降低成本。在产品策略中要充分体现出创新，包括在产品的核心价值、包装、品牌等方面。如果开店的话，要注重体现出有新意的主题。

8.2.3 品牌策略创新

1. 品牌的概念

品牌是一种名称、术语、标记、符号或一种设计，或者是它们的组合运用。其目的是识别某个或某类销售产品或服务，并使之同竞争对手的产品或服务区别开来。品牌实质上代表着卖者对交付给买者的产品特征、利益和服务的一贯性承诺。

2. 品牌的作用

(1) 品牌对消费者的作用：有助于消费者识别产品的来源或产品制造厂家，更有效地选择和购买商品。借助品牌，消费者可以得到相应的服务便利，如更换零部件、维修服务等；有利于保护消费者权益，如选购时避免上当受骗，出现问题时便于索赔和更换等；有助于消费者避免购买风险，降低购买成本，从而更有利于消费者选购商品。好的品牌对消费者具有很大的吸引力，有利于消费者形成品牌偏好。

(2) 品牌对生产者的作用：有助于产品的销售和占领市场。品牌一旦形成一定的知名度和美誉度，企业就可利用品牌优势扩大市场，促使消费者形成品牌忠诚度；有助于稳定产品的价格，减少价格弹性，增强对动态市场的适应性，减少未来的经营风险；有助于市场细分，进而进行市场定位。品牌有自己的独特风格，有助于销售，可在不同的细分市场推出不同品牌以适应消费者个性差异，更好地满足消费者；有助于新产品开发，节约新产品市场投入成本。企业可以进行品牌延伸，借助成功的品牌扩大企业的产品组合或延伸产品线，利用现有的知名品牌的知名度和美誉度，推出新产品；有助于企业抵御竞争者的攻击，保持竞争优势。新产品推向市场，如果畅销，则很容易被竞争者模仿，但品牌是企业特有的一种资产，可通过注册得到法律保护。品牌忠诚度是竞争者无论如何模仿也无法获得的，当市场趋向成熟，市场份额相对稳定时，品牌忠诚度则是抵御竞争者进攻最有力的武器，另外，品牌忠诚度也为其他企业的进入构筑了壁垒。所以，从某种程度上说，品牌可以看作企业保持竞争优势的强有力工具。

3. 品牌策略

1) 无品牌策略

无品牌策略是指企业对自身生产的产品不用任何品牌名。它的主要优点是可以减少经营管理费用，缺点是因为不为消费者所知，产品推广时渠道阻力较大，渠道公关成本可能较高。因此，无品牌策略的产品主要见于一些原材料生产商，或生产技术简单、消费者选购时重质量轻品牌的小商品生产企业。

2) 贴牌策略

贴牌策略是指某企业生产的产品冠以其他企业的产品品牌，其本质是资源整合，优势互补。它的最大优势是贴牌企业(采购方)省去了生产、制造和技术研发的成本，被贴牌企业(被采购方)则省去了营销、传播和运输、仓储成本，应是双赢的结果；劣势是双方一般是竞争对手，如果同一产品在同一渠道出现，双方就不可避免地产生竞争。

因此，实施贴牌策略的双方，最好避免在同一渠道出现。同时，双方的品牌定位应避免是同一消费层次，这样便可减少直接冲突的可能。这种经营方式有几个好处：一是可以扩大影响，树立起自己产品的形象；二是不必受供应商掣肘，自己可以根据竞争定价；三是掌握了产品批发和零售的程序，减少了中间商的多重成本，利润则会增加。

3) 统一品牌策略

统一品牌策略是指企业原有的品牌在某一市场得到消费者认可后，企业开发的所有新产品进入新市场或老产品进入新的市场时均采用原品牌。这样，企业的所有产品在对外输出时均采用统一品牌。

统一品牌策略的优势有：可以为企业节省市场开拓费用；可以利用已经成功的品牌推出新产品，更容易使消费者产生信任感；可以壮大企业的声势，提升企业的市场形象，节约创立新品牌的费用。但是，统一品牌策略容易产生"株连风险"，即如果某个产品的信誉出现了危机，将会严重影响企业的整体形象，整个产品组合也将会面临极大的危机。

4) 多品牌策略

多品牌策略是指企业对所开发的新产品或新进入市场的产品进行单独命名和推广的策略，即企业同时经营2种或2种以上相互竞争的品牌。

采取多品牌策略的主要原因有以下几个方面。

(1) 多种不同的品牌一旦被零售商店接受，就可以占用更大的货架面积，而竞争者所占用的货架面积则会相应减少。

(2) 多种不同的品牌可吸引更多的顾客，提高市场占有率。发展多种不同的品牌有助于在企业内部各个产品部门、产品经理之间展开竞争，提高效率。

多品牌策略的劣势是市场开拓成本较高，不利于在消费者心目中形成统一的品牌形象。

比如宝洁公司自19世纪80年代成立以来，一直持续蓬勃发展，通过多品牌策略，不断地扩大企业的版图。一是种类横跨了清洁品、食品、纸制品、药品等多种行业。二是许多产品大多是同一种产品多个牌子。通过市场细分追求同类产品不同品牌之间的差异，包括功能、包装、宣传等方面，从而形成每个品牌的鲜明个性，这样，每个品牌都有自己的发展空间，市场就不会重叠。

8.2.4 定价策略创新

1. 新产品价格制定步骤

价格策略是市场营销组合策略中最灵活的一种，具有可见性、可量化、动态性等特点，同时会影响企业的盈利水平和产品能否顺利走向市场。价格策略要求企业制定具有竞争性的价格，在争夺市场份额上，取得有利地位。创业者在进行产品定价时可以以需求为导向，将成本作为考虑的因素之一，同时以竞争对手产品为参照。一个新产品的价格制定通常分为6个步骤，如图8.1所示。

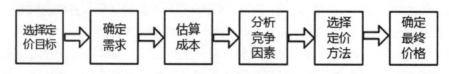

图8.1　价格制定步骤

定价目标是实现企业经营总目标的保证。定价目标的选择一般要遵循4个原则，即利益性原则、安全性原则、竞争性原则和持续性原则。许多因素会影响定价策略，比如竞争压力、充足供应的可获得性、需求的季节性或周期性变化、分销成本、产品的生命周期阶段、生产成本变化、当前经济状况、卖方提供的服务、现有的促销情况和市场的购买能力等；而其他一些优势则容易被忽略，比如有些情况下顾客根据该产品的价格水平来判断质量，强调购买一件昂贵物品的花费往往比强调总销售价格达到更高的销售额，大多数购买者希望以偶数价格购买高级商品，以奇数价格购买普通商品。竞争者的产品和价格也会影响定价决策。在确定最终价格的时候还要考虑一些其他因素，包括消费者的心理，企业内部人员、经销商、供应商等对定价的意见。

2. 新产品定价策略

1) 撇脂定价法

这种定价法是指企业利用新产品的特点和尚无竞争对手的有利条件，将其价格尽可能定高，力争在短期内获取更多的利润，尽快收回投资。这种定价法是对市场的一种榨取，如同在牛奶中榨取奶油一样，因此取名撇脂定价法。这种定价策略适用于以下条件：没有类似替代品，价格需求弹性小；有足够的消费者接受这种高价格并愿意购买；竞争者在短期内不易打入该产品市场。

2) 渗透定价法

这种定价法是指将投入市场的新产品价格定得尽量低，使产品迅速打开并扩大市场，对竞争者的加入予以排斥。但是，倘若因成本变化等原因需要提高价格时，因为消费者已经接受前期的价格，所以市场难以接受。这种策略适用于以下条件：市场上已经有这种产品的许多类似替代品，需求弹性较大；企业资金雄厚，大批投产后单位产品的成本会有较大幅度的下降；新产品没有显著特色，市场竞争激烈。

3) 心理定价策略

消费者的购买行为是受其消费心理等多种因素支配的，所以，企业在确定价格策略时，应针对消费者心理，制定出有吸引力的价格。心理定价策略是根据消费者的消费心理来定价的，有以下几种定价方法。

(1) 尾数定价法。以零头尾数结尾，如定价98元的商品数量比定价100元的销量多。

(2) 整数定价法。不是为了给人以低廉的感觉，而是有意把价格定成整数，以显示商品的名贵。适用于高档消费品或有特色的商品，如钢琴、家电产品等。

(3) 声望性定价。声望性定价是针对消费者求名牌的心理动机而采取的定价策略。一个品牌的商品成了名牌，消费者对它产生了信任，价格就可以定得高一些，尤其是具有声望价值的商品，如贵重首饰、文物古玩、高级礼品等。

(4) 习惯性定价。一些日用品由于消费者经常购买形成一种习惯价格，即消费者习惯于按此价格购买，如打火机、肥皂、雪糕等，这类商品的价格不能轻易、频繁地变动，而应该按照习惯定价，否则会引起消费者的不满。

4) 折扣与折让定价策略

折扣与折让定价策略主要包括：现金折扣定价策略，数量折扣定价策略，职能折扣定价策略和季节折扣定价策略。具体如下。

(1) 现金折扣定价策略。现金折扣是公司为了加速资金周转，通过现金折扣帮助买方及早付款，用以减少资金占用和规避坏账风险的一种降价措施。

(2) 数量折扣定价策略。数量折扣是公司给购买量大的顾客采取的一种减价措施。购买越多，折扣越大。

(3) 职能折扣定价策略也叫贸易折扣，是指当贸易渠道的成员愿意执行如销售、储存等一定的职能时，制造商给予中间商的一种额外折扣方法，使中间商可以获得低于目录价格的价格。

(4) 季节折扣定价策略。季节折扣是企业鼓励顾客进行淡季购买的一种减让措施，使企业的生产和销售一年四季都能保持相对稳定。

5) 差别定价策略

企业往往根据不同顾客、不同时间和场所来调整产品价格，实行差别定价，即对同一产品或服务定出两种或多种价格，但这种差别不反映成本的变化，主要有以下几种形式。

(1) 顾客细分定价。企业把同一种商品或服务按照不同的价格卖给不同的顾客。例如，旅游景点、博物馆对学生、老年人、军人和一般顾客收取的费用不同；电力公司将电分为居民用电、商业用电、工业用电，对不同的用电采取不同的电费标准。

(2) 产品形式差别定价。企业按产品的不同型号、不同式样，制定不同的价格，但不同型号或式样的产品其价格之间的差额和成本之间的差额是不成比例的。例如，手机中内存容量为512GB的手机比内存容量是128GB 的同系列手机的价格高出一大截，可其成本差额远没有这么大。

(3) 形象差别定价。有些企业根据形象差别对同一产品制定不同的价格，或者用不同的销售渠道、销售环境来实施这种差别定价。例如，相同品质的月饼，使用不同的包装、赋予不同的品牌，定价就有所不同；同样的商品在廉价商店和在豪华精品店的定价也不相同。

6) 竞争性调价策略

企业在产品价格确定后，由于客观环境和市场情况的变化，往往会对价格进行修改和调整。

企业在出现以下情况时必须考虑降价。

(1) 企业生产能力过剩、产量过多、库存积压严重、市场供过于求。

(2) 面对竞争者的"价格战"，企业为了能在竞争中获胜，利用降低价格来扩大市场占有率。

(3) 科学技术不断进步，劳动生产率不断提高，生产成本逐步下降，其市场价格也应相应降低。

提价一般会遭到消费者和经销商的反对，但出现以下情况时不得不提高价格。

(1) 通货膨胀。物价普遍上涨，企业生产成本必然增加，为保证利润，不得不提高价格。

(2) 产品供不应求。在这种情况下，提价一方面可以使买方之间展开激烈竞争，争夺货源，另一方面可以抑制需求过快增长、保持供求平衡。

8.2.5 分销渠道创新策略

分销渠道又称销售渠道、流通渠道，是指由商品从生产者手中到消费者手中所经过的所有环节构成的途径。

1. 分销渠道的构成

分销渠道是由一系列的销售机构而形成的。这一系列销售机构，通过分工协作，完成各自的任务，最终在满足消费者需求的同时，获得自己的利益。这些机构又被称为渠道成员，可以分为三类：第一类是生产企业本身所拥有的销售体系，在法律上和经济上都不独立于企业，如销售办事处；第二类是受企业约束的销售系统，这类组织成员在法律上独立，但经济上通过合同的形式受企业约束，如代理商；第三类是不受企业约束的销售系统，无论是在法律上还是在经济上都是独立的经济组织，必须首先以自己的资金购买产品，取得产品所有权，然后才能出售商品，如大多数批发商和零售商。

产品从生产者到消费者手中，企业可以有多种选择。但是，由于工业用品和消费品的产品性质，购买对象、消费方式及竞争方式的不同，销售渠道的构成及特点也有不同。工业用品和消费品的主要分销渠道分别如图8.2和图8.3所示。

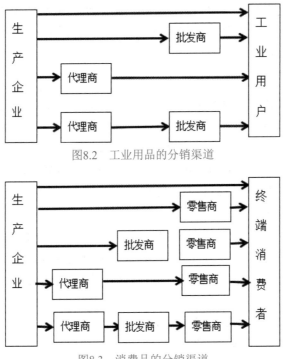

图8.2 工业用品的分销渠道

图8.3 消费品的分销渠道

从图8.2和图8.3可以看出，分销渠道链的长度各有不同，生产者和消费者是分销渠道的两极，在产品及其所有权从生产者向消费者转移的过程中，又会涉及许多执行不同功能的中间商，每一个中间商都构成一个层次。从产地结合程度的角度来区分，最基本的构成形式有两种：直接销售和间接销售。

1) 直接销售

直接销售就是产品从生产商直接到消费者，不经过中间渠道，其最大优点就是消费者购买产品的价格比在传统渠道要低很多。直接销售的主要形式有以下5种。

(1) 接受用户订货。适用于大宗工业用品，由供需双方签订合同或协议书，并按此执行，如化工原料、钢材、专用机械、定做的服装、家具等。

(2) 自设分销机构或办事处。企业在用户集中的地区自设分销机构，专门销售本企业的产品。

(3) 登门销售。通过企业的推销人员，采用上门访问、电话、短信等方式向客户推广企业产品。

(4) 邮售。企业通过网络或电视等媒体广告宣传产品，然后通过邮寄的方式将产品销售给客户。

(5) 参加展会。企业在展销会通过宣传和展示公司产品，与客户进行现场签单及销售。

2) 间接销售

在现代市场营销中，间接销售的运用比直接销售更为普遍，特别是消费品的销售。间接销售是指生产企业通过中间商把产品销售给用户。网络销售的中间商包括各种类型的物资企业和商业企业。物资企业是专门从事工业用品流通经营业务，如有色金属、化工原料、机电产品等专业物资公司。它们负责重要的通用的物资中转销售，组织地区性或全国性的物资调换，是工业用品销售的一条主要途径。商业企业主要从事消费品的销售，为了便于消费者就近购买，商业企业的经营网点分布广泛。因此，由商场、超级市场等商业企业经销产品是其主要渠道。

2. 分销渠道策略

作为企业决策者，必须对分销渠道有着全面的认识。企业所采用的分销渠道策略，不仅要保证产品及时到达目标市场，而且要求设计(选择)的渠道销售效率高，销售费用少，能取得良好的经济效益。一般来说，新企业在刚起步时因资本有限，只得选择中间商进行分销。新企业营销成功之后，就有可能拓展到新市场。市场较小时，可以直接销售给零售商；市场较大时，则需要通过经销商来销售产品。

1) 确定分销渠道目标

确定分销渠道目标是指企业预期达到的顾客服务水平及中间商应执行的职能等。每个生产者都必须在消费者、产品、中间商、竞争者、企业政策和环境等所形成的限制条件下，确定其分销渠道目标。那么，分销渠道目标应怎样和企业目标市场相配合呢？应对以下问题进行具体分析。

(1) 企业的目标市场是什么？消费者有哪些？

(2) 消费者购买产品的原因是什么？

(3) 消费者在何时，何地购买？

(4) 消费者想以什么方式购买？

对以上问题的分析，既可帮助企业确定目标市场对分销渠道的要求，也可明确企业的总体目标及市场营销策略对分销渠道的要求。

2) 是否采用中间商的决策

是否采用中间商的决策实际上是对直接销售还是间接销售的决策。在有些情况下，由生产企业直接销售产品，具有以下优势。

(1) 销售及时。简化了流通过程，减少了仓储和中转时间。

(2) 节约费用。特别是在市场相对集中，购买量大的情况下，可节约很多中转费用。

(3) 加强推销。销售自己的产品，推销的努力程度一般比中间商要高。

(4) 提供服务。生产企业往往比中间商更具技术服务的优势，而高质量的服务有利于保持与用户的密切关系。

(5) 控制价格。直接销售可使定价权完全掌握在生产企业手中。

(6) 了解市场。由于直接销售是供应者与用户直接见面，能及时，准确地了解和反馈，从而根据顾客的意见进行改进，发展适销对路的产品。

正是因为以上优势，工业用品生产企业更愿意采用直接销售方式，并以此为最主要的渠道。但是，对于生产量大，销售面广，消费者分散的产品(如日用品等)，任何企业都没有能力将产品送到每一个消费者的手中，即使能送到，也是不经济的，因此，这些企业只能选择间接销售渠道，在中间商的介入下，企业可节约流通领域的人力、财力、物力，缩短流通时间，加速资金周转和企业的再生产过程。

由此可见，直接销售和间接销售各有利弊，各有其适用的条件和范围。企业在做决策时，必须对产品、市场、市场营销能力、控制渠道的要求、财务状况等方面进行综合分析。

3. 分销渠道长度和宽度的决策

1) 分销渠道的长度。分销渠道的长度是指产品从生产者到最终用户所经历的环节有多少，也就是渠道层次的多少。渠道越短，生产者承担的销售任务就越多，信息传递速度快，销售及时，能有力地控制渠道(如控制价格、提供服务，进行宣传等)；渠道越长，批发商、零售商要完成的销售职能越多，信息传递速度缓慢，流通时间较长，生产企业对渠道的控制就短。

一般情况下，有必要减少分销渠道层次，采用较短的分销渠道，原因有以下几个。

(1) 生产企业有较强的市场营销能力，有较强的经济实力，有控制渠道的强烈愿望。

(2) 生产企业在地理位置上接近市场，顾客的集中度比较高。

(3) 生产企业生产的是技术性较强、专业化程度高的产品以及时尚产品与季节性产品。

(4) 中间商经销实力较强，有推销该产品的经验，或找不到合适的中间商。

相反，在产品简单、价格低廉，需要大批量销售，市场广阔而分散，企业在地理位置上距离市场较远等条件下，就应该增加分销渠道的层次，采用较长的渠道。而缩短分销渠道，企业要支出更多的销售费用。如果因此而增加的收益能补偿多花的费用，还是可取的。有时，企业由于销售业务的需要，即使在收益减少的情况下，也采用短渠道。

2) 分销渠道的宽度。分销渠道的宽度是指分销渠道中的不同层次使用中间商数目的多少。这主要取决于企业是希望顾客在任何供应点(零售店)都能买到产品，还是只希望顾客在有限的供应点买到产品。

3) 企业通常采用以下几种分销策略。

(1) 广泛分销策略也叫密集分销策略。这种策略的基本特点就是充分利用场地，占领尽可能多的市场供应点，使产品有充分展现的机会。有一定经营条件的零售商和批发商都可选用，如牙膏、肥皂等价格低廉、购买量小、购买频率高的日常消费品，时常采用这种策略。其优点是产品与顾客接触的机会多，广告效果好，但是生产企业基本上无法控制分销渠道，与中间商的关系也比较松散。

(2) 选择性分销策略。选择性分销策略指只选择有支付能力、经营经验，以及有产品和推销经验的中间商，在特定区域推销本企业产品的策略。工业用品中专用性很强、用户对品牌商标比较重视的产品也多采用这种策略。

(3) 独家分销策略。独家分销策略是指在一定的市场区域内仅选用一家经验丰富、信誉卓著的零售商或一家农产品批发商推销本企业产品。这种策略主要适用于顾客选购水平很高、十分重视品牌商标的商品，如名牌家用电器、名牌时装、高档家具等。工业用品中的专用产品及其设备由于用户与生产商在技术和服务上的特殊关系，也常采用这种策略。这种策略的优点是生产企业与中间商的关系非常密切，独家经销的中间商工作努力，积极性高，有利于提高产品的信誉，生产企业能有效地控制分销渠道。

8.2.6　促销策略创新

促销是促进销售的简称，它具有方式灵活、形式新颖的特点，对消费者有较大的吸引力。很多企业通常会选择以下几种方式作为促进销售的主要手段。

1. 赠送优惠券

1) 优惠券的类型

(1) 厂家型优惠券。该类优惠券由制造商规划和散发，主要目的在于提高该产品的知名度。

(2) 零售商型优惠券。该类优惠券主要由规模稍大的零售商采用，其目的并非只是推销某一产品，而是在于吸引顾客光顾。这种优惠券主要有3种：直接折价式优惠券、免费送赠品优惠券、送积分点券式优惠券。

2) 优惠券的发放方式

(1) 直接发放。既可以在街上发放，也可以放在零售点固定展台由顾客自取。

(2) 通过媒体发放。可以通过报纸、杂志、平面媒体和互联网媒体发放。

(3) 随商品发放。可以将优惠券附在商品包装里，也可以附在其他商品的包装上。

3) 优惠券的优缺点

优点：能很好地刺激消费者试用新产品；能培养客户忠诚度；能有效地激励零售商。

缺点：效果不容易预测；对新产品、知名度不高的产品及服务业效果不明显。

2. 折价优待

折价优待即通常所说的"打折"，打折与优惠券的折价优待很相似，区别在于不使用优惠券。折价优待属于典型的价格竞争手段，也是最直接、最有效的竞争手段。

(1) 折价优待的方式：现金折扣；套袋式包装；将几个商品捆绑在一起打折销售；买一赠一。

(2) 折价优待的优点：能够联系现有顾客；能够吸引试用者；可减少商品库存。

3. 集点优待

集点优待又称商业贴花，是指顾客每购买一定数量的商品，便可获得一张贴花，筹集到一定数量后就可以兑换不同等级的商品。例如，某奶茶店为了提高顾客回购率向客户分发积分卡，每消费一次积1分，积分满10分便可免费兑换任意一杯奶茶。

1) 集点优待的种类

(1) 点券式消费者凡购买一定数量的产品即可获得一定面额的点券，当点券面额累计达到规定面额时，便可凭点券兑换相应赠品。

(2) 凭证式。凭证式是指消费者凭特定的购买凭证兑奖，如瓶盖、收条、积分卡等。

2) 集点优待的优缺点

优点：低成本促销；在建立品牌形象的很多广告中，效果正反映了低成本的促销可取代高预算的广告投资；可扩大商品的试用率或打破季节性限制。

缺点：预算与库存结合较困难；时间太长，消费者容易失去耐心；商品种类受到限制。

4. 竞赛与抽奖

1) 竞赛

竞赛需要参与者具有一定的知识或技能，获胜者通过竞赛能够在心理上得到满足，并且得到特定的物质奖励，消费者往往愿意参与。趣味性强又有技术性的竞赛最具吸引力，再配合广告宣传，促销效果会非常好。

2) 抽奖

抽奖促销固能带来意外的惊喜而受到消费者欢迎，消费者凭运气而不需要通过技能获得奖品。此外，抽奖不像竞赛那样需要耗费时间，过程很短。抽奖方式分为现场抽奖和定期兑奖。

5. 免费试用

免费试用通常是在新产品全面推广前进行，目的是让消费者亲身感受下新产品的品质，为全面推广打下基础。

1) 免费试用的方式

(1) 逐户分送也称为"扫楼"，是指促销员将试用品挨家挨户分送。

(2) 定点分送及展示。选择在互联网、零售店、购物中心、大街上、大型餐厅等人流量较大的地方，将试用品直接赠送给消费者。

2) 免费试用的优缺点

(1) 优点：①提供快速的商品信息、刺激消费者迅速购买；②引导忠诚客户转变消费观念；③能节约其他促销费用。

(2) 缺点：①条件限制较多；②发放过程不易控制。

6. 零售补贴

零售补贴是厂家为了激励零售商所采取的一种促销方式，即在供货价格上实行补贴，也称零售折让。

1) 零售补贴的类型

（1）无条件补贴。无条件补贴是指厂家对零售商进行补贴而不对零售商提出任何条件。目的只是激励零售商，争取与其建立良好的合作关系，从而使零售商尽心尽力销售自己的产品。

（2）有条件补贴。有条件补贴是指带有附加条件的补贴，厂家对零售商进行补贴，要求零售满足厂家的一些条件，双方往往会签署协议。有条件补贴主要有以下几种具体方式。

① 返点补贴。厂家为了鼓励零售商多销售自己的产品，一般在年终时根据零售商的销售额或销售量进行返点。

② 广告补贴。广告补贴是厂家从广告、招贴、海报等方面对零售商进行补贴，而不是价格折让或返点。

③ 集中展示补贴。这是厂家要求零售商按照规定，通过陈列特殊商品而给予零售商补贴的一种特殊形式。

2) 零售补贴的优缺点

（1）优点：富有弹性，厂家既可根据目标市场的需求变化而随机实行，也可根据不同区域而灵活使用，可长期使用，也可短期使用；促销方案易于制定和执行。

（2）缺点：可能导致零售商盲目进货，造成虚假畅销；可能会使零售商的胃口越来越大。

7. POP 广告

POP广告(point of punchase advertising)也称售点广告，是指在超级市场、百货商场、连锁店、杂货店等零售店的橱窗里、走道旁、货架、柜台、墙面以及天花板上，以消费者为对象的彩旗、海报、招贴、招牌、陈列等广告物。POP广告通常是为了弥补媒体广告的不足，强化零售终端对消费者的影响力。

1) POP广告的类型

（1）招牌。在很多零售店，尤其是规模不大的零售店，招牌多由厂家免费制作，因此零售店节约了招牌制作费。

（2）配套的机器设备、制冷的饮料展示柜、印有品牌的产品展台、陈列架等，由于能够明显看到品牌，因此这些机器设备能够起到广告宣传作用。

2) POP 广告的优缺点

（1）优点：对厂家而言，POP广告相对于其他形式，制作费用低，消费者接触面广，广告效果好，好的POP广告能给消费者留下深刻的印象；对零售商而言，厂家制作的POP广告一般都很精美，并且大部分是免费的，可以起到美化卖场的作用，使顾客心情愉快，从而刺激消费，也能够带动其他商品的销售。

（2）缺点：容易忽略零售店的利益，厂家制作的POP广告主要考虑自身利益，有时对零售店的实际情况考虑不够，很容易导致与零售店的整体风格不一致，或者不能很好地吸引消费者；容易出现混乱，一个零售店不可能只有一个厂家提供的POP广告，当多个厂家都向同一家零售店提供POP广告时，不同风格、不同形式的POP广告难免会发生冲突，甚至会让消费者眼花缭乱，不仅达不到促销效果，反而会影响消费者的购买心情。

8. 其他促销方式

除以上几种主要的促销方式外，还有以旧换新、消费信贷、现场演示、商品展销等促销方式。

(1) 以旧换新主要适用于耐用消费品，可以是促销厂家的产品，也可以是其他厂家的产品。主要目的在于巩固与老客户的关系，同时拓展新的客户。

(2) 消费信贷是厂家或商家通过与银行联合，为消费者购买耐用消费品提供按揭贷款。如购买汽车等高档消费品，采用按揭贷款这种方式能够缓解消费者的购买压力，从而刺激消费。

(3) 现场演示是指促销员(或主播)在销售现场一边演示，一边介绍，有时还会指导顾客试用。通过现场演示，能够使顾客很直观地了解产品的特性，从而刺激消费者产生购买欲望。

(4) 商品展销则是通过专门的展销会突出某一产品的品牌或宣传企业，提高企业及其产品的知名度，同时增加销售额。由于市场竞争的不断加剧，企业的促销方式也在不断推陈出新，各种各样的促销活动也越来越多。

8.2.7　制定营销战略

作为创业者，应当明确营销战略的制定不能凭空想象，或者依靠市场销售人员的一些小情报。营销战略关系到企业营运方向的选择，一旦企业的营销战略制定错了，战术运用得越好，偏离的方向就越大。所以，制定好营销战略，就显得十分重要。要做好企业的营销战略，应该从以下几方面着手。

1. 了解所在行业的情况

(1) 所处的是什么行业？

(2) 这个行业的消费群体有什么特点？

(3) 同行业者有多少？

(4) 谁是主要竞争者？

(5) 竞争者有什么变化？

(6) 本企业准备通过什么方式、方法和渠道销售产品？

(7) 是否有其他的渠道和途径？

2. 明确公司的战略部署

(1) 公司有战略规划吗？

(2) 公司的战略规划目前是否存在问题？

(3) 是否完全透彻地了解公司的战略步骤？

(4) 制定的营销战略是否和公司战略相违背与冲突？

3. 制定营销组合策略

策略组合是如何有效利用公司现有的资源，最大限度地利用、创造最大价值的组合过程。每一策略之间不是孤立的、脱离的，而是要连接起来。常用的策略如下。

(1) 目标市场策略。

(2) 竞争策略。

(3) 产品卖点策略。

(4) 产品线策略。

(5) 品牌策略。

(6) 传播策略。

(7) 渠道策略。

(8) 价格策略。

(9) 促销策略。

4. 定位品牌

品牌是消费者与产品情感的联系、精神的寄托。品牌只有上升到精神层面，有自己的主张，才能引起消费者真正的共鸣。企业的品牌定位要独特、清晰。

5. 明确品牌诉求

企业必须清楚地知道，品牌定位和品牌诉求要配合。品牌诉求就是企业向消费者解说品牌。品牌诉求要单一精准。如"农夫山泉有点甜"，就是品牌诉求的典范。

6. 明确品牌发展策略

打算如何发展品牌？是单一品牌坚持到底，还是多品牌同时发展？是重点推广哪个品牌，还是放弃哪个品牌？对于这些问题，必须要有非常清晰的思路。

7. 做好品牌形象设计

要根据不同的产品、不同的销售对象，应设计不同的包装，而不能千篇一律，没有区别。如若产品是作为家庭用品的，就要简易，突显产品品质；若是作为礼品或是专用装，就要尊荣华贵，凸显品牌形象。

8. 策划渠道运作

要清楚这个行业的厂家情况及主要竞争对手。应了解对手的下列情况。

(1) 市场方面。

(2) 价格方面。

(3) 渠道方面。

(4) 传播方面。

(5) 促销方面。

9. 制定应付对手的策略

了解以上情况后，接下来就要针对不同的对手，制定不同的对策。对策主要包括如下方面。

(1) 对不同类型的竞争对手，分别采取不同的对策。

(2) 定价策略。

(3) 渠道策略与管理。

(4) 重点市场与非重点市场策略(对重点市场，是直接控制还是发展经销商来控制；对非重点市场，是采取总经销方式还是有选择性的分销方式)。

(5) 终端的管理模式。

(6) 建立销售支持系统。

10. 策划传播

(1) 是否利用科学高效的整合传播方式?

(2) 还有什么特殊的传播方式?

(3) 选择媒体做广告吗?

(4) 加大人员推广吗?

(5) 建立电话销售吗?

(6) 建立样板市场传播吗?

(7) 举行新闻发布会吗?

(8) 举行招商会吗?

(9) 针对不同渠道的特点, 是否采用不同的推广工具?

8.3　数字时代下的网络营销

课程思政: 数字时代下, 网络营销对于创业企业具有重要的战略意义, 企业应充分利用数字技术优势, 提高品牌知名度和市场份额, 从而实现可持续性发展。

8.3.1　数字营销和移动营销

1. 数字营销

数字营销是使用数字传播渠道来推广产品和服务的实践活动, 其以一种及时、相关联、定制化和节省成本的方式与消费者进行沟通。数字营销包含了很多互联网营销(网络营销)中的技术与实践, 但它的范围更加广泛, 还包括了很多其他不需要互联网的沟通渠道。因此, 数字营销领域就涵盖了一整套元素, 如手机、短信、彩信、描述广告以及数字户外广告等。

2. 移动营销

移动营销也称手机互动营销或无线营销, 是指在强大的数据库支持下, 利用手机通过无线广告将个性化即时信息精确、有效地传递给消费者个人, 从而达到"一对一"的互动营销目的。

移动营销可以分为三个阶段: 第一阶段是移动营销活动数据库的采集, 通过吸引用户参加活动来采集目标消费者信息, 如通过广告、海报、传单、促销、短信抽奖等活动来引起消费者的注意; 第二阶段是通过"一对一"的用户调查进行数据挖掘, 如利用打折券或其他优惠吸引用户; 第三阶段是建立移动社区(会员制)俱乐部, 以此增加用户忠诚度, 提高用户购买率。

数字营销与移动营销的区别在于: 移动营销最大的特点是通过手机建立"一对一"的

互动营销。数字营销范围最广，包括大数据营销和移动营销。数字营销主要是借助数字传播渠道、计算机网络技术进行营销。

8.3.2 流量建设和用户维系

互联网运营贯穿了互联网产品的整个生命周期，它根据用户的变化而调整，根据不同的阶段目标去实现，最终完成对用户需求的实现与用户体验的完善。运营就是帮助产品进行推广，促使用户使用，提高用户认知的手段。运营会根据产品面有不同的方式，但核心目的是让产品活得更好、更久。"活得更好"，是通过一些运营手段让产品的各项数据有明显的提升；"活得更久"，是通过对用户反馈的数据和用户行为对产品功能进行逐步完善，使易用性不断提升，让产品获得更长的生命周期。运营的核心工作有以下两点。

1. 流量建设

流量建设是要通过各种推广、扩散、营销、活动来提升网站流量指标，一个正常网站的综合数据均体现于此，流量的作用不言而喻。在传统社会中，商家做生意的模式就是在人流量大的街区租一个商铺，这个生意就算做起来了；在电商时代，可以将互联网比作水，每一个互联网公司都要在水边买一个蓄水池，而套取流量的方式便是疏通一条渠道，这个渠道的疏通则是变相地向大平台交保护费，从而获取自己想要的流量。换句话说，流量是需要花钱买的，如果说流量是一个漏斗，那么每一环节的转化都是漏斗的一环，积累足够多的用户，流量就越大，可转化的基础用户也随之增大。当转化率达到一个瓶颈期时，持续的大量流量就是保证网站与产品持续长久运营的重要因素。

2. 用户维系

有了流量和用户之后，运营的大部分工作就在于如何去持续有效地推动用户的活跃度与留存，并且从中发现有价值甚至高价值的用户。这些用户会持续地为网站与产品带来价值，产生收益，让企业的网站和产品可以存活下去。质量运营可分为以下三类：内容运营、用户运营、活动运营。

1) 内容运营

内容运营是通过创造、编辑、组织、呈现网站内容，从而提高互联网产品的内容价值，制造出对用户的黏度和活跃度产生一定促进作用的运营内容。

内容运营的工作设置如下。

(1) 创作内容(采集或者原创)。

(2) 编辑审核。

(3) 推荐和专题制作。

(4) 找到需要这些内容的人，并且想办法呈现给他们。

(5) 根据数据和用户反馈，进行调整与优化。

内容运营的核心包括：①持续制作对用户有价值的内容，保证用户可以在站点获取这些信息；②增加用户获取内容的成本；③协助网站和产品获利。

内容运营是一个非常注重文案能力的工作，对任职人员的思路灵活度、创意、逻辑都有要求。需要想出有趣、新鲜的点子来规划和展示其内容，同时不能过分浮夸让用户不知所云。内容运营的载体相比过去有了爆发式的增长，渠道也增加了很多。移动互联网的兴起，考验着每个内容运营对于新媒体、新终端的学习能力，同时考验着内容运营人员能否针对不同渠道、终端的特点，因地制宜地进行内容设计。

2) 用户运营

用户运营是指以网站或者产品用户的活跃、留存、付费为目标，依据用户的需求，制定运营方案甚至是运营机制。用户运营已经发展到对不同类型的用户进行有针对性的运营策略的阶段。所有网站和产品都需要引入新用户、留存老用户、保持用户活跃、促进用户付费、挽回流失或沉默的用户。不同的网站和产品对于用户运营的方式和方法有很大差异，取决于网站和产品依赖用户的程度。内部如何定义用户，若将用户定义为使用者或会员，则会带来完全不同的运营策略和运营手段，甚至产生不同的运营工具和运营指标。

用户运营首先要做的事情就是掌握自身用户的用户结构。用户是男性多还是女性多，他们分布在什么样的年龄层次，集中在哪些省份，他们的受教育程度如何，兴趣点有哪些，这些数据中，是否可以产生用户类型等。这些都是做基础用户分析的指针，面对基础用户的分析决定着运营人员应当采用何种运营策略，使用何种运营工具，发布哪些运营活动和内容。

用户运营要做的另一件事情就是了解用户的规模以及增长或衰退情况，并进行适当的用户分级，比如新用户多少，老用户多少，每日增长规模多少，用户都处于怎样的生命周期。明确了这点，才能了解网站和产品处于什么样的时期，用户处于什么样的时期，然后才能了解对用户进行运营的目标所在，从而选择合适的运营方式。

如果你从事的是一个社区或者交易平台的用户运营，那么你首先需要熟悉用户的兴趣和习惯，是喜欢创作用户生成内容，还是喜欢交易？习惯打折，还是可以进行政府管理？其次，还要掌握网站的用户行为数据，通过对网站用户行为数据的分析，了解用户为什么来，为什么走，为什么活跃。这样才能对新用户的增长，已有用户的活跃和留存，活跃用户促使付费，挽回流失用户采取相对应的措施。

用户运营的核心内容有：开源(新用户拉动)；节流(防止流失与流失挽回)；维持(已有用户的留存)；刺激(促进用户活跃及向付费转化)。

3) 活动运营

活动运营是指通过开展独立活动、联合活动，拉动某一个或多个指标的短期提升。对于所有的网站和产品来说，活动运营人员几乎是标准配置，因为活动是用户感知最明显的一项工作。

网站和产品的活动承担很多职责，可以达成很多目标。活动可以为产品探路，同时很多产品的功能也可以从活动中总结和提炼。比如，一个电商网站发现用户很喜欢促销打折的活动，那么就可以将其固化成团购系统、优惠券体系、秒杀功能等。又如，一个社区网站发现邀请活动可以有效地拉动用户注册，那么就可以将这类活动固化成推广会员机制。再如，一个网站发现可以用签到活动提升用户的活跃度，指引用户行为，那么就可以将一大类相似的活动固化成任务系统等。

活动运营的日常工作是策划活动，具体包含如下方面。

① 活动文案的撰写。让客户清晰了解活动的内容并且吸引住用户。

② 活动流程的设计。设计让客户乐于去执行的活动流程。

③ 活动规则的制定。了解用户喜欢的规格，制定发奖形式。

④ 活动成本的预估。全面评估活动所需要付出的运营成本、风险以及如何控制。

⑤ 活动收益的预期。活动总体目标，分项目标是否达成，为网站、平台和产品带来了怎样的收益(资金收益、流量收益或用户提升及增加所带动的影响)。

⑥ 活动效果的统计。通过统计分析，对比和总结活动效果，以便为下一次活动提供参考依据，活动机制是否需要调整或保留，方案设计是否合理，如何让活动达到持续贡献效益等。

⑦ 改进活动的措施。这点通常会在活动报告中体现，在活动上线前，预备活动中会启用到一系列措施，促进活动效果的提升。

8.3.3 案例分析：华东医药、用友——数字营销平台

华东医药基于用友YonBIP营销云打造了数字营销平台，建立商品中心、资质中心、会员营销中心、客户服务中心、门店管理中心、订单中心、营销政策中心、费用中心、返利中心等业务中台应用，实现了统一主数据、统一会员、统一业务、统一服务、统一结算。经营管理后台采用用友NC6医药行业解决方案，打通财务、供应链、HR等业务，实现了业财一体化运营。

案例点评： 通过订单中心实现多端订单自动化处理，订单处理时间由原来的5分钟下降到每单最快8秒钟，大大提高了订单的处理效率，提高了医院客户的到货及时率；通过库存中心对所有仓库进行统一的视图管理，在多仓联动的运营下，快速满足配送和降低物流成本的需要，有效提升库存周转率及物流配送效率，降低配送成本。

8.4 案例分析：特色创新营销策略

课程思政： 学习其他企业的创新营销策略，其成功的经验和失败的教训可以为创业者提供借鉴意义，正所谓"他山之石，可以攻玉"。

8.4.1 反向营销带动话题热度

案例分析： 淘宝丑东西大赛(如图8.4所示)

淘宝丑东西大赛是淘宝官方举办的年度活动，旨在评选出年度最"丑"的物品，以反向营销引起消费者关注。入围的作品包括甜美钢牙戒指、招桃花太阳伞等，这些"丑东西"与主流审美相悖，具有反传统特点。通过戏谑的态度、创意和不正经的颁奖典礼，淘宝丑东西大赛在社交媒体上不断发酵。

图8.4　淘宝反向营销带动话题热度

案例点评：在传统营销中，商家通常会突出产品的优点来吸引消费者。然而，淘宝丑东西大赛却反其道而行之，以"丑"为卖点，让消费者在猎奇心理的驱使下产生强烈的兴趣。这种反向营销策略不仅成功地吸引了大众的关注，还让人们在参与的过程中产生了强烈的互动和参与感。该活动通过全民参与评选的方式，成功带动话题热度，提高产品曝光度，并让消费者成为传播的重要一环。同时，淘宝丑东西大赛也准确地把握了年轻人群的消费心理，吸引了一批年轻消费者参与其中，提升了品牌形象。这种反向营销策略的成功案例，为其他企业提供了有益的借鉴。

8.4.2　情感营销格局打开

案例分析：比亚迪——在一起，才是中国汽车(如图8.5所示)

2023年8月9日，比亚迪迎来第500万辆新能源汽车下线，其在社交媒体发布《在一起，才是中国汽车》视频，向许多国内有代表性的所有自主品牌致敬，回顾了中国汽车工业发展历程。此举引发刷屏，观看量超1700万次，点赞、转发、收藏超过10万次。观众纷纷表示此举展现了大格局。

图8.5　比亚迪情感营销：在一起，才是中国汽车

比亚迪作为一个中国企业，深知中国文化对于消费者的影响力。在这个背景下，"在一起"这个充满温情的词语，自然成为比亚迪与消费者沟通的桥梁。通过强调团队、家庭、国家的凝聚力，比亚迪成功地拉近了与消费者的距离，让消费者在购车的同时，感受

到了一种家国情怀。为了让"在一起，才是中国汽车"的理念深入人心，比亚迪采用了多元化的营销手段。在社交媒体上，比亚迪通过发布与家国情怀相关的内容，引发了消费者的共鸣和讨论。在线下活动中，比亚迪在自家展台展出长安、上汽、吉利、长城、蔚来、小鹏等友商产品，让消费者感受到"在一起"的力量。此外，比亚迪还携手国内知名企业和机构，共同推广中国文化和社会主义核心价值观，进一步提升了品牌形象和影响力。

8.4.3　跨界营销的奇妙邂逅

案例分析：瑞幸与茅台联名推出"酱香拿铁"（如图8.6所示）

茅台和瑞幸，两个看似毫无交集的品牌，却成功地制造了一场奇妙的"化学反应"。据悉，瑞幸研发团队通过分析各种原料和口味，将其数字化，以追踪饮品的流行趋势。借助这些数据，瑞幸的研发人员可以生成无数种产品组合，以进一步探索可能的新品。在联名决策的前期，两家公司都进行了详细的市场调查和数据分析，涵盖了对各自目标消费者的行为、口味偏好、购买习惯等多个维度，不断调试茅台和咖啡的奇妙融合，最终拍板定调：酱香咖啡。很明显，瑞幸咖啡通过与茅台的联名合作，实现了品牌价值的叠加和提升。

图8.6　瑞幸与茅台的联名营销

在市场竞争激烈的环境下，品牌需要创新以实现差异化，瑞幸咖啡与贵州茅台酒厂的合作是一个成功的范例。他们通过跨界合作，通过融合两种截然不同的产品品类，创造了全新的消费体验，满足了消费者对新奇、多元化产品的需求。这种合作不仅为双方带来了新的经济增长点，也增强了他们在市场上的竞争力。两家公司不仅依靠传统媒体，还大力投资于社交媒体和KOL营销。在微博、微信、抖音等平台上预热，并一度登上热搜第一；邀请了多个与品牌形象匹配的KOL宣传，进一步扩大推广效果。因此，除了传统广告渠道，社交媒体和影响者营销等新渠道也应纳入考量范围。社交媒体先行、借助KOL预热传播已成为众多营销宣传方案的首选。跨界联名已经成为品牌营销的新趋势，这种合作方式可以帮助品牌突破原有的局限性，拓展新的市场和消费群体。

8.4.4　非预告营销遥遥领先

案例分析：华为Mate 60不宣而发，非预告营销遥遥领先（如图8.7所示）

华为Mate 60系列成为今年数码手机圈众人瞩目的焦点。华为Mate 60甚至在未经发布的情况下就直接开售，一时间一机难求。流量狂潮华为Mate 60还为之后发布的华为汽车问界新M7导流，订单量节节攀升。"遥遥领先"这个词汇在华为Mate 60系列上架后，再次火爆网络，还入选了三联生活周刊发布的2023年度十大热梗。

图8.7　华为Mate 60宣传海报

此次华为Mate 60未发先售的营销策略是非常成功的一次尝试，全网许多自然流量发酵起来的热门话题，看似几乎零成本投入的营销，背后都是看不见的公关之手。华为Mate 60既提供情绪价值，又避免了品牌的自我感动。华为保持沉默，借助第三方之力宣传新品，借第一波用户营造"口碑"营销，围绕新品功能出圈的话题仍在继续，让华为Mate 60的热度持续高涨，从而引发全网情绪刷屏，提升了品牌好感度，提高了事件的传播量。

案例点评： 在激烈的市场竞争中，品牌需要明确自己的定位和目标受众群体，才能制定出有效的营销策略。通过对目标受众群体的深入了解和分析，品牌可以找到与消费者产生共鸣的切入点，提升品牌的认知度和美誉度。在信息爆炸的时代，传统的营销方式已经难以吸引消费者的注意力。品牌需要运用创意和创新思维，打造出有趣、有吸引力的营销内容，才能吸引消费者的关注和参与。通过社交媒体、短视频等新媒体平台，品牌可以与消费者进行互动，增强品牌的传播力和影响力。在当今社会，消费者对品牌的期望已经不仅仅是产品和服务的质量和价值，更包括品牌的社会责任感。品牌需要积极参与社会公益事业和环保活动，提升品牌形象和社会价值。

本章小结

本章全面概述了创新营销策略。首先介绍了选择创业营销目标的市场策略，要明确市场定位，阐述市场定位策略的技巧；然后讲述创新营销策略的制定和实施，从产品服务创新、品牌创新、定价策略创新、分销渠道策略创新等几个方面展开论述，帮助创业者根据市场定位选择合适的营销策略；接着，讲述数字时代下的网络营销，包括数字营销和移动营销，如何在营销方式上推陈出新，以移动终端为基础的网络营销，要创业者关注流量建设与用户的维系；最后，通过几个创新营销策略的案例分析，给创业者提供有益的借鉴和指导。本章重点是明确市场定位，并制定创新营销策略。

思考题：

1. 论述营销目标市场选择的策略。

2. 当前消费者以电子传媒作为信息通道，初创企业如何在互联网环境下进行营销宣传。

3. 搜集相关企业营销策略成功或失败的案例，讨论其成功的经验和失败的教训。

测试题:

1. 创业者进入市场要进行市场调查,常用的市场调研内容包括哪几个? (复选题)

    A. 竞争对手调研   B. 价格调研

    C. 顾客调研   D. 渠道调研

2. 创业市场调查常用的步骤包括什么? (复选题)

    A. 形成调查报告阶段   B. 调查阶段

    C. 调查准备阶段   D. 调查分析阶段

3. 创业市场调查时应该把自己的需求想象成顾客的需求。(判断题)

4. 网络调研法是指企业利用互联网了解和掌握市场信息的方式。与传统的调查方法相比,在组织实施、信息采集、调研效果方面具有明显的优势,其具有自愿性、定向性、及时性、互动性、经济性与匿名性的特点。(判断题)

5. 以下不属于网络市场直接调研的方法是哪一个?(单选题)

    A. 网上观察法   B. 网上实验法

    C. 在线问卷法   D. 访问相关网站搜集资料

6. 选择目标市场是指( )。(单选题)

    A. 对拟进入的产业按照一定标准进行细分

    B. 制定定位战略

    C. 选择进入某个行业

    D. 决定选择哪个具体客户群

7. ( )是新创企业通过在目标市场中为目标消费者提供所需求的产品而达到营销目的的一种营销策略。(单选题)

    A. 产品策略   B. 渠道策略   C. 促销策略   D. 宣传策略

8. ( )是企业根据商品原价确定让利系数,进行减价销售的促销方式。(单选题)

    A. 折扣促销   B. 时令促销   C. 限定促销   D. 折扣促销

9. 无品牌策略的产品主要见于一些原材料生产商,或是生产技术简单、消费者选购时重质量轻品牌的小商品生产企业。(判断题)

10. 企业同时经营2种或2种以上相互竞争的品牌属于多品牌策略。(判断题)

第 9 章

数字营销技术

案例导读 | 茶颜悦色——独特 精致 新颖

茶颜悦色是湖南茶悦文化产业发展集团有限公司 (原湖南长沙茶悦餐饮管理有限公司)旗下品牌,成立于2015年3月。茶颜悦色以茶饮和甜品为主打产品,借鉴创意奶茶店的经验,运用数字营销思维顺势推出了最新一代立体复合型餐饮业态。

案例分析:

茶颜悦色起初是一家位于湖南长沙的小型茶饮店。随着消费市场对特色饮品的需求增长,茶颜悦色开始探索利用数字营销技术来扩大其品牌影响力和市场份额。

1. 目标市场定位。茶颜悦色通过对其主要消费群体的分析(主要是年轻人),在产品设计和营销策略上更加注重年轻化、时尚化,如推出网红产品、限定款饮品等,以此来吸引年轻消费者。

2. 社交媒体营销。茶颜悦色在微博、微信等社交媒体平台上建立了自己的官方账号,通过发布精彩的内容和互动活动,引起了大量年轻消费者的关注。通过这些平台,茶颜悦色不仅提升了品牌知名度,还收集了用户反馈从而优化其产品和服务。

3. 线上线下结合。茶颜悦色采取线上推广与线下体验相结合的策略。例如,通过线上活动吸引顾客到店里体验产品,或者提供线上订购、线下取货的服务,提升了顾客的购物体验。

通过这些数字营销技术的应用,茶颜悦色成功地从一家地方小店转型为拥有多家分店的知名品牌。它的个性化的市场策略和活跃的线上互动,使其在年轻消费者中建立了良好的品牌形象,并实现了销售额的显著增长。

数字营销技术是指一系列用于支持和优化营销活动的数字工具和平台。这些技术的核心在于利用数字化手段增强品牌的市场推广效果,提高与客户的互动质量,最终实现销售目标。

📖 **学习目的**

1. 了解数字营销技术的基本概念和框架。
2. 掌握主流社交媒体营销平台及电商平台营销技术的应用。
3. 掌握搜索引擎优化(SEO)的实用技巧。
4. 了解内容自动化与个性化在数字营销中的应用。
5. 通过案例分析掌握数字营销技术的综合应用。

9.1 数字营销技术简介

课程思政: 在数字时代的浪潮下, 营销领域经历了根本性的变革。数字营销技术作为这一变革的核心驱动力, 不仅重塑了品牌与消费者之间的互动方式, 还改变了市场推广的策略和方法。

在数字时代背景下, 消费者的行为和期望发生了显著变化。他们更倾向于通过数字化渠道获得信息和购买产品。因此, 数字营销技术成为连接品牌和消费者的桥梁。通过这些技术, 企业能够更准确地分析目标市场, 定制个性化的营销信息, 提高用户参与度, 最终驱动销售增长。

9.1.1 数字营销技术的演变

数字营销技术伴随着互联网和数字技术的发展, 从最初的电子邮件营销到如今的多渠道数字策略, 已经经历了一段漫长而深刻的变革历程。

在互联网初期, 数字营销主要依赖于电子邮件, 这是一种相对简单直接的方式, 用于传递信息和促销内容。随着互联网的普及, 网站成为企业数字营销的主要平台。企业开始通过自己的网站来展示产品、发布信息, 利用搜索引擎优化(SEO)提高网站在搜索引擎中的排名, 吸引更多访问者。

进入21世纪, 随着社交媒体的兴起, 数字营销技术迎来了新的发展阶段。如微博、微信、抖音、小红书等在中国成为连接品牌和消费者的新渠道。社交媒体不仅让品牌能够以互动性更强的方式与消费者沟通, 还提供了丰富的用户数据, 使得营销活动更加精准和个性化。

此后, 移动互联网的普及标志着数字营销进入了一个全新的时代。智能手机的广泛使用使得消费者可以随时随地上网, 为企业提供了更多接触消费者的机会。移动应用、位置服务等技术应运而生, 使得营销信息更加贴合用户的实时需求。

近年来, 随着大数据、人工智能和机器学习技术的发展, 数字营销技术的精细化和智能化成为主流。企业能够基于海量数据进行深入分析, 更加准确地预测消费者行为, 实现个性化营销。此外, 增强现实(AR)、虚拟现实(VR)等新兴技术的应用, 也在为数字营销开拓新的可能性,为用户提供沉浸式的互动体验。

数字营销技术的演变反映了互联网技术的发展趋势和消费者行为的变化。从单一的信息传播到多渠道、多形式的互动交流,再到个性化和智能化的营销策略,数字营销正变得越来越精细化、智能化,能够更有效地满足消费者的需求,实现企业的营销目标。

9.1.2 数字营销技术的关键组成部分

数字营销技术的关键组成部分构成了现代企业在网络空间进行有效的市场推广和客户互动的基础框架。这些组成部分各自承担不同的功能,共同构建了一个多元化、互联互通的数字营销生态系统。

1. 社交媒体平台

社交媒体是数字营销中不可或缺的一部分。微博、微信、抖音和小红书等平台占据着重要地位。这些平台让品牌能够直接与消费者互动,发布定制化内容,运营广告,并通过社交受众的反馈优化营销策略。社交媒体的数据分析工具还为企业提供了关于消费者行为和偏好的深刻洞察。

2. 搜索引擎优化和营销(SEO和SEM)

在数字营销中,能否被消费者在搜索引擎中发现常常决定了企业的在线可见性。SEO帮助企业优化其网站,以提升在搜索引擎结果中的自然排名,而SEM则通过付费广告来提升网站的可见性。这两种策略共同提升了企业在网络上的曝光率。

3. 内容营销

优质的内容营销策略是传递品牌信息、吸引并保持消费者兴趣的关键。包括软文、视频、图像和信息图表等在内的多种内容形式,不仅加深了品牌印象,还提升了用户参与度,从而促进销售转化。

4. 电子邮件营销

电子邮件营销虽然被认为是较为传统的方法,但在维护客户关系和推广特定活动方面仍然非常有效。它允许企业向目标用户发送个性化的消息,从而提高营销信息的相关性和吸引力。

5. 数据分析和用户行为洞察

在数字营销中,数据分析是至关重要的。它涉及收集和解读大量数据,如用户访问行为、购买历史和社交互动等,从而提供有价值的市场洞察。这些洞察帮助企业优化其营销策略,确保营销活动更加精准有效。

6. 移动营销

随着智能手机的普及,移动营销成为数字营销的重要组成部分。这包括移动应用、短信营销、位置服务等,使得品牌能够通过消费者的移动设备进行实时、定位的营销活动。

9.1.3　数字时代下的品牌与消费者互动

在数字时代，品牌与消费者的互动方式经历了根本性的改变。随着互联网和社交媒体的普及，消费者获得了前所未有的发声平台，而品牌则通过数字化渠道与消费者建立更直接、更个性化的联系。

1. 社交媒体的兴起极大地改变了品牌与消费者互动的方式

传统上，品牌与消费者之间的沟通是单向的，而在社交媒体时代，消费者可以直接回应品牌，甚至主动参与品牌内容的创造和传播。这种双向互动不仅增强了消费者的参与感，还使品牌能够更快速地收集反馈并做出回应。

2. 个性化营销在数字时代变得尤为重要

借助大数据和分析工具，品牌可以精确地了解每位消费者的偏好、购买历史和行为模式。基于这些信息，品牌能够向消费者提供定制化的推荐、内容和优惠活动，从而提升消费者满意度和忠诚度。

3. 移动设备的普及使得品牌与消费者的互动更加即时和便捷

消费者可以随时随地通过智能手机查看品牌信息、进行购物和分享反馈。这为品牌提供了更多与消费者进行实时互动的机会，同时要求品牌在移动平台上提供流畅、反应快速的体验。

4. 品牌故事讲述在数字时代也显得尤为重要

通过各种数字平台，品牌不仅传递产品信息，而且讲述吸引人的故事，以与消费者建立情感联系和品牌忠诚度。消费者不仅购买产品或服务，同时购买与品牌故事相关的体验和情感。

5. 用户生成内容(UGC)成为品牌与消费者互动的重要组成部分

消费者不再是被动的信息接收者，而是通过评价、分享和在线讨论等方式，成为品牌传播的积极参与者。品牌可以利用这些内容来提升信誉、增强社交证明，并吸引更多的潜在消费者。

9.2　社交媒体营销平台

课程思政：社交媒体平台不仅是个人表达和社交互动的空间，还是品牌营销和客户服务的重要渠道。正确使用社交媒体营销平台，有助于在社交媒体上建立积极、专业且有效的形象。

社交媒体平台是基于互联网产生的应用程序或网站，旨在使人们能够通过创建或共享内容以及参与社交网络进行沟通和互动。这些平台的特点通常包括个人资料页面、朋友或关注者列表、内容分享(如文本、图片、视频)功能、即时消息服务以及各种互动形式(如评论、点赞、转发)。

社交媒体使初创企业可以以相对低成本的方式推广品牌和产品,尤其是对于资金有限的初创企业来说,通过有针对性的内容发布,可以在社交媒体上建立品牌形象,引起关注。

9.2.1　社交媒体营销平台的使用原则

社交媒体平台的使用需要遵循一些基本原则,以确保有效、安全且负责任地使用。这些原则具体如下。

1. 明确目的与维护诚信互动

明确使用社交媒体的具体目标,如个人品牌建设、社交互动或商业营销,并始终保持内容的真实性和透明度。同时,积极与用户建立互动,包括回应评论、参与讨论,以及与关键意见领袖的合作,以建立积极的社交网络关系。

2. 尊重隐私、版权和平台合规性

在发布内容及进行互动时,尊重个人隐私和他人知识产权,避免未经授权分享他人信息或内容。同时确保所有社交媒体活动遵守相关的数据保护法规和版权法。

3. 负责任的内容分享与品牌一致性

分享负责任且有价值的内容,确保信息的准确性,避免发布具有误导性、冒犯性或不适当的内容。对于企业和个人品牌来说,保持品牌声誉和形象的一致性至关重要。

4. 数据安全和持续适应

注重个人和用户数据的安全,特别是在处理敏感信息时。同时,持续关注社交媒体的最新趋势和功能,灵活适应技术和市场的变化。

5. 监测、评估和战略调整

定期使用社交媒体平台提供的分析工具来监测用户参与度、内容表现和广告效果,同时,根据数据分析结果,及时调整社交媒体策略,以优化效果并提高ROI(投资回报率)。

9.2.2　微博营销

微博营销是指在当前流行的社交媒体平台——微博上进行的营销活动,旨在通过这个平台提高品牌知名度、增强用户参与度、推广产品或服务,并最终驱动销售增长。

1. 微博营销的核心要素

(1) 内容发布。定期发布具有吸引力的内容,如图文、视频等,这些内容通常具有信息量、教育性或娱乐性,旨在吸引和维持用户的关注。

(2) 互动与参与。积极与用户互动,包括回复评论、参与话题讨论、举办互动活动等,以提升用户参与度和品牌忠诚度。

(3) 大V合作。与大V、网红或行业内有影响力的人物合作，利用他们的影响力和粉丝基础推广品牌。

(4) 广告投放。利用微博的广告系统，如信息流广告、微博故事广告等，来提升品牌知名度，并找到目标受众。

(5) 活动和促销。举办线上活动和促销，如限时优惠、抽奖等，以刺激用户的购买兴趣。

(6) 数据分析。使用微博提供的分析工具监测营销活动的表现，如参与度、转发量和点赞数，以此调整和优化策略。

2. 微博营销实施步骤

奥利奥是1912年亿滋国际旗下的曲奇品牌纳贝斯克所创制的一种饼干，其销量在同类产品中位居第一。奥利奥的宣传口号为"舔一舔，有恋爱感觉"，它利用微博营销，成功地提升了品牌形象和互动度。特别是通过与行业影响力人物的合作和创意活动的实施，奥利奥加强了与消费者的联系，并提高了品牌在目标市场的可见性和吸引力。下面以奥利奥为例，介绍微博营销的具体步骤。

1) 营销策略制定

奥利奥的主要目标是提升品牌亲和力，增强与消费者的互动。针对用户群体，特别是对新奇有趣的营销活动感兴趣的人群。

2) 内容创作与发布

发布有趣、互动性强的内容，例如创意奥利奥、趣味挑战等；在特别节日推出主题相关的微博内容，如元旦、春节、情人节特别版奥利奥分享。

3) 与大V、网红或行业影响力人物合作

例如，请演员肖战做奥利奥品牌代言人，如图9.1所示。

图9.1 奥利奥品牌请肖战代言

请演员古巨基做奥利奥经典品鉴官，在微博上分享使用奥利奥制作的创意甜品和点心，如图9.2所示。

图9.2 奥利奥经典品鉴官古巨基

4) 互动和参与

通过评论、转发用户创作的内容，增强品牌与消费者之间的联系。比如举办"最创意奥利奥甜品"竞赛，鼓励用户分享自己的作品。

5) 广告投放

在新产品推出或特别活动期间，利用微博广告进行推广，如图9.3所示。强调奥利奥产品的多样性和趣味性，吸引用户的注意。

图9.3 奥利奥双11广告推广

6) 数据监测与调整

监控广告效果、帖子互动等数据，评估营销活动的成效。根据反馈调整内容和广告策略，以提高营销效果。持续关注用户反馈和市场趋势，以此调整营销策略。

9.2.3 微信营销

微信营销是指利用微信这一社交媒体平台进行的营销活动。微信作为当前最流行的即时通信工具，提供了多样化的营销功能和渠道，包括公众号、微信小程序、朋友圈广告、微信群和微信支付等。通过这些渠道，企业和品牌能够发布内容、进行广告推广、与用户互动、提供服务和销售产品。

微信营销的核心优势在于其高度的社交性和私密性，以及能够提供精准的目标受众定位。企业可以通过微信营销建立与消费者的直接联系，进行个性化营销，同时利用微信的强大用户基础和高用户粘性来增强品牌影响力。

1. 微信营销的特点

(1) 私密性和个性化。微信的社交环境更为私密，提供了更加个性化的交流方式。

(2) 多功能平台。集成了文本、语音消息、视频、支付和小程序等多种功能。

(3) 社交网络扩散性。通过朋友圈和微信群，信息能够快速扩散。

(4) 精准营销。通过微信公众号和小程序可进行精准的目标受众营销。

(5) 提高用户粘性。微信作为日常沟通工具，具有非常高的用户黏度。

2. 微信营销的分类

(1) 公众号营销：通过创建公众号发布品牌内容，与用户互动。

(2) 微信小程序营销：通过小程序提供便捷的服务和购物体验。

(3) 朋友圈广告：在用户的朋友圈投放广告，实现品牌曝光。

(4) 微信群营销：利用微信群进行品牌推广和产品销售。

(5) 微信支付营销：通过微信支付功能推广优惠活动。

3. 微信营销的具体步骤

喜茶(HEYTEA)是我国一家饮品品牌，通过微信营销，成功地提升了其在顾客心中的品牌形象，同时增加了线上订单量。公众号和小程序成为喜茶与顾客沟通和销售的重要渠道，朋友圈广告则有效提升了品牌的可见度。下面以喜茶为例，介绍喜茶微信营销的具体步骤。

(1) 目标设定和受众分析。喜茶的微信营销目标是提升品牌知名度，增加线上订单量，同时提高顾客忠诚度。喜茶主要针对年轻消费者，尤其是追求时尚、注重生活品质的城市年轻群体。

(2) 公众号运营。喜茶在其公众号上发布关于新品上市、店面活动、行业资讯的内容。通过公众号及时回复顾客咨询，发布与用户互动的内容，如用户分享、投票等，如图9.4(a)所示。

(3) 微信小程序开发。开发包含点单、支付、会员积分、店铺位置等功能的小程序。在小程序中推出限时优惠、会员专享优惠等活动，吸引用户下单，如图9.4(b)所示。

(4) 朋友圈广告。在朋友圈投放关于新品推广和特别优惠的广告。针对喜茶的潜在顾客，特别是对新饮品和特别优惠感兴趣的用户。

(5) 数据分析与优化。跟踪并分析公众号阅读量、小程序订单量、广告反馈等关键指标。根据数据分析结果调整内容发布计划和广告策略，优化促销活动。

(6) 持续互动和服务。提供及时的客户服务，解决用户在使用小程序时遇到的问题。定期在公众号和小程序上举办互动活动，如用户体验调查、品鉴活动邀请等。

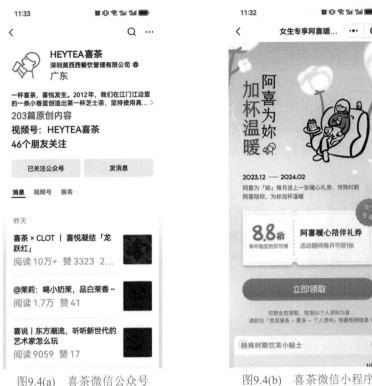

<table>
<tr><td>图9.4(a) 喜茶微信公众号</td><td>图9.4(b) 喜茶微信小程序</td></tr>
</table>

9.2.4 小红书营销

小红书营销也被称为小红书内容营销,是指在小红书这个社交电商平台上进行的品牌推广和产品销售活动。它以社区驱动和用户生成内容为核心,特别适合美妆、时尚、生活方式等领域的产品营销。

1. 小红书营销的特点

(1) 内容为王与社区互动。小红书强调高质量、原创的内容,鼓励用户分享真实的购物体验、使用心得。平台的社区氛围鼓励用户互动,如评论、点赞、收藏和转发,形成强大的口碑效应。

(2) 目标受众的精准性。主要用户群体是追求高品质生活的年轻人,尤其是女性,她们在购买决策上更倾向于参考同龄人的推荐和评价。这使得小红书成为时尚、美妆、健康生活等品牌理想的营销平台。

(3) 高度融合的内容和电商功能。小红书不仅是内容分享平台,还集成了电商功能,用户可以直接从分享的内容中购买产品。这种无缝连接的内容和购物体验增加了用户的购买转化率。

(4) 网红和行业内有影响力的人物。合作的行业内有影响力的人物和网红在平台上有很高的信任度和影响力,他们的推荐对提升产品知名度和信任度具有重要作用。

2. 小红书营销的分类

(1) 内容营销。通过原创的高质量内容来吸引用户,建立品牌声誉。

(2) 行业影响力人物或网红营销。合作的行业影响力人物或网红通过分享内容来推广品牌和产品。

(3) 品牌官方账号。运营品牌官方账号，发布品牌故事、产品信息等内容。

3. 小红书营销实施步骤

Winnie文是小红书原生成长起来的头部博主，她的内容都是探究如何变得更好更美，从美妆、穿搭到拍照和日常氛围，如图9.5(a)所示。博主通过小红书营销有效地进行个人品牌和产品营销，同时提升自身的知名度和影响力。下面以Winnie文为例，讲述小红书营销具体步骤。

(1) 确定营销目标和策略。设定目标，提升个人品牌知名度，增加合作品牌的曝光和销售。规划策略，选择与个人形象匹配的品牌合作，制订内容计划，包括发布频率和风格。

(2) 内容创作和发布。创作视频和图文内容，制作关于产品的使用体验、效果展示、护肤技巧等内容。保持真实和亲和力，确保内容真实可信，与Winnie文的个人风格和用户喜好一致，如图9.5(b)所示。

(3) 用户互动和社区建设。增加用户互动，在帖子中回复评论，参与讨论，提高用户参与度。构建社区感，鼓励粉丝分享自己的使用体验，创建话题标签，增强社区互动。

(4) 跟踪和分析数据。监控效果，追踪帖子的阅读量、互动数(如点赞、评论、收藏)和转化率。调整策略，根据反馈数据调整内容策略和发布时间。

(5) 合作评估和长期规划。评估合作效果，分析合作活动的整体效果，包括品牌影响力和销售数据。规划未来发展，基于合作效果规划未来的品牌合作和个人品牌发展。

(6) 品牌合作和扩展。寻找新合作，根据个人品牌定位寻找新的合作机会。扩大影响力，通过参加线下活动、合作拍摄等方式进一步扩大个人品牌影响力。

图9.5(a)　小红书博主Winnie文

图9.5(b)　小红书营销内容

9.2.5 微视营销

微视营销是利用微视平台进行的数字营销方式。微视作为以短视频为主的社交媒体平台，提供了多样化的工具和功能，使品牌能够通过创意内容、直播互动和电商集成，与广大用户互动和交流，从而达到营销目的。

1. 微视营销的特点

(1) 内容驱动和高度可视化。微视的核心在于创意短视频内容，这些内容通常具有高度的视觉吸引力，容易在用户中传播。视频内容可以快速传递信息，加强品牌形象的构建。

(2) 增强社交互动性。微视平台鼓励用户点赞、评论和分享，这种社交互动性增强了用户的参与感。通过用户生成内容(UGC)和话题挑战，可以增加品牌与用户之间的互动。

(3) 多样化营销方式。微视不仅仅是视频平台，还整合了直播、电商(微视小店)等多种功能。这些功能为品牌提供了多种营销方式，如直播带货、在线商店等。

2. 微视营销的分类

(1) 微视形象宣传。利用短视频强化品牌形象，展示品牌故事和价值观。

(2) 微视店铺。在微视平台上建立电商店铺，展示和销售产品。

(3) 微视直播。通过直播互动，增强用户参与度，同时进行产品展示和销售。

3. 微视营销的实施步骤

町町手工皂是一个专注于制作和销售自然手工皂的小众品牌。町町手工皂利用短视频成功地提升了品牌知名度，通过直播增强与消费者的互动，同时，微视店铺为消费者提供了直接购买的便利，从而增加了产品销量，如图9.6(a)所示。以下以町町手工皂为例，介绍利用微视进行营销的具体实施步骤。

(1) 确定营销目标。进行品牌宣传，提升町町手工皂在消费者中的品牌知名度。促进销售，通过微视小店增加产品的在线销售。

(2) 微视内容策划。制作视频，制作展示手工皂制作过程的短视频，强调其天然成分和手工制作的特点。宣传生活方式，创作展示手工皂在日常生活中使用场景的视频，如皮肤护理、手工皂绿色环保、无污染等。

(3) 微视小店搭建。设置小店，在微视上创建町町手工皂的品牌小店，展示各种手工皂产品。介绍产品详情，为每种手工皂制作详细介绍和吸引人的展示视频。

(4) 直播互动。制订直播计划，安排定期直播，展示新产品，讲述手工皂的特色和使用方法。增加互动环节，在直播中设置问答和互动环节，增加观众参与度，如图9.6(b)所示。

(5) 促销活动。进行限时优惠，在微视店铺提供限时折扣和礼品赠送，吸引消费者购买。进行直播促销，在直播中提供独家优惠，鼓励观众即刻购买。

(6) 与网红合作。与生活方式和美容领域的微视网红合作，介绍和推荐町町手工皂。进行内容分享，网红通过自己的短视频分享使用手工皂的体验。

(7) 用户参与和内容共创。增加用户互动，鼓励用户在评论区分享使用体验，增强品牌互动。进行内容共创，鼓励用户制作和分享他们使用町町手工皂的短视频。

(8) 数据监测和策略调整。监测效果，跟踪分析微视小店的流量、销售数据，以及短视频和直播的观看量与互动情况。优化策略，根据数据反馈调整营销策略，如内容更新频率、促销活动等。

图9.6(a)　町町手工皂微视小店

图9.6(b)　町町手工皂微视直播

9.2.6　抖音营销

抖音营销是基于抖音平台的数字营销策略，利用抖音的社交媒体特性和视频内容的吸引力，帮助品牌与用户建立连接，并通过多样化的功能如抖音形象宣传、抖音商城、抖音直播等实现品牌推广和销售。

1. 抖音营销的特点

(1) 高度视觉化和创意性内容。抖音以短视频为核心，强调视觉吸引力和创意性，使内容更易于吸引用户。视频内容的多样性和创意性有助于品牌展示其独特性和创新性。

(2) 强大的用户参与和社交互动。抖音鼓励用户通过点赞、评论、分享等进行互动，增强了社区和用户之间的联系。通过挑战、话题等形式鼓励用户生成内容，增加品牌的可见度和用户参与度。

(3) 多元化的营销渠道。抖音不仅提供视频发布，还包括直播、商城等多种功能，为品牌提供多元化的营销渠道。这些功能使品牌能够在一个平台上完成从宣传到销售的全过程。

2. 抖音营销的分类

(1) 抖音形象宣传。通过创意视频和故事讲述强化品牌形象，提升品牌知名度和用户忠诚度。

(2) 抖音商城。在抖音平台内设立商店,通过短视频和直播推广和销售产品。

(3) 抖音直播。通过直播进行产品展示、互动和销售,提高用户参与度和销售转化率。

3. 抖音营销的实施步骤

蔻驰(COACH)是美国的一家时尚品牌,产品主要包括女士手袋、男士包款等。为了提高品牌知名度并推广产品,它选择与演员黄奕合作。黄奕帮助蔻驰品牌提升知名度和销售量,加强了自己作为时尚达人的市场地位,下面以蔻驰为例,了解抖音营销的具体步骤。

(1) 设定合作目标。提升品牌知名度,利用黄奕的名人效应提高蔻驰的市场认知。增加产品销售,通过直播和视频内容带动产品销售,如图9.7(a)所示。

(2) 内容策划与制作。制作黄奕使用蔻驰产品的体验视频,展示产品的时尚效果和女士手袋的结构特点。制作关于如何选择和使用蔻驰产品的使用视频,并提供皮具保养的相关知识。

(3) 直播销售。在直播中进行互动,展示蔻驰试用产品的使用效果,并与观众互动。进行限时优惠销售,提供直播专属优惠,刺激观众的购买欲望,如图9.7(b)所示。

(4) 用户互动与反馈。刺激用户参与,鼓励用户在评论区分享自己的使用体验,增强互动性。收集用户反馈,为品牌提供市场反馈。

(5) 跟踪效果与优化。监控视频和直播的观看量、用户互动、销售数据。根据数据分析结果调整未来的推广策略。定期发布关于品牌的新内容,长效吸引用户的兴趣。

图9.7(a)　蔻驰与黄奕在抖音直播合作

图9.7(b)　蔻驰的抖音直播销售优惠价

9.3 第三方电子商务平台

> **课程思政：** 在第三方电子商务平台(如淘宝、京东、拼多多等)上营销和销售时，应严格遵循平台的规定和政策，包括销售政策、广告规则和版权法规。保证透明和诚实地经营。

第三方电子商务平台是指提供中立的在线环境，让多个卖家和买家进行交易的网站或应用程序。这种平台通常由独立于卖家和买家的第三方运营和管理。典型的第三方电子商务平台包括亚马逊、淘宝、京东、拼多多等。

这类平台为初创企业提供了一个即刻可用的在线市场，使其能够迅速接触到大量的潜在客户。特别是对于缺乏足够资源来建立自己的销售渠道的初创企业而言，利用已建立的平台，可以避免在网站开发、支付系统和物流等方面的投资。

9.3.1 淘宝网

淘宝网是中国最大的在线购物平台之一，是一个综合性的在线市场，个人卖家、小企业以及大品牌都可以在此开设店铺，销售产品。

1. 淘宝网的特点

(1) 庞大的商品种类。淘宝网提供几乎各类商品和服务，从日常用品、服装、电子产品到手工艺品和个性化服务等。

(2) C2C和B2C模式并存。淘宝最初以C2C(消费者对消费者)模式起家，让个人卖家能够开设店铺销售产品。随着淘宝商城(天猫)的推出，B2C(企业对消费者)模式也得到了发展，吸引了众多品牌和企业入驻。

(3) 灵活的价格机制。淘宝上的商品价格多样，既有固定价格，也有通过拍卖等方式确定的价格。店铺经常会有促销活动，如双十一等大型促销活动。

(4) 强调社区互动。淘宝拥有庞大的用户社区，买家可以发布评价、分享购物经验。卖家通过店铺设置、客服沟通等方式与买家互动。

(5) 便捷的支付和物流。淘宝与支付宝紧密结合，提供便捷的在线支付服务。淘宝通过整合物流资源，提供了快速高效的物流服务。

2. 淘宝网的分类

1) B2C天猫商城

天猫商城(原淘宝商城)是淘宝网中专门针对B2C模式的平台，主要面向品牌和正规企业。卖家通常是制造商、品牌商或授权经销商。天猫商城涵盖了从时尚服饰、电子产品到家居用品、美妆护理等各种类型的商品，这些商品通常是品牌新品或正品。B2C模式提供更加正规的购物体验，包括官方保障、退货服务、售后支持等，消费者可以享受到更标准化、有保障的服务。

2) C2C淘宝网传统平台

这是淘宝网最初的形态，主要由个人卖家或小型商家运营。卖家可能是个人、小工作室或小规模的商家。在C2C模式下，商品种类极为丰富，包括二手商品、手工艺品、自制产品等。商品价格可能更具竞争力，但品质和来源的多样性也更大。C2C模式下的交易更侧重于灵活性和个性化。

3. 淘宝网网店实施步骤

戎美起初是一个淘宝小店，主要销售日系大牌外贸尾单，通过秒杀等策略吸引顾客，逐渐建立了良好的口碑和忠实的顾客群。随着淘宝网的发展，戎美店铺迅速壮大。到了2014年，戎美开始自营工厂，创建了柔性供应链系统，实现了小订单、快速响应的新零售模式。公司通过不断更新产品，并快速响应顾客反馈，成功地将其业务扩展到线上线下多个渠道，最终成功上市。

下面以戎美为例，介绍淘宝网上销售的具体步骤。

(1) 市场调研和定位。确定目标市场，分析高端女装市场的趋势和目标顾客群体，如职业女性，或者对时尚有一定追求的消费者。进行竞争者分析，研究同行业竞争者，包括他们的产品、定价策略、营销手段等。

(2) 开设淘宝店铺。注册店铺，在淘宝网注册账号，完成认证流程，开设店铺。进行店铺设计，设计符合高端女装定位的店铺界面，包括专业的店铺logo、横幅、产品摆放等，如图9.8所示。

(3) 产品采购和展示。选择产品，精选高质量、设计感强的女装产品，确保产品符合高端市场的需求。展示产品，进行专业的产品摄影，确保图片质量高，展示产品细节。

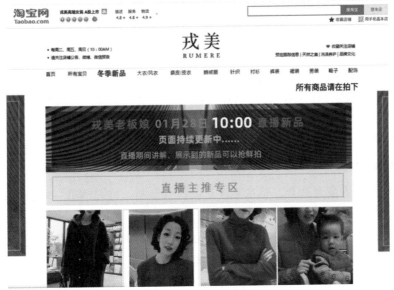

图9.8　戎美淘宝店铺

(4) 营销策略。进行内容营销，利用淘宝直播、短视频等工具展示服装搭配技巧，提升品牌形象，如图9.9所示。开展促销活动，参与淘宝的促销活动，利用折扣或限时活动吸引顾客。

戎美【ZZ1005584】精致优雅感 重磅全羊绒羊毛-绞花针织连衣裙

已售 0

新品抢购 ¥450 起

优惠　活动　保障　参数 ∨

配送：江苏苏州 至 西安　长安 ∨
快递：免运费 现在付款，3天内发货

颜色分类：深太妃棕色（羊绒版连衣裙）（现货）　　浅太妃棕色（羊毛版连衣裙）（现货）

尺码：34码　36码　38码　40码　42码　44码

数量：－ 1 ＋ 有货

即将开始，01.28 10:00开售　　☆ 收藏

图9.9　戎美淘宝直播

(5) 客户服务与互动。优化购物体验，提供详细的产品描述，快速响应顾客咨询。完善售后服务，提供灵活的退换货政策，保证顾客满意度。

(6) 数据分析和店铺优化。监控数据，定期查看店铺流量、销售数据、顾客反馈等。调整策略，根据数据反馈调整产品线、营销策略和客户服务。

(7) 品牌建设。运营社交媒体，通过微博、小红书等社交平台扩大品牌影响力。进行合作推广，与时尚博主或行业有影响力的人物合作，提高品牌在目标顾客中的知名度。

9.3.2 京东商城

京东商城是中国领先的在线直销平台。京东以销售电子产品起家，逐渐扩展到家电、服饰、日用品等多个品类。京东商城不仅服务于普通消费者，也为企业客户提供供应链解决方案和其他商业服务。

京东为初创企业提供了一个广阔的电商平台，使其能够迅速接触到广泛的潜在客户群体。通过在京东平台销售产品，初创企业可以利用其庞大的用户基础和先进的电商服务，加快企业的成长和发展。京东的物流网络、技术支持和市场分析工具对初创企业意义非凡，帮助它们提升了市场影响力和品牌知名度。

1. 京东商城的特点

(1) 自营和第三方商家结合。京东不仅运营自营商品，也容纳第三方商家的平台，提供丰富的商品选择。

(2) 强大的物流网络。拥有高效的自建物流系统，提供快速配送服务。

(3) 广泛的商品种类。销售电子产品、家居用品、服饰、美妆等多种商品。

(4) 技术驱动。注重技术创新，如自动化仓库和物流技术。

(5) 高质量服务。提供可靠的售后服务和客户支持。

2. 京东商城的分类

(1) 自营业务。京东直接销售的商品，涵盖多个品类。

(2) 第三方商家平台。允许独立商家在京东开设店铺。

(3) 跨境电商。专门提供进口商品的平台。

(4) 金融科技服务。如京东金融，提供支付、融资等服务。

(5) 技术服务。如京东云，提供云计算和大数据解决方案。

3. 京东商城的实施步骤

开设京东自营店和京东旗舰店的流程不同。

(1) 京东自营店。一般指京东公司直接管理的店铺。通常，个人或企业无法直接开设自营店，因为这些店铺是京东自己的运营模式的一部分。

(2) 京东旗舰店。通常指品牌官方在京东平台上的专属店铺。要开设旗舰店，品牌需要先与京东建立合作关系，完成必要的认证和注册流程，符合京东对旗舰店的特定要求，如提供品牌所有权和授权证明等。

顺庆银楼在京东商城的经营包括京东自营店和官方旗舰店。其在京东开设官方旗舰店的具体步骤如下。

① 注册和认证：在京东平台注册账户，并完成品牌和企业认证。

② 店铺设置：设计店铺界面，上传品牌logo和相关图像，设定店铺风格，如图9.10所示。

图9.10　顺庆银楼品牌logo

③ 商品上架：发布商品信息，包括高质量的产品图片、详细描述、价格和库存。

④ 营销推广：通过京东平台的营销工具和活动进行推广，比如参与京东的促销活动、使用广告服务等，如图9.11所示。

图9.11　顺庆银楼新年促销活动

⑤ 订单管理和物流：管理订单流程，确保商品及时发货，利用京东的物流系统。

⑥ 客户服务：提供优质的客户服务和售后支持，包括解答咨询和处理退换货事宜。

9.3.3 拼多多

拼多多以其社交购物模式闻名。该平台允许用户通过拼团购买方式获得更低的商品价格。拼多多结合了电子商务和社交网络元素，鼓励用户分享商品信息，通过团购方式实现成本优势。拼多多提供了各种商品，从日用品到电子产品等，吸引了广泛的消费者群体，特别是在三线及以下的城市。

拼多多对初创企业来说是一个重要的平台，其以低价策略和团购模式吸引了大量消费者，特别是在对价格敏感的消费者群体中。这为初创企业提供了一个销售其产品和服务的大众市场，尤其是对于寻求快速增长和广泛市场曝光的企业。通过在拼多多平台上销售，初创企业可以利用平台的流量和用户基础，以及相对较低的入驻门槛，来拓展业务并建立品牌知名度。

1. 拼多多的特点

(1) 社交电商模式：强调社交元素，如拼团购买，通过用户间的共享和推荐促进销售。

(2) 价格优势：以低价商品为主，吸引价格敏感型消费者。

(3) 多样化商品类别：提供从日用品到电子产品等广泛商品。

(4) 快速增长的用户基础：迅速吸引大量用户，特别是在三线及以下的城市。

2. 拼多多的分类

(1) 拼多多个人店。一般由个人经营者开设，适用于小规模的商家或个体户。个人店在注册时通常需要提供个人身份信息和较少的经营资质证明。

(2) 拼多多企业店。面向具有公司或企业资质的商家，适合规模较大、拥有正规营业执照的商户。企业店在注册时需要提供公司相关的法人信息、营业执照和其他相关的企业资质证明。

3. 拼多多店铺的实施步骤

织梦简约家纺是一家拼多多个人店铺，其斜纹被套曾被列为畅销榜第1名，店铺里的一件全棉被套，销量超过90万件。下面以织梦简约家纺为例，介绍拼多多网上销售的具体步骤。

(1) 店铺注册和认证：完成拼多多平台的注册流程，提供必要的个人或企业信息。

(2) 商品上架：上传产品的详细信息，包括高质量的图片、详细描述、价格和库存，如图9.12(a)所示。

(3) 参与拼团和促销：利用拼多多的拼团机制和其他促销活动来吸引顾客，如图9.12(b)所示。

(4) 优化商品排名：通过优化关键词和产品描述提高商品在搜索结果中的排名。

(5) 客户服务和反馈：提供高效的客户服务，并积极回应顾客的评价和反馈。

(6) 监控和调整策略：定期检查销售数据和市场趋势，调整营销策略和产品供应。

图9.12(a) 拼多多店铺

图9.12(b) 拼多多促销活动

9.4 视频营销与直播营销

课程思政：视频营销和直播营销是高效的销售方式，但必须合法合规地使用。在制作和分享内容时，必须遵守相关法律法规和平台政策，以确保品牌和个人的声誉得以保护。

9.4.1 视频营销

视频营销是一种利用视频内容推广品牌、产品或服务的技术。它结合了视觉和听觉元素，以极具吸引力的方式展示信息，非常适合在社交媒体和其他数字平台上进行传播。

1. 对初创企业的作用

对初创企业而言，视频营销可以有效提升品牌知名度，促进用户对产品的了解和兴趣，增加用户参与度。它为展示创新产品或服务提供了更直观的方式，帮助初创企业在竞争激烈的市场中脱颖而出。

2. 视频营销平台

(1) 抖音：是一款短视频社交平台，以其"病毒式"传播和高用户参与度闻名，适合快速传播和品牌曝光。

(2) 微视：腾讯推出的短视频平台，同样强调社交分享，与微信生态系统紧密相连。

(3) 哔哩哔哩(B站)：是一个视频分享网站，以二次元文化和创意内容为特色。

(4) 好看视频：百度旗下的短视频平台，内容以生活方式和知识分享类为主。

(5) 西瓜视频：字节跳动公司的一个视频平台，强调个性化推荐和多样化内容。

(6) 快手：特别强调用户生成内容，为用户提供了一个展示日常生活和才艺的舞台。

3. 初创企业的有效利用

初创企业应注意制作高质量且富有创意的视频内容，并根据目标受众群体选择合适的平台进行发布和推广。同时，应通过分析观众数据来不断优化视频内容和营销策略。

宝洁公司的"感谢妈妈"系列视频营销广告中，通过一系列感人至深的视频，展示了母亲在孩子成长过程中所扮演的角色，特别是在孩子成为奥运会运动员的过程中。这些视频强调了母亲的支持和牺牲，与宝洁品牌的核心价值观相呼应。通过这个系列的视频，宝洁成功地加深了与消费者的情感联系，并增强了品牌形象。具体步骤如下。

(1) 目标设定：明确视频旨在增强品牌情感连接。

(2) 内容创作：制作高质量、情感丰富的视频内容，讲述真实感人的故事。

(3) 多平台发布：在多个平台发布视频。

(4) 互动促进：鼓励观众分享自己的故事，增加互动。

(5) 效果分析：分析视频的观看次数、分享率和观众反应，评估营销效果。

9.4.2 直播营销

直播营销是通过实时视频向在线观众推广品牌、产品或服务的技术。它允许品牌与消费者直接互动，展示产品，回答问题，提供特别优惠等，从而增强用户参与度和购买动力。

1. 对初创企业的作用

(1) 品牌建设和曝光：直播营销可以快速提升初创企业的品牌知名度，通过实时互动和具有吸引力的内容吸引更多潜在客户。

(2) 市场反馈与用户参与：直播提供了与观众即时互动的机会，有助于收集市场反馈和提高用户参与度，进而增强品牌忠诚度。

(3) 销售与成本效益：直播展示产品功能和效果，能直接促进销售，同时作为一种低成本的营销方式，特别适合预算有限的初创企业。

2. 直播营销平台

(1) 淘宝直播：专注于电商领域，提供商品展示、促销活动，适合零售商和品牌。

(2) 抖音直播：强调创意内容，结合产品推广和销售，受广大用户喜爱。

(3) 快手直播：以其大众市场定位，适合广泛的产品展示和销售活动。

(4) 微视直播：注重社交互动，适合个性化推广和小型企业。

(5) B站直播：针对特定群体，如游戏、动漫爱好者，适合相关产品的推广。

除了上述直播平台，还有其他直播平台，这类平台可能专注于特定的兴趣领域或用户群体，提供与主流平台不同的特色内容和互动方式。不同平台的特点和目标受众有所区别，因此在选择直播平台时，初创企业应考虑其产品定位和目标市场，以选择最适合的平台进行营销活动。

3. 初创企业的有效利用

(1) 产品展示与互动营销：利用直播展示产品特性和应用，同时通过实时互动解答观众疑问，增加用户参与感。这种方式不仅增强了产品的透明度，还提供了即时反馈的机会。

(2) 品牌建设与故事讲述：通过分享公司的背景故事、愿景和价值观，增强品牌认同感。直播提供了一个个性化的平台，使企业能够更深入地与观众建立情感联系。

(3) 数据驱动的营销优化：利用直播平台提供的观众数据和分析工具来优化营销策略。根据观众行为和反馈调整内容和促销策略，以提高效果和投资回报率。

9.4.3 案例分析：视频与直播营销合理应用，使红牛斩获双11销售冠军

红牛成功的视频与直播营销策略是其连续11年在双11购物节上夺冠的关键。其策略集成了多种创新方法，旨在深度传播"真牛"品牌精神，提高品牌知名度、销售量以及消费者忠诚度。

以下是红牛成功的视频与直播营销策略的要点。

(1) 创意视频营销活动。红牛的策略之一是通过有创意的视频营销活动获得广泛认可。其中包括"你真牛 红牛挺你"活动，该活动得到了名人代言和社交媒体平台的支持。这一活动在抖音、TikTok等短视频平台上获得了广泛传播，吸引了大量用户的参与和互动。

(2) 社交媒体和短视频平台。红牛充分利用了社交媒体和短视频平台，如抖音，来扩大品牌知名度。通过在这些平台上发布视频内容，红牛吸引了更多年轻受众者，并与他们建立联系。这种互动性增强了品牌与消费者之间的互动。

(3) 体育赛事合作。红牛与中国田径协会和中国篮球协会等体育组织建立了战略合作伙伴关系。这些合作关系不仅有助于宣传体育和推广健康生活方式，还为红牛品牌提供了重要的曝光机会。这一系列的合作帮助红牛在相关领域建立强大的品牌存在感。

(4) 产品质量和创新。红牛成功的视频与直播营销策略的基础是其产品质量和持续的创新。红牛维生素口味能量饮料以其独特的配方，含有牛磺酸、肌醇和B族维生素等，赢得了消费者的信任和喜爱。

红牛成功的视频与直播营销策略是多维度的，结合了创意视频营销、社交媒体、体育赛事合作、产品质量和创新等多种要素。这使红牛能够与不同年龄和兴趣的群体建立联系，提高品牌知名度，并在市场上保持卓越的竞争力。通过将品牌精神传播给更多消费者，红牛在视频与直播营销领域取得了显著的成功。

9.5　搜索引擎优化与搜索引擎营销

> **课程思政**：搜索引擎是互联网时代不可或缺的工具，它使人们能够轻松访问和获取所需的信息，无论是在学术研究、商业运营还是个人生活方面。因此，了解如何有效使用搜索引擎是重要的信息素养之一。

搜索引擎是一种互联网工具，允许用户通过输入关键词或短语来查找互联网上的信息资源。它通过自动化程序(称为蜘蛛或爬虫)在互联网上索引网页，并根据用户查询的相关性呈现搜索结果。

9.5.1　搜索引擎优化

搜索引擎优化(search engine optimization，英文缩写为SEO，以下称SEO)是一种数字营销策略，旨在提高网站在搜索引擎中的排名，以吸引更多有机(非付费)流量。SEO的核心目标是提高网站的可见性，使其在搜索结果中获得更高的排名，从而吸引更多潜在客户和用户。

1. SEO的重要性和目标

SEO在现代数字时代变得至关重要。随着越来越多的人在搜索引擎中寻找信息、产品和服务，SEO可以为企业和网站带来如下好处。

(1) 增加有机流量：通过优化网站，吸引更多潜在客户，提高网站的访问量。

(2) 提高用户体验：优化网站结构和内容，提供更好的用户体验。

(3) 提高转化率：吸引有针对性的访客，提高他们的转化率。

(4) 增加品牌知名度：在搜索结果中获得更高的排名，提高品牌曝光度。

2. SEO的核心要素和术语(如表9.1所示)

表9.1　SEO的核心要素及解释

核心要素	解释
关键字	用户在搜索引擎中输入的词或短语，关键字研究帮助您确定哪些关键字与您的业务相关
元标签	包含有关网页内容的元数据的HTML标签，包括页面标题、描述和关键字
内部链接	网站上不同页面之间的链接。良好的内部链接可以改善用户导航和搜索引擎爬虫的索引
外部链接	其他网站链接到本网站的链接。质量高的外部链接可以提高网站的权威性和排名
爬虫	搜索引擎爬虫是一种自动程序，用于浏览和索引互联网上的网页
索引	搜索引擎将爬取的网页存储在其数据库中，以供在搜索结果中使用
算法	搜索引擎使用复杂的算法来确定哪些网页在搜索结果中排名靠前

3. SEO的具体实施步骤

SEO是一个复杂而综合的过程，需要综合考虑多个因素。以下是SEO的具体实施步骤。

(1) 关键字研究。分析目标受众，确定目标受众是谁，了解他们的需求和搜索习惯。分析竞争对手，研究竞争对手的关键字策略，找出竞争激烈和低竞争度的关键字。

(2) 网站结构优化。确保网站具有清晰的结构，方便用户导航，且易于搜索引擎爬虫索引。完善内部链接，使用内部链接将相关页面连接在一起，改善用户体验和网站权威性。

(3) 内容优化。创作高质量内容，制作高质量、有价值的内容，满足用户需求，包括文本、图像、视频等。使用关键字，将目标关键字自然地整合到内容中，但要避免过度堆砌。设置标题和描述文字，为每个页面设置有吸引力的标题和描述文字，包括目标关键字。

(4) 外部链接建设。提高外部链接质量，寻找高质量的外部链接，以提高网站的权威性。充分利用社交媒体，利用社交媒体平台建立品牌知名度，分享内容，并获得社交信号。

(5) 移动友好性。进行响应式设计，确保网站在移动设备上具有良好的用户体验，以满足移动搜索的需求。提高页面加载速度，优化网站以提高页面加载速度，改善移动体验。

(6) 技术优化。提高网站速度，优化网站的加载速度，包括压缩图像，减少HTTP请求等。确保网站安全性，使用HTTPS协议，确保网站的安全。管理索引，使用robots.txt和XML站点地图来控制搜索引擎爬虫的访问。

(7) 分析和监测。分析数据，使用工具如百度统计和百度站长工具来监测网站流量、关键字排名和用户行为。调整策略，根据分析数据，进行必要的调整和优化，以提高SEO绩效。

SEO通过综合考虑关键字研究、网站结构、内容、链接建设、技术优化、移动友好性等因素，帮助网站提高在搜索引擎中的排名，吸引更多的有机流量。SEO是一个持续改进的过程，可以定期审查和更新用户的SEO策略，以适应搜索引擎算法的变化和市场趋势的变化。

9.5.2 搜索引擎营销

搜索引擎营销(search engine marketing，英文缩写为SEM)是一种数字营销技术，旨在通过提升网站在搜索引擎结果页上的可见度来增加网站流量。SEM通常涉及付费广告，这与之前讨论过的SEO不同，SEO更侧重于通过提高网站的自然排名来增加流量。

1. SEM的核心要素(如表9.2所示)

表9.2　SEM的核心要素

SEM的核心要素	解释
关键词研究	选择与业务相关且目标受众常用的关键词。这些关键词将用于创建广告
竞价策略	在SEM中，广告位通常是通过竞价获得的。需要确定每个关键词的出价策略，确保竞价既有效又低成本
广告创意	制作能吸引人的广告文案和视觉元素。广告应该清晰地传达价值主张，并吸引用户点击
着陆页优化	确保广告链接到的着陆页与广告内容相关，易于导航，并鼓励用户采取行动，如购买、注册或下载

SEM的核心要素	解释
目标群体定位	了解并定义目标客户，包括他们的地理位置、年龄、性别、兴趣等，以实现精准营销
性能追踪与分析	使用工具如百度统计(Baidu analytics)监控广告的表现，包括点击率、转化率、投资回报率等关键指标

2. SEM成功关键

要选择准确的关键词，选择与产品和目标消费者高度相关的关键词。投放有效的广告和着陆页，设计能引起用户注意并促使用户产生购买行为的广告和着陆页。要持续地优化和调整，基于性能数据不断调整策略以提高投资回报率。

3. SEM实施步骤

王老吉作为一家中草药健康饮品品牌，旨在扩大其在线市场份额和提高品牌知名度，决定利用百度的SEM服务进行广告投放。以下以王老吉为例，介绍SEM的具体步骤。

第一步是市场和关键词研究。王老吉团队首先进行市场研究，确定目标消费者群体及其搜索习惯。使用百度关键词规划工具筛选与"健康饮品""中草药饮料"等相关的高搜索量关键词。

第二步是制定预算和策略。根据市场调研和产品定位，王老吉制定了相应的预算和出价策略。

第三步是广告创意和着陆页设计。设计具有吸引力的广告文案，强调王老吉产品的健康益处。确保广告链接到的着陆页内容与广告主题一致，易于用户操作，并有明确的购买引导。

第四步是广告投放。在百度推广平台上创建广告活动，设置目标关键词、出价、预算等。选择适当的广告展示时段和目标用户群体。

第五步是监测和优化。使用百度统计等工具监控广告效果，包括点击率、转化率、消费等。根据数据反馈对关键词、出价、广告文案等进行调整优化。

通过SEM活动，王老吉成功提高了品牌在搜索结果中的可见度。广告引导的流量增加了在线销售额，并增强了品牌知名度。

案例点评： SEM活动大大增加了针对目标关键词的网站访问量；在线销售额显著增加，特别是通过百度搜索进入的流量转化率较高；通过在百度的广告投放，王老吉的品牌曝光度得到了显著提升，特别是在年轻消费者群体中。

4. SEM与SEO区别

SEO是非付费的自然排名优化，而SEM则基于付费广告的；SEO通常需要更长时间才能看到效果，但优化效果较为持久；SEM则能迅速带来流量，但依赖持续的资金投入；SEO侧重于内容质量和网站优化，而SEM侧重于预算管理和关键词竞价策略。两者的主要区别如表9.3所示。

表9.3 SEM与SEO主要区别

序号	关键点	SEO	SEM
1	目标	提高网站在搜索引擎自然搜索结果中的排名	通过购买广告位来提高网站在搜索引擎结果页的可见度
2	方法	通过优化网站的内容和结构、提升网站的用户体验、增加高质量的反向链接等非付费手段来实现	通过竞价排名，为特定关键词的搜索结果页上的广告位置支付费用
3	成本	虽然不需要支付搜索引擎广告费用，但通常需要投资时间和资源来创建优质内容和网站优化	基于点击付费(PPC)模式，即每当有用户点击广告时支付费用
4	效果	通常是长期的，需要时间来建立和维护	可以立即带来流量，但一旦停止付费，流量也会随之减少

9.5.3 AI技术在数字营销中的应用

百度作为中国领先的搜索引擎和人工智能公司，将生成式AI技术应用到其营销产品中，帮助企业实现更高效、更智能的营销活动，并通过这种方式重塑了商业营销引擎，推动了商业创新和增长。

1. AI技术重塑商业引擎

下面以百度为例，介绍生成式AI技术为企业带来的变革。

(1) 个性化推荐系统。通过分析用户数据，生成式AI能够为每个用户提供个性化的推荐，增强用户体验，并提高产品的吸引力和粘性。

(2) 内容自动化。企业可以利用生成式AI技术来自动化创造内容，如自动生成新闻文章、社交媒体帖子、市场营销文案等，大大提高内容生产的效率。

(3) 客户服务。生成式AI技术能够支持创建智能客服BOT，BOT可以理解并回应客户查询，提供24*7的服务，同时减少对人力的依赖。

(4) 数据驱动的决策。AI技术可以分析大量数据并生成预见性强的报告，帮助企业做出更加精确的商业决策。

(5) 营销优化。生成式AI可以分析市场趋势和消费者行为，帮助企业创建更有效的营销策略，并优化广告投放以提高转化率。

(6) 产品开发。AI技术还可以在产品开发阶段提供帮助，通过预测市场需求和分析消费者反馈，生成新的产品设计和改进方案。

2. 案例分析：飞鹤联手百度AI双引擎品牌BOT开启AI营销新时代

飞鹤是一家专注于生产婴幼儿配方奶粉的中国品牌。作为中国奶粉行业的龙头企业，飞鹤致力于为婴幼儿提供高质量的营养产品。通过科学研发和严格的质量控制，飞鹤奶粉产品深受消费者的信赖。

国产奶粉品牌阵营逐渐拥挤，市场竞争愈发激烈，飞鹤借助百度生成式AI为营销赋能，构建品牌与用户双向沟通的路径，加强互动产生深度内容，实现了用户对品牌认知的破圈。

（1）策略与创意。借助百度品牌BOT技术，用生成式AI为品牌与用户之间搭建沟通的桥梁，构建双向沟通的平台，以趣味性的联动方式加强沟通，有效传递品牌理念，助力品牌破圈，如图9.13所示。

（2）执行与实施。一是结合直播活动开屏广告展现，强势曝光引发关注，同时引入原生小红书笔记，升级关键词创意，提升搜索入口承接效率。二是创新应用品牌BOT，构建品牌与用户之间沉浸式沟通场景，通过AI智能互动为用户提供深度答疑解惑，拉近双方之间的联系。三是借助品牌BOT一站式沉浸沟通模式，缩短用户转化路径，留存用户时长，进行权威专业解答的同时引导用户购买，提高转化效率。

（3）营销效果。人群总资产：增长6倍+；超强拉新效果：+1488%；兴趣互动吸引加强：认知人群兴趣互动人群+31%。

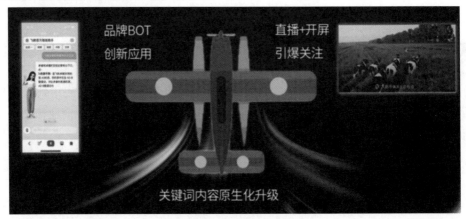

图9.13　百度生成式AI技术

9.6　数据分析与用户行为洞察

> **课程思政：** 在进行内容个性化推荐时，确保遵守相关数据保护和隐私法规。在内容自动化推荐时，保持内容的人性化和创意，以保证用户体验的真实性和质量。

9.6.1　数据分析

1. 数据分析在数字营销中的重要性

（1）指导策略决策。数据分析提供了客观的指标和趋势，使营销团队能够基于实际表现数据而不是直觉制定策略，优化广告投放，调整营销预算分配。

（2）消费者洞察。通过分析消费者行为和偏好数据，企业能够深入理解目标受众群体，实现市场细分和个性化营销，增强用户参与度和忠诚度。

(3) 效率和投资回报率优化。数据分析帮助企业追踪关键绩效指标，评估营销活动的效果，从而提高营销效率并将投资回报率最大化。

(4) 预测市场趋势。数据分析工具能够帮助企业进行预测分析，识别市场趋势和消费者需求的变化，为企业提前规划营销活动提供支持。

2. 数据分析技术在数字营销中的应用

数据分析技术确保企业在面对瞬息万变的市场环境时，能够做出基于数据支持的明智决策。

(1) 深入的消费者洞察。数据分析技术使企业能够深入理解消费者的行为、偏好和需求。通过跟踪和分析消费者的在线行为，如搜索历史、购买模式和社交媒体互动，企业可以构建详细的顾客画像。这些洞察支持个性化营销和细分策略的制定，使得推广活动更加精准和有效。

(2) 营销活动的实时优化。实时数据分析为营销活动的快速迭代和优化提供支持，如A/B测试可以用来测试不同的广告创意、营销信息和用户体验设计。这种不断的测试和改进循环，可以帮助企业实现最佳的营销效果和用户体验。通过实时监控关键绩效指标(KPI)，企业可以快速调整策略以应对市场变化。

(3) 预测性营销与风险管理。数据分析技术通过预测模型，可以预测消费者的未来行为，比如购买意向、产品偏好或潜在的流失风险。这种预测能力让企业能够主动制定营销策略，而不是被动响应，从而更有效地分配营销资源和预算。同时，这也有助于企业管理风险，通过提前识别问题并采取预防措施，比如针对可能流失的顾客实施保留策略。

(4) 衡量和提升营销投资回报率。通过数据分析，企业能够精确计算每一项营销活动的投资回报率，确保预算用在最高效的渠道和策略上。数据分析还能揭示哪些营销策略最能带动销售，哪些可能需要调整或淘汰，从而提高整体营销预算的效益。

9.6.2　用户行为洞察

用户行为洞察指的是对通过数据分析获得的关于目标消费者行为模式、偏好、需求和动机的深入理解。它涵盖了用户的在线行为，如浏览习惯、搜索历史、购买行为和社交媒体活动等。

1. 用户行为洞察的重要性

(1) 提供定制化体验。了解用户行为有助于创建更加个性化的用户体验，从而提高用户满意度和忠诚度。

(2) 提升营销效果。用户行为洞察可以指导企业制定更有效的营销策略，提高广告和内容的相关性。

(3) 驱动产品和服务创新。通过理解用户需求，企业可以开发更符合市场需求的新产品和服务。

2. 用户行为洞察技术

(1) 数据收集技术。一是网站和应用分析工具可提供用户在网站或应用上的行为数据，包括页面浏览时长、访问路径、跳出率等，帮助企业了解用户在线行为。二是热图工具展示用户在网页上的点击、滚动和关注区域，揭示用户对网页内容的兴趣点。三是社交媒体分析工具，用于追踪用户在社交媒体上的互动，包括评论、转发和点赞等行为。

(2) 用户行为跟踪技术。比如Cookie跟踪，在用户的设备上放置Cookie来记录其网站访问历史和在线行为模式，以便进行分析和个性化推荐；事件跟踪，监控用户在网站或应用上的特定活动，比如在电商平台上的商品浏览、加入购物车和购买等行为。

(3) 高级分析技术。应用AI技术分析大量数据，识别用户行为模式和趋势，预测未来行为。根据用户的行为特征或其他相关属性，如购买习惯、浏览偏好，对用户进行细分，实现更精准的目标营销。

(4) 用户反馈收集。在线调查和问卷收集用户意见，了解他们的偏好和反馈。组织线上或线下的深度访谈和讨论会，以获取更具洞察力的用户反馈。

(5) 互动分析。分析用户从接触品牌到最终购买的全过程，特别是在电商平台上的购物过程，了解关键的影响因素和决策点。在电商网站或移动应用中分析转化漏斗，识别流失的关键环节，如购物车放弃或结算流程中的退出。

9.6.3 内容自动化与个性化

内容自动化和个性化在数字营销中的应用不仅提高了营销活动的效率，还极大地提升了用户体验度和参与度。通过精确地定位用户需求并提供相关内容，企业可以更有效地吸引和保持客户，从而提高转化率和品牌忠诚度。

1. 内容自动化

内容自动化是指使用技术工具自动生成或分发内容的过程。它允许营销人员高效地管理和发布内容，同时保持一致性和质量。

1) 内容自动化主要的应用领域

(1) 社交媒体。自动化工具可以定时发布帖子，确保在最佳时间触达目标受众群体。

(2) 电子邮件营销。基于用户行为触发的自动电子邮件序列，如欢迎邮件、购物车放弃提醒等。

(3) 内容创作。利用AI工具如自然语言生成技术(NLG)自动生成新闻文章、产品描述等。

2) 内容自动化优势

(1) 提高效率。自动化减少了人工操作，提高了内容创作和发布的速度。

(2) 保证一致性。确保品牌信息和语调在各个渠道的统一。

2. 内容的个性化

在数字营销领域，内容的个性化是指根据每个用户的特定偏好、行为和兴趣来定制内容。这种策略的核心在于提供与个人用户相关联的信息和体验，以增强用户参与度和提升品牌忠诚度。

1) 内容个性化的重要性

(1) 提高用户参与度。定制化的内容更容易引起用户的兴趣和关注，从而增加用户互动和参与度。

(2) 增强用户体验。通过提供与用户兴趣和需求相关的内容，提升用户的满意度和网站或应用的使用体验。

(3) 提升转化率。个性化内容能够更有效地引导用户进行购买或其他转化行为，从而提高营销投资回报率。

2) 实现内容个性化的方法

(1) 数据驱动的洞察。收集和分析用户数据(如浏览历史、购买行为和社交媒体活动)来了解用户的偏好和兴趣。

(2) 用户细分。将大量用户分为小群体或个体，根据每个群体或个体的行为和偏好发送定制化的内容。

(3) 技术应用。运用机器学习和人工智能技术自动化推荐内容，确保内容与用户的实时兴趣相匹配。

内容的个性化是数字营销中一种极为有效的策略，能够显著提升用户体验、增加用户参与度，并最终带动营销目标的实现。通过精确地了解和满足用户的个性化需求，企业能够建立更强的用户连接，提升品牌价值。

9.7　案例分析：数据营销技术应用

课程思政：探索传统企业如何有效地整合现代数字营销技术，以适应快速变化的市场环境，增强市场竞争力，提高品牌可见度和客户参与度；通过数字渠道创新和优化客户体验，从而实现商业模式的转型与升级。

9.7.1　百草味——传统零食品牌的数字营销

百草味是一家传统零食品牌，它利用数字营销技术在提升品牌知名度和扩大市场份额方面取得了显著成功。

1. 社交媒体营销

(1) 平台运用。百草味在微博、微信和小红书等主要社交平台上积极运营，定期发布有关产品、促销活动和品牌故事的内容。

(2) 用户互动。通过举办线上互动活动、话题讨论和用户参与的竞赛，加强与消费者的互动，提高品牌认知度和用户忠诚度。

2. 与网红或行业影响人物合作

(1) 影响力营销。百草味与网红和行业影响人物合作，利用其大量粉丝基础来推广产品，图9.14所示为携手演员白敬亭拍摄的新春年味短片。

图9.14　百草味携手演员白敬亭拍摄新春年味短片

(2) 内容合作。通过制作评测视频、美食教程等吸引观众,增加产品曝光度。

3. 第三方电子商务平台营销

(1) 布局电商平台。在淘宝、京东和拼多多等电商平台上开设官方旗舰店,拓展在线销售渠道,如图9.15所示。

图9.15　百草味京东自营旗舰店

(2) 参与大促活动。积极参与电商平台的大型促销活动,通过优惠和限时活动提升销量。

4. 数据驱动的个性化营销

(1) 消费者数据分析。收集和分析来自社交媒体和电商平台的用户行为数据,了解消费者的购买习惯和偏好。

(2) 定制化推广。基于这些数据,实施个性化的营销策略,向特定用户群体推送定制化的促销和产品推荐。

5. 移动营销和O2O策略

(1) 移动端体验。通过开发移动应用和微信小程序,为用户提供便捷的移动购物体验。

(2) 线上线下融合。将线上营销活动与线下门店体验相结合,比如在实体店举行的促销活动和产品体验。

9.7.2 案例分析：用户行为洞察技术应用

用户行为洞察技术在我国得到了广泛应用，从搜索引擎到社交媒体，从电商平台到移动支付，企业正通过这些技术深入了解和满足用户需求，提升用户体验，同时为自身的产品开发和市场营销提供数据支持和指导。

(1) 搜索引擎优化。百度作为中国最大的搜索引擎，利用用户行为数据来优化搜索结果和广告定位。通过分析用户的搜索查询、点击行为和停留时间，百度能够调整其算法来提供更具相关性的搜索结果和广告。这不仅提高了用户满意度，还增加了广告点击率和转化率。

(2) 电商平台的用户体验优化。淘宝和天猫使用用户行为分析来进行个性化商品推荐和优化用户界面。根据用户的浏览和购买历史，这些平台能够展示个性化的商品推荐，并优化布局以突出热门商品。这种个性化策略大大提升了用户的购物体验和平台的销售额。

(3) 社交媒体分析。微信不仅是通信工具，还是企业了解用户偏好和行为的重要渠道。通过分析用户在微信上的互动(如公众号文章的阅读、点赞和分享)，企业可以获得宝贵的用户洞察，以指导内容创作和营销策略。这有助于企业更精准地触达目标受众群体，并提高内容营销的效果。

(4) 流媒体平台的内容推荐。腾讯视频和爱奇艺这些视频平台通过分析用户的观看历史、偏好和互动反馈，来推荐个性化的视频内容。应用机器学习技术分析用户行为数据，从而预测用户可能感兴趣的新内容。这增加了用户的粘性和观看时长，同时提高了用户满意度。

(5) 移动支付行为分析。支付宝使用用户交易数据来提供个性化服务，如金融产品推荐。通过分析用户的支付习惯、购买力和信用记录，支付宝能够为用户推荐合适的金融产品或服务。这不仅提升了用户体验，还增加了交叉销售和服务的机会。

9.7.3 案例分析：数据分析技术在小米数字营销中的应用

小米以其智能手机、智能家居设备以及生态链产品而闻名。小米的成功在很大程度上得益于其对数据分析在数字营销的深度应用。

(1) 用户行为分析和个性化体验。小米通过其智能手机和应用的使用数据，收集用户行为信息，如应用使用频率、用户偏好和在线购物行为。基于这些数据，小米能够为用户提供个性化的产品和服务推荐，包括智能手机、配件和智能家居产品。

(2) 社交媒体和社区营销。小米积极利用社交媒体数据来了解消费者的需求和意见，特别是通过微博、微信和其自有的论坛。小米社区的用户反馈被用来指导产品开发和改进，同时也作为营销和品牌建设的一部分。

(3) 产品发展和创新。通过数据分析，小米能够捕捉到最新的市场趋势和消费者偏好，指导产品创新和迭代。通过预测预测市场对新技术和新产品的需求，从而优化产品规划和库存管理。

(4) 营销活动和广告优化。小米通过跟踪用户对营销活动的响应(如广告点击、促销活动参与等)，来评估营销策略的效果。利用用户数据分析来优化广告目标群体，提高广告的相关性和转化率。

(5) 客户服务和体验提升。通过分析客户服务中收集的数据，小米不断提高其产品和服务的质量。数据分析帮助小米在其智能手机和应用中识别用户体验的痛点，从而进行优化。

小米通过利用数据分析技术，在数字营销方面实现了个性化的用户体验、精准的市场定位和有效的产品推广。这不仅增强了小米与消费者之间的互动，还显著提升了营销活动的效果和投资回报率。通过这样的数据驱动方法，小米在激烈的市场竞争中保持了自己的竞争优势。

本章小结

本章全面概述了数字营销技术在现代商业环境中的关键应用。首先介绍了数字营销的发展和主要组成部分，并强调了品牌与消费者间的数字互动方式；接着叙述了各类社交媒体平台(如微博、微信、小红书)和电子商务平台(如淘宝、京东)的营销策略，以及视频营销和直播技术的应用趋势；随后介绍了搜索引擎优化、搜索引擎营销和AI技术在提升数字营销效率中的作用，特强调了数据分析与用户行为洞察在实现内容个性化和自动化中的重要性；最后通过案例分析了解解并掌握数字营销环境中的关键技术和策略。本章重点是初创企业如何在社交媒体营销平台开展视频营销与直播营销。

思考题：

1. 数字时代下的品牌与消费者互动包括哪些方面？

2. 视频营销对初创企业有哪些作用？

3. 搜索引擎营销与搜索引擎优化有什么不同？

4. 论述用户行为洞察的重要性。

测试题：

1. 进入21世纪，随着社交媒体的兴起，数字营销技术迎来了新的发展阶段。有哪些平台在中国成为连接品牌和消费者的新渠道？(复选题)

    A. 微博　　　　　　B. 微信　　　　　　C. 抖音

    D. 小红书　　　　　E. 电子邮件

2. 数字时代下的品牌与消费者互动，消费者不再是被动的信息接收者，而是通过哪些方式成为品牌传播的积极参与者？(复选题)

    A. 评价　　　　　　　　　　　　B. 分享

    C. 参与在线讨论　　　　　　　　D. 开网店

3. 微信营销的分类主要包括(　　　)。(复选题)

    A. 公众号营销　　　　　　　　　B. 微信小程序营销

    C. 朋友圈广告　　　　　　　　　D. 微信群营销

    E. 微博营销

4. 视频营销对于初创企业的作用主要体现在(　　　)。(复选题)

    A. 提升品牌知名度　　　　　　　B. 增加企业生产效益

    C. 促进产品理解和兴趣.　　　　D. 增加用户参与度

5. (　　　)能够帮助企业优化其网站，以提高在搜索引擎结果中的自然排名。(单选题)

    A. SEO　　　　　　　　　　　　B. SEM

C. GPT   D. CRM

6. 在SEM中，广告位通常是通过竞价获得的。需要确定每个关键词的出价策略，确保竞价既有效又经济，这属于哪一种策略？(单选题)

    A. 竞价策略   B. 数字营销策略

    C. 优化策略   D. 定价策略

7. 用户行为洞察指的是通过(　　　　)获得的关于目标消费者行为模式、偏好、需求和动机的深入理解。(单选题)

    A. 数字营销技术   B. AI技术

    C. 自动化技术   D. 数据分析

8. (　　　　)是指数据分析提供了客观的指标和趋势，使营销团队能够基于实际表现数据而不是直觉制定策略，优化广告投放，调整营销预算分配。

    A. 指导策略决策   B. 消费者洞察

    C. 效率和投资回报率优化   D. 预测市场趋势

9. 判断以下说法是否正确。(判断题)

在数字营销领域，内容自动化是指根据每个用户的特定偏好、行为和兴趣来定制内容。这种策略的核心在于提供与个人用户相关联的信息和体验，以增强用户参与度和提升品牌忠诚度。

10. 判断以下说法是否正确。(判断题)

在发布内容和互动时，尊重个人隐私和他人知识产权，避免未经授权分享他人信息或内容。同时确保所有社交媒体活动遵守相关的数据保护法规和版权法。

第 10 章

战略规划与商业计划

案例导读 | 索尼：为何战略优势开始失效

索尼曾因其独特的战略而闻名全球。针对不同顾客生产不同的电子产品然后高价销售，并用独特的方法进行市场营销，强调产品技术的原创性。一直被理论界认为其50年来的优势其实就是这种战略的胜利，尤其是在日本的公司大多匍匐在效率面的竞争而不能突围的时候，索尼的经验更加难能可贵。但是，在50年后，索尼各条战线都遇到了麻烦。索尼这个最有战略号召力的公司在众多的领域开始遭遇失败，是战略理论出现了问题，还是索尼出现了问题？

实际上是索尼对待战略的方式上出现了问题。

案例分析：

战略从来都不是静态的，市场是变化的。一种战略不可能保持一个企业的持续胜利。企业必须进行持续的、新的定位，以保持自己永久的战略差异性。索尼的战略优势的衰退给信息时代的全球竞争提供了5点启示。

1. 市场已经转变为"不间歇化的市场"。市场创新主体增多，具有技术优势的企业都不可能垄断技术，消费者接受新产品的速度加快。

2. 有活力的新产品。成功的企业首先是产品的成功，索尼衰落的实质就是其产品竞争力的下降。优秀的品牌保证不了没有竞争力的产品的胜利，有竞争力的产品却能保证品牌的长盛不衰，一个企业要长盛不衰必须保证自己的产品永远有竞争力。

3. 永远的低成本。设定好的战略，找到差异化的市场空间，并不意味着就找到了高成本的理由。即使有独特的东西，品牌的溢价幅度正在变小，新的市场也可能要求更大的创新与更低的成本。

4. 最快的速度。仅有创新和低成本是不够的，必须具有超前的速度。在这样的时代，产品、成本有竞争力，速度保证了自己永远不跟竞争对手待在一起，索尼到现在为止仍然具有超常的创新能力，但是，这种能力并没有保证其在很多产品上胜利。

5. 品牌营销是持续的沟通流。品牌的优势永远是在现在,现在有优势并不等于今后就有优势。索尼就犯了这样的错误,创造出一个好的品牌,然后停下来期待这块金字招牌光耀未来,现在看是极大的错误。

战略规划和商业计划在创业活动中都具有重要的指导意义,它们之间存在紧密的联系和区别。战略管理是要求创业者结合内外部环境对企业行动做出规划,是企业在不确定的环境中为实现目标所做的部署。它关注的是如何在特定领域或市场中取得竞争优势以实现长期目标。商业计划的目的是确保组织能够按照既定的路线图执行,并实现预期的结果,通常涉及具体的行动步骤和短期目标。总之,战略规划为企业提供一个长远的发展蓝图,而商业计划则是将这一蓝图细化为可操作的行动步骤,两者相辅相成,确保企业在不断变化的市场环境中取得成功。

📖 学习目的

1. 深入了解战略规划的概念、作用。
2. 掌握战略规划的制定、实施与控制方法。
3. 掌握商业计划书的撰写及路演技巧。
4. 通过案例分析,了解强化战略规划在创业过程中的关键作用。

10.1　战略规划在不确定环境中的重要性

> **课程思政**:战略规划在不确定环境中扮演着至关重要的角色。它可以帮助企业应对不确定性,指导企业发展,增强灵活性,优化资源配置以及促进创新。

10.1.1　战略规划概述

战略规划是指企业或组织在一定的时间内,为了实现其长期目标而制定的一系列具体的战略措施和行动计划。战略规划通常包括以下几个方面。

(1) 确定企业或组织的使命和愿景:明确企业或组织的使命和愿景,即要成为什么样的企业和组织,以及未来的发展方向和目标。

(2) 分析内外部环境:对企业或组织的内外部环境进行分析,包括市场、竞争对手、技术趋势、客户需求等,以确定企业或组织的优势、劣势、机会和威胁。

(3) 确定战略目标:根据内外部环境分析的结果,确定企业或组织的战略目标,即在未来一段时间内要实现的具体目标。

(4) 制定战略措施:根据战略目标,制订具体的战略措施和行动计划,包括产品开发、市场拓展、组织结构调整、人力资源开发等。

(5) 实施和监控:将战略措施和行动计划付诸实践,并对实施过程进行监控,及时调整和优化战略规划,以确保企业或组织能够顺利实现其战略目标。

在制定战略规划的过程中，需要遵循以下几个原则。

(1) 符合企业或组织的使命和愿景：战略规划必须符合企业或组织的使命和愿景，不能偏离其核心价值。

(2) 基于内外部环境分析：战略规划必须基于对企业或组织内外部环境的全面分析，要考虑市场需求、技术趋势、竞争对手等因素。

(3) 明确且可衡量：战略目标必须明确且可衡量，以便于评估企业或组织的绩效。

(4) 具备可行性：战略措施必须具备可行性，即能够被实施并取得预期的效果。

(5) 动态调整：战略规划不是一成不变的，需要根据市场变化和企业或组织的发展情况进行动态调整。

总之，战略规划是企业或组织实现其长期目标的重要手段，需要在充分分析内外部环境的基础上，制定具体的战略措施和行动计划，并不断进行监控和调整。

10.1.2　初创企业战略规划的必要性

对于成熟企业来说，已定的战略规划决定了企业的发展方向。但对于初创企业来说，这是否有必要？答案是肯定的，因为没有战略规划企业会迷失方向，甚至误入歧途。

(1) 战略规划是指导公司及各个职能部门、单位具体发展方向的总方针。如果以系统论的观点认识初创企业战略规划的必要性，那么，各个子系统必须在总系统的指导下进行各个子系统的规划，并且支持、服务于总系统战略目标的要求。

(2) 缺乏战略规划的初创企业，其经营方案更多依赖于创业者的个人素质。如果做出错误决定，则会失去市场机会，错过发展良机。如果创业领导者进行更换，则会造成整个经营的不稳定。

(3) 缺少战略规划会造成资源浪费，严重影响初创企业的发展。例如，创业团队主要成员产生发展方向的分歧，往往会束手无策，不利于企业发展。

因此，在创业开始阶段进行战略规划是非常必要的。有人认为，战略在老板的脑子里，不用写在纸上列出来。这个认识是不对的，初始阶段可能是这样，但真正把企业做大做强一定要有战略规划。要统一认识，统一行动，向战略规划目标迈进。

10.1.3　初创企业战略规划的特征

初创企业战略规划是指把种子期或初创企业的生存作为首要问题，更多考虑经营层面的竞争战略，先解决生存问题，稳固之后，再考虑企业的发展战略。对于成熟企业，其战略选择包括横向一体化和纵向一体化，但对初创企业来说，是从现有的资源出发，抓住现有机会谋求生存与发展的战略，不能完全套用成熟企业的发展战略。

初创企业战略规划的特征，概括起来有以下几点。

1. 初创企业战略规划的复杂性

战略规划纵向可分为公司战略、竞争战略等；横向可分为低成本战略、集中化战略、差异化战略。初创企业的战略规划是介乎于完全无规划和复杂规划(成熟企业的战略规划)之间的状态，是一种适度的复杂状态，这种复杂性依赖于企业所能支配的资源和企业的战略目标，也就是说，必须对外部环境与内部条件进行分析，在充分考虑各种变量因素的基础上制定初创企业的战略规划。

2. 初创企业战略规划的渐进性

初创企业战略规划不是一步到位的，而是经过连续、渐进的变革过程，其执行也是渐进式的。美森和思考利恩在1998年提出了战略调整框架，如图10.1所示。大的战略调整或剧烈变动会带来资源的巨大浪费，这对初创企业来说是致命的。

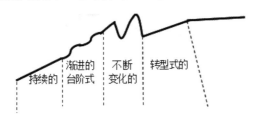

图10.1　美森和思考利恩提出的战略调整框架

3. 初创企业战略规划的独特性

初创企业战略规划的制定，必须坚持实事求是，从自身发展的特点出发，制定出切实可靠、具有独特性的发展战略规划。

4. 初创企业战略规划要与外部环境相适应

初创企业战略规划不能"闭门造车"，要使战略规划与新环境相适应，不能脱离外部环境而制定。

10.1.4　初创企业战略的制定

一般来说，企业战略有总体战略和部门战略。总体战略包括扩张增长战略、收缩战略、稳定战略；部门战略包括差异化战略、集中化战略、总成本领先或低成本战略。初创企业战略的选择本质上是创业者选择什么样的市场/产品开发组合战略。这种组合战略是初创企业市场定位的具体体现，通过市场和产品开发，发现有利的细分市场，提供新产品更有效地服务于目标市场。初创企业的战略核心包含市场开发和产品开发两大方面。市场开发包括：市场进入战略、竞争力度战略、市场联盟战略。产品开发包括：产品创新战略、产品范围战略、产品成本战略。

市场/产品开发组合战略强调差异化战略。差异化的目的是在产业范围中形成独特性，并能取得超常收益，建立起对付5种竞争力(供方、买方讲价能力、潜在或新入侵者威胁、替代品、现有企业间竞争)的防御地位。初创企业通过市场细分，专注某一特定产品，创造独特竞争优势，避免与大企业正面竞争，同时使有限的资源得到充分利用，创造更大的价值。

在市场/产品组合战略模型中，根据国外研究者的研究，归纳出以下6个具体的竞争战略。

1. 市场进入战略

创业者首先考虑的是市场进入的时机,这是创业成功的重要因素。塞坡得认为,对于新兴产业来说,市场规模正在上升期,进入者可以获得大量的市场份额,竞争也不太激烈,可以率先拥有商誉和顾客忠诚度上的优势,这种优势对后进入者往往是一种壁垒,可取得更好的业绩。当然,先进入者也会承担一定的经营风险,因为无经验教训可供借鉴,如果出现决策失误,其结果将是致命的。

案例分析:康师傅茶饮料市场占有率排第一位。1998年推出绿茶饮品——"自然最健康,绿色好心情";2005年推出花茶饮品——"茉莉清茶,自然芬芳";康师傅推进茶饮品市场的进一步细分,不到一年,占整个茶饮品市场份额的85%,许多跟随者进入,但康师傅的先进入战略已掘得第一桶金。

2. 积极竞争战略

初创企业通过积极的市场竞争战略以及强大的实施力,可以获取很大的市场份额和业绩,且提高了存活概率。

当然,积极的竞争力度和较强的市场竞争战略可能要消耗较多的资源,这对资源相对缺乏的初创企业也具备一定的风险,在与资源雄厚的大企业直接争夺市场时应非常谨慎。

积极竞争战略在企业营销活动中反映得更加充分,不同的营销力度体现了对于市场竞争力度的态度,是势在必得还是稳健保守,这反映了企业市场竞争力的差异。对于新兴企业的早期进入市场者,积极的营销活动能树立该企业的品牌形象和行业地位,促进该行业的发展。如果是及时的追随者,则其也可以获得一定的市场份额。但是,积极竞争力度战略要消耗较大的资源,特别是大量的流动资金,可能会造成其他方面资源不足,发展乏力。因此,创业者要综合考虑各种因素,全面部署竞争的力度,不能顾此失彼。

案例分析:谷歌搜索引擎与其他小公司竞争,小公司细分市场,强调开发特殊引擎类别,如医疗信息、博客、影视作品等。因为搜索引擎市场过于庞大,所以引来许多创业者进入该行业,与谷歌一争高低。当然,竞争激烈,"生死"之间,有的小公司当了"烈士",有的则争得"一席之地"。

3. 市场联盟横向扩张战略

这是指创业者与企业外部实体建立的横向工作联盟关系。市场联盟战略的核心是能为自己带来更大收益之时才采用,如果收益发生变化,其市场战略联盟关系也会随之调整。企业可以借助联盟获取多元化的资源,如技术、财务、市场合法性、控制力等,从而提升企业的战略位置。对于初创企业来说,由于资源相对短缺,市场联盟的意义更加重要。由于成熟企业特别是大企业在建立联盟方面有更多的优势,实力强大,因此许多中小企业愿意加入进来。而初创企业在建立市场联盟时,更依赖于创业者及团队成员的个人联系、独特的技术优势或核心竞争力,通过个人层面的联系带动公司层面的战略联盟的建立。从这个角度看,创业者的网络关系在战略联盟中是非常重要的。

案例分析:北京金和软件由栾润峰创建,是有独立知识产权的管理软件。IBM和微软都想找金和软件合作,但金和与任何一家国际巨头合作都会失去话语权,为此栾润峰提出"三合一",要求保留话语权开发中小企业信息化市场。产品是三套金和管理软件+IBM

服务器+微软软件平台，产品价格相当于购买其中单一产品的价格，价格优势明显，而且有两家公司的技术和资金支持，有稳定的客户群，取得了显著的联盟效果。

4. 产品创新战略

这是指投入资源研发新产品的程度，构建产品核心竞争力。产品创新的核心在于开发出市场需要的具有独立知识产权的核心技术，尤其对于高新技术企业来说，这是非常重要的。微软、IBM之所以成为具有国际影响力的产业，正是由于其掌握了产品的核心技术。但不同的初创企业在产品创新战略的实施程度上存在差异。有的企业采用高强度的产品技术创新战略应对竞争，保持产品创新的领先优势。有的企业实施较低强度产品创新战略，保证企业把资源用于为消费者提供价格和其他补偿性价值优势。不同力度的产品技术创新需要不同的资源支持。高力度创新企业需要更多资源，有可能取得突破性进展，但风险较大，甚至没有回报。而低力度的产品创新，资源消耗少，容易为竞争者模仿，因此，在制定产品创新战略时，要进行利弊权衡，制定出符合实际情况的创新战略，取得好的实施效果。

案例分析：面对谷歌在中国市场的竞争压力，百度需要调整其产品创新战略，巩固搜索引擎领域的领先地位。百度通过加大搜索算法、人工智能等领域的研发投入强化核心技术，推出多种搜索服务，满足用户多元化需求，与中国移动等企业合作，共同开发新产品，持续优化搜索结果和界面设计。通过实施创新战略，百度成功巩固了中国市场的领先地位，虽与谷歌竞争加剧，但凭借技术优势和持续创新，市场地位依然稳固。

5. 产品范围战略(市场宽度)

对于初创企业而言，产品范围战略是针对已选择的市场提供的产品范围，包括消费者类型、服务地理范围等。产品范围实际指的是产品种类范围的开发。产品的多元化战略拓展了消费群体，但仍在创业者所选择的特定的市场细分之下，如果产品过于单一，市场发生变化，企业将失去大部分市场。为客户或潜在客户提供大范围的产品，对初创企业很重要。其意义是服务面更加广泛，为消费者提供更多的选择，可以培育出更多潜在消费者，提高创业者的竞争力。需要指出的是，产品范围战略需要较多的资源和能力，超出资源和能力会使这个战略实施出现更大的问题，因此需要注意平衡，即现有产品范围或开发产品范围与资源和能力的综合平衡。

案例分析：索爱公司在与诺基亚和摩托罗拉的产品竞争中，通过延长手机产品线扩大市场份额，向二、三线级城市拓展，产品以中、低端为主，并利用索爱的技术优势，多次将索爱终端技术运用到定制手机中，且向4G延伸，使产品范围不断扩大，扩展了用户群。

6. 产品成本战略

产品成本战略是指企业是否致力于建立成本领先优势，通过降低各项费用达到降低或控制成本的目的。成本领先(降低成本)强调总成本领先，不仅仅指生产成本或某一方面的成本。实施成本领先战略应重点考虑以下几点。

(1) 抓住影响成本上升或占主要地位的部分，即抓住重点、主要矛盾、关键环节。只有抓住了重点或主要矛盾，才会对降低成本起决定性作用。

(2) 重视采购成本的减少。

(3) 对于生产企业来说，要抓好设计环节，因为设计科学合理会节省大量费用。

(4) 要注意对成本增长快的部分进行控制，即抓大也不放小，大小一起抓。对于生产企业来说，要抓好设计环节，因为设计科学合理会节省大量费用。

案例分析：神舟电脑三年三大步，主要是采用了产品成本领先战略。其成本优势体现在对研发、采购、生产、销售和售后等所有环节的全程全面的成本控制，形成了总成本领先的核心竞争力，不但快速进入市场，而且赢得了市场竞争优势。其领先于同行的有计算机主板、显卡两项技术，使总体成本降低两成左右。采用特许经营的渠道模式，连锁经营1000家特许经营连锁店，建设费用低，渠道运营成本降低，中间环节成本减少。管理严格，非生产成本控制在4%，降幅达到 6%～10%。通过降低成本，实施低价战略，构筑成本领先壁垒，抢占市场份额，神舟电脑赢得了发展先机。

10.1.5 初创企业战略的实施与控制

1. 战略实施

战略实施是一个自上而下的管理过程，而且常常需要在"分析→决策→执行→反馈→再分析→再决策→再执行"的动态循环中达成战略目标。一般企业的战略实施过程可分为四个阶段。

(1) 战略发动。战略发动阶段可以简略概括为管理者为了实施新战略对组织成员的动员阶段。在这个阶段，管理者需要让员工充分意识到企业现阶段的战略，将新战略的观点灌输给组织成员并让其充分接受。管理者应通过强调新战略的优势和旧战略的缺陷来促使组织成员转换观念。对于部分关键员工，管理者应该采取单独会谈的方式积极争取他们的支持和理解。这一阶段是形成组织共同观念的阶段，有助于为之后的战略实施扫清障碍。

(2) 战略计划。战略计划阶段是指管理者在最终制定好组织战略后，对战略的实施进行分解，设定各个阶段的战略目标，制定出详细的阶段期限及不同职能部门的任务。管理者应该重视各阶段的衔接，对不同阶段做出详细程度不同的规划，越是临近的阶段就应该有越具体的要求。

(3) 战略运作。在战略运作阶段，管理者应该严格监督，通过各级领导人员的素质和价值观念、企业的组织机构、企业文化、资源结构与分配、信息沟通、控制及激励制度六个维度将企业战略与企业日常运营切实结合，将战略理论转变为战略实践。

(4) 控制与评估。作为战略实施的最后一个阶段，控制与评估主要是为了应对企业所面临的动态环境。管理者只有不断根据环境变化来评估并调整企业战略，才能使得企业保持正确的战略方向。这一阶段主要包括建立控制系统、监控绩效和评估偏差、控制及纠正偏差三个方面。

2. 战略控制原则

初创企业战略制定后，在执行过程中，要加强战略控制，根据执行过程中存在的问题进行适时调整，保证战略目标的实现。

战略控制原则包括以下几点。

(1) 执行的可行性：是否有足够资源支持已经确定的战略，这不仅包括"硬件"，还包括"软件"。

(2) 利益相关者的可接受性：因为战略规划和实施牵涉到利益相关者特别是投资者的利益，如果对利益相关者造成一定的损失或伤害，他们可能成为战略实施的阻力。因此，在战略的制定和实施中，应当充分考虑利益相关者是否能够有效支持创业者所制定的战略，对他们的可接受性要有所考虑。

(3) 战略的灵活性：企业战略规则不是一成不变的，要根据不断变化的外部环境适时进行调控。战略应有一定的弹性，为达到这种弹性，创业者在战略控制时应更为仔细，讨论应更为充分。

(4) 战略规划的整体性：战略规划体现系统性、整体性，不能顾此失彼。例如，必须把短期利益与长期利益、局部利益与整体利益有机地结合起来，注重总体、全面、长期发展。

3. 初创企业战略控制过程

1) 确定战略目标

明确战略目标后，要进行多层次、多方面的控制，适时进行战略调整，以解决发展中的瓶颈问题，使长期目标与短期目标相结合，逐步实施。

2) 确定评价标准

评价标准的设定可参考同行业的先进标准，或提出更新、更高的标准。评价标准应尽可能地量化，把定性与定量评价有机地结合起来。评价标准要客观、有效，要能起到促进作用。

3) 评价与分析

根据设定的目标和评价标准进行评价与分析。无论是否完成战略目标，都应对此进行客观分析，包括宏观与微观分析，并找出原因。分析原因要具体详细，分析影响工作成效的各种因素及其影响，尤其要抓住主要因素。在实施中要实时评价，其灵活性优势要在战略调控中得到充分发挥。

4) 反馈纠正

根据分析结果，进行警示反锁，采取必要措施改进或调整战略规划，充分发挥团队成员、专家顾问等人员在分析纠错中的作用，不断完善战略规划，实现良性稳定健康发展。

战略规划的调整主要根据目标完成情况来定，大体有几种情况：超过战略目标水平，达成与目标持平，没有完成目标规定的任务。目标要设定为经过努力而能达到的，不可过高或过低。

10.1.6 案例分析：步步高——"农村包围城市"战略布局挑战"沃尔玛"

步步高：挑战沃尔玛的"湘潭伢"

步步高连锁超市董事长王填有着清晰的土狼战术：低成本、供应链以及对本土消费的深刻理解，在家乐福、沃尔玛等"洪水猛兽"逐步向二三线城市渗透之时，步步高近几年的营业收入仍从21.35亿元上升至41.84亿元。和萨姆·沃尔顿这类白手起家的渠道商一样，创业者王填具备某些做零售行业的基本素质——如对"现金流"的掌控能力及对聚沙成塔的耐心。"农村包围城市"——这与萨姆•沃尔顿的思路不谋而合。

自2014年起,步步高陆续在湖南、江西设了87家门店。走在湘潭的大街上,常常每隔几百米,便有"步步高"三个鲜红大字映入眼帘。先在中小城市快速开店、面状铺开,这样做不仅运营成本低,而且让在湖南"点状布局"的沃尔玛、家乐福头疼不已。步步高规模大、卖货多,更容易拿到更新鲜的商品和更低的进货价格,并容易发挥供应链优势。相反,沃尔玛、家乐福为人称道的供应链系统则因为门店稀少而"巧妇难为无米之炊"。

除了低成本和规模优势,坚持中小城市发展策略使得步步高对中小城市消费者的需求更加了解。步步高以"田忌赛马"的理念规划卖场:18 000平方米的百货和电器卖场吸引客流,只有2000平方米的超市,不与沃尔玛的大卖场正面对抗。结果步步高的销售不减反增17%,毛利率也增加了1.5个百分点。

(来源:根据网络资料整理)

案例点评:"农村包围城市"战略布局在步步高连锁超市对沃尔玛的挑战中取得了显著成效。这种策略充分利用了步步高的低成本、供应链优势以及对本土消费的深刻理解,使其在中小城市市场脱颖而出。

初创企业要在市场竞争中取得成功,需要具备明确的战略规划、高效的执行能力和灵活的调控机制。在此基础上,初创企业还应关注供应链管理、信息系统建设等方面,不断提升自身核心竞争力。

10.2 商业计划的制订与路演技巧

课程思政:制订商业计划可以为创业者理清思路,并通过恰当的展示为创业者寻求风险投资及其他外部资源支持,为创业者整合资源,明确方向,从而实现自己的人生梦想。

制订商业计划的过程也是创业者的一个创业模拟体验过程,用以描述与创办企业相关的内外部环境条件和要素特点,是创业项目发展的实施方案和衡量业务进展情况的标准。一份优秀的创业计划往往会使创业者达到事半功倍的效果,同时也是叩响投资者大门的"敲门砖"。

10.2.1 商业计划概述

1. 商业计划的概念

商业计划又称创业计划,通过书面形式呈现,是创办者在初创企业成立之前就准备好的一份计划。它是全方位描述与创建新企业有关的内外部环境和外部要素的书面文件,是成功创建新企业的"导航仪"。商业计划旨在说明创建一家新企业的出现、预期需求及实际结果,一般涵盖初创企业的各个方面:如市场营销、生产运营、产品研发、管理、财务、关键风险等。所有这些方面的描述，将描绘出初创企业的清晰面貌——企业是什么？发展方向是什么？如何实现初创企业的预期目标？

因此，创业计划不仅是创业者成功创建新企业的运营路线图，还是管理初创企业的"第一号"纲领性文件和实行方案：既为创业者的行动提供指导和规划，促使创业团队及员工团结一心地工作，又为创业者与外界沟通提供基本依据。

2. 商业计划书的作用

1) 为企业内部使用者提供清晰的企业目标和战略蓝图

对于创业者而言，计划书促使创业者初步验证创意的可行性(程序化的计划过程，使简单思想具体化和数量化，从而考虑问题更加严谨，计划书为公司(特别在困难的创业阶段)提供一个可参考的战略行动计划。

对于管理团队和员工而言，计划书为员工描述公司的发展方向(将新企业推销给员工)，同时促进管理团队合作，提供了将来经营状况的评价指标，为创业者加强对管理团队的管理提供依据。

2) 吸引外部使用者，特别是投资者和银行

对于投资者而言，一个好的商业计划书有助于企业获得所需资金。创业者可使用计划激发投资者的兴趣，从文字上证明创业者对市场和创业机会进行了必要的研究。对于潜在供应商而言，计划书可以协助企业获得供应商的信任和理想的信贷条件、生产设备调整等。对于潜在的客户而言，计划书能使其相信新企业可以成为一个长期合作伙伴。

3) 创业团队成员团结一心的方式和手段

计划书无论对创业团队还是企业员工都具有十分重要的意义。尽管市场的快速变化经常发生，创业计划也会根据变化的情况适当调整，但是撰写商业计划书的确非常有用，能使得团队成员团结一心，为了共同的创业目标而努力，同时发现团体中可能存在的问题。创业计划只有被企业员工充分理解并认同，其所描绘的目标才能实现。可见，良好的创业计划还具有增强企业的凝聚力和向心力的作用。

3. 商业计划书的类型

商业计划书根据创业者所要达到的目的不同而有不同的类型。不同类型的商业计划书对创业机会描述的详尽程度和侧重点有所不同，但是，对于创业过程所要面对的机会、资源、团队等关键要素的描述区别不是很大。

1) 宣传期的商业计划书

宣传期的商业计划书一般篇幅比较短小。它适用于创业的早期宣传阶段，测试创业项目的吸引力，吸引早期的利益相关者。其内容和执行总结有相似之处，重点是对企业商业模式、核心竞争力、团队优势和核心财务数据的描述，用最简短的方式提高投资者约见的概率。

2) 融资期的商业计划书

融资期的商业计划书相对于宣传期而言要更加详尽，可以充当企业运营蓝图。融资期的商业计划书目的在于筹集资金，不单单是信息披露，更是一种业务构思的规划。创业者应该详细地阐述产品或服务的特点、企业核心竞争优势、商业模式和营销规划、核心团队

介绍、详细的财务预测和分析、明确的资本退出方案等。

3) 运营期的商业计划书

运营期的商业计划书是最为详尽的,其主要针对的读者是企业内部成员,能对企业经营管理起到指导作用。相对于前面两种商业计划书,它要包含详尽的组织管理计划、企业整体发展规划、营销计划、财务计划等。每一部分都要进行详细的规划和安排,充分地分析和规划企业将要面临的问题和现状,依据企业自身资源,制订科学合理、实用性强的计划安排,避免企业发展中的弯路和错误。

创业者应该根据撰写商业计划书的目的而有所侧重。例如,撰写商业计划书的目的是融资,则应当在市场分析、竞争对手及财务预算等方面详细阐述。这样做可以使投资者更加清晰地知道企业如何在既定的时间内取得高额利润。撰写商业计划书的目的如果是供内部员工阅读,那么应该着重体现企业未来的发展规划、愿景及使命,甚至还可以强调企业文化,从文化层面上增强员工对企业的归属感,激励员工各司其职、各尽其责。

值得注意的是,在创业过程中,融资期的商业计划书是比较重要和常用的。商业计划书不仅是融资的工具,更是创业者梳理创业思路、整合创业资源的过程。商业计划书最好由创业者自行完成,这样才能具有真正的价值。

10.2.2 商业计划书的内容

尽管商业计划书的类型各异,但核心部分应该包括如表10.1所列的大部分内容,而且各部分内容的格式也应尽量保持一致。此外,还要突出有价值的信息,以便投资者等相关利益人在速读中找到感兴趣的内容。当然,这一结构内容也可以根据目的及阅读对象的不同而有所变动。

商业计划书应清晰简练,并且完整地提供有关初创企业关键部分的信息表10.1中所提供的商业计划书基本框架是一个涵盖了创业计划各个方面的计划书大纲,为创业者撰写计划书提供参考。

表10.1 商业计划书基本框架

封面	1. 公司概述	8. 生产运营计划
执行总结	2. 创业团队	9. 财务计划
目录	3. 产品或服务介绍	10. 公司管理
	4. 市场概况	11. 企业文化
	5. 竞争分析	12. 风险对策及应对
	6. 商业模式	13. 资本退出
	7. 市场营销计划	14. 附录

1. 商业计划书撰写的内容

1) 封面

商业计划书的封面除了要简洁、美观,还要包含一些必要的信息。首先要包含企业的名称;其次要有创业者的联系信息,如企业地址、联系电话、企业网址、电子邮件等;最后是提醒阅读者保密等事项信息。如果创业者已经有独特的商标,可以把商标融合到封面设计中，以凸显企业的品牌和文化。为了封面的美观，也可以将创业者的联系信息和保密事项等信息放到商业计划书的内封中，这样既保持了计划书封面的美观，也方便投资者寻找创业者的联系信息。

2) 执行总结

执行总结是最为精简的商业计划书，读者可以通过阅读执行总结对创业项目有一个整体的了解。执行总结一般包括：商机描述、产品或服务、行业概要、目标市场、竞争优势、经营模式，以及盈利模式、团队及资源支撑等方面的信息。应注意的是，该部分是计划书中最主要的部分，应放在计划书的最前面；但它不是最先完成的，应该先完成计划书的其他部分，在对计划书的其他部分有深入了解之后，最后完成执行总结。创业者在撰写时务必要记住，执行总结并非商业计划书的引言或前言，恰恰相反，它是对整个商业计划书高度精练的概述。

3) 目录

投资者阅读商业计划书时，往往喜欢采用"查找式"的跳读方式，而不是从头读到尾。建立一个目录能帮助读者更容易找到自己感兴趣的信息。目录的详细程度与创业项目及创业者所要达到的目标有关。

4) 公司概述

在商业计划书中，公司概述一般包括以下方面：公司名称、注册时间、公司规模、公司性质、技术力量、项目介绍、员工人数、组织结构等。在商业计划书中对公司概况的介绍，只需要从总体架构上进行言简意赅的陈述。若创业者还处在创意阶段，则要在公司概述中阐述公司的使命和愿景。此外，还要向读者展示创业者在创业历程中所取得的成就，列举在创业发展中重要的、具有里程碑意义的事件。

5) 创业团队

许多投资者和商业计划书审阅者会首先浏览执行总结或者摘要，然后直接翻到管理团队部分评价企业创建者的实力，看团队能否胜任创业项目。

创业团队通常包括企业创建者和关键管理人员。商业计划书应该提供每个创业团队成员的个人简介，个人简介应该显示出该成员为何能够胜任，为何能对企业成功做出特殊贡献；对创业团队的某些特征，应该加以强调，如投资者更喜欢以前曾经共过事的团队成员。创业团队成员的完整简历可以作为附录置于商业计划书末尾。

6) 产品或服务介绍

这一部分着重向读者介绍创业项目的卖点，应该包含的内容有：基于市场的产品或服务的提出，新的产品或服务解决了消费者的何种需求，或者填补了哪一部分市场的空缺，突出产品或服务的特色。如果开展的是一项服务，可以陈述服务的流程；如果是科技类创业，应当向读者介绍新技术能如何解决市场上现存的问题，带来何种便利。在描述过程中要避免采用过于专业性的术语。

一般而言，产品或服务的开发应遵循一定的开发路径，包括产品创意、原型化、试生产和全面投产。创业者应当结合项目的实际情况，设计、规划产品开发流程。所取得的进度要体现在商业计划书中，这样读者会有比较清晰地认识。在商业计划书中，创业者应该着重描述产品或服务所处的发展阶段，并提供后续的进度安排。

7) 市场概况

一般而言，创业者需要先在宏观的大环境下展开思考：所提出的产品或服务，其行业变革的驱动因素是什么，政治和社会环境因素是否会对创业者的产品或服务带来导向性的影响。基于这样的市场环境，再从微观的角度分析市场规模、市场增长速度、行业和产品在成长周期中所处的阶段、消费者的数量和规模、竞争对手的情况。市场概况中还应该包含客户分析，以问题为导向，解决客户的问题是创业的价值所在。创业者需要通过人口统计、心理统计、行为特征等信息进行分析。

行业分析要求创业者从行业定义入手，对其所属行业有一个清晰界定。创业者应该理性、客观地分析整个行业，关注创业项目能够解决的市场问题，最好用数据和图表来呈现。

8) 竞争分析

竞争分析所包含的内容应当与产品或服务的独特性，以及新产品的市场定位紧密相连。产品或服务定位是相对于竞争对手而言的。创业者可以结合行业分析，强调产品如何满足客户的需求，例如，产品的内涵价值是什么；产品能给客户带来什么不一样的满足或者价值；你的产品为什么比别人的好，主要包括质量、价格、配送、某项技术、专利产品或者营销渠道等，应从这些方面清晰有力地说明产品的竞争优势。从消费者的喜好和需求出发，提供满足消费者需求的产品或服务，就能塑造与其他同类产品差异化的竞争优势。

9) 商业模式

商业模式是商业计划书中一个十分重要的部分，也是投资者极为关注的部分。商业模式用简要的语言描述的创业项目是从开始到经营再到盈利的一个完整的商业逻辑。商业模式是一个整体，各部分相互联系，形成一个良好的商业循环。创业者在设计创业项目的商业模式时，应先对创业项目进行充分了解。

10) 市场营销计划

营销计划是产品或服务到达用户的有效桥梁，是为了制定策略，从而更好地控制和应对市场环境的变化，获得持续的客户和销售额。营销以用户需求为中心，把如何有效地创造和满足用户需求作为首要任务，目的是让产品或服务受用户欢迎。营销是一种战略性的思考，以创造力为中心，注重建立持续性的销售系统，关心用户需求和企业的可持续发展。营销计划主要包括以下几部分。

(1) 产品构思及设想。主要描述产品或服务，确定市场需求，对产品或服务的整体市场进行简要说明。

(2) 市场调研。市场调研既可以放在营销计划之中，也可以作为计划书的辅助材料，这部分对于创业项目的可行性论证十分重要。市场调研主要对消费者、竞争对手和市场的基本情况进行调研和分析。

(3) 市场定位和用户选择。完成市场调研后，可以根据市场情况对产品或服务的市场进行细分，确定目标用户，为营销策略的制定打下基础。

(4) 营销策略制定。常用的营销策略有4P营销组合，即产品(product)、渠道(place)、价格(price)和促销(promotion)。营销活动是否成功，产品或服务是核心，价格是工具，渠道是途径，促销是推进器。营销活动的范围和方式需要根据产品或服务的特点、企业发展所处的阶段，以及市场环境的变化不断调整。

(5) 销售预测。通过市场分析所做的销售预测可以帮助风险投资者了解营销目标和财务报表。这些预测数据包括预期市场份额、销售额、市场增长率等。

11) 生产运营计划

商业计划书需要生产运营计划介绍的内容和详尽程度完全取决于创业者的产品或服务本身。对于工业类企业而言，生产运营计划应当包括的具体内容，比如厂址选择、工艺流程、设备引进、生产周期标准和生产作业计划的编制、物料需求计划及其保障措施、劳动力供求、库存管理，以及质量控制方法等。对于创意服务类企业而言，较产品类企业运营的成本更低，在商业计划书中则可以强调创意本身，应该阐明自己的优势、员工的特点等。无论是工业类还是创意类产品，在撰写生产运营计划部分时，创业者都应该从这几个方面着手：新产品或服务的成本结构是怎么样的；如何保证产品或服务的质量；如何保证原材料或物料的供应。

12) 财务计划

财务计划是根据创业项目的发展制定的一套可靠、全面的财务规划，以反映企业预期的财务业绩。财务计划是从财务角度对商业计划书的支持和说明。一份详尽、周全的财务计划对创业者尤为重要。如果财务计划准备得不好，会给风险投资者留下缺乏经验的印象，可能会降低初创企业的估值，同时也会增加初创企业的经营风险。

财务计划需要花费较多的时间和精力由专业财务人员来制订，主要包括资产负债表(balance sheet)、损益表(profit and loss statement)、现金流量表(cash flow statement)和盈亏平衡分析(break-even analysis)。此外，一些具体的财务数据信息也十分重要，如销售收入、销售成本、管理费用、销售费用、应收账款、应付账款、存货周转率和资产利用率等。财务计划除了需要给出初创企业3至5年在财务方面的安排计划，还需要分析盈亏平衡点，以及资金的来源和使用。

13) 公司管理

投资者在对商业计划书进行风险评估时，公司的性质、管理制度、组织结构、股权划分、薪酬体系都会影响其判断。同时，高素质的管理人员和良好的组织结构是公司管理的重要保障。创业者在撰写这个部分时，不仅需要提供与公司成立相关的所有要素的介绍(其中包括对公司组织结构的介绍，可以附上组织结构图、各部门的功能和职责范围、各部门的负责人及主要成员、公司的薪酬体系等)，更重要的是使投资者相信创业者具备良好的领导能力，能够保障组织的良好运转。建议对以下几个问题进行思考。

(1) 初创企业适合什么样的公司性质和组织形式？

(2) 企业内部的组织结构应该如何设计？

(3) 各部门的负责人和雇员如何安排？

(4) 采用何种薪酬体系能最大限度地调动员工的积极性？

(5) 公司股权如何划分？

14) 企业文化

企业文化又称组织文化，是组织的价值观、信念、意识、符号、处事方式等组成的特有的文化形态。企业可以通过一系列活动塑造文化形态。良好的企业文化会对企业的凝聚力产生重大作用，它的功能体现在四个方面：导向功能、规范(约束)功能、凝聚功能和激励功能。在商业计划书的撰写中，创业者需要明确企业的使命。尤其是社会福利类企业，在企业使命和愿景部分应突出彰显企业社会责任。

15) 风险预测及应对

在创业之初，不可避免地要承担风险。在商业计划书中有必要对所预测的风险及拟采取的应对举措尽可能实事求是地加以分析。由于风险的产生和大小有极大的不可预测性，因此预先的判断和分析或许不够准确，但创业者对于这一问题的预先思考和判断，对于以后风险的应对，以及投资者的进入和后续的支持有至关重要的作用。

16) 资本退出

在撰写商业计划书时，创业者应该提供资本退出的方案，也就是说，创业者需要呈现给投资者，在什么时候他们的投资将退出，并且届时能够获得回报。资本退出的形式有：首次公开上市(IPO)退出、并购退出、回购退出和清算退出。创业者在提出资本退出方案的时候需要注意以下问题。

(1) 企业面临的风险及其带来的影响是什么？

(2) 面对风险，企业应采取怎样的应对方案？

(3) 初创企业首选的退出方式有哪些？

(4) 每一项的投资回报率是多少？

17) 附录

撰写商业计划书的一个原则是言简意赅地传递企业的经营计划。在正文中呈现出来的数据需要有文档的支撑，这时候就需要在附录中把各种有关文档列出来，给读者和投资者提供决策的依据。一般而言，商业计划书的附录包括但不局限于以下内容：主要合同资料、信誉证明、分支机构列表、市场调查结果、主要创业者履历、技术信息、生产制造信息、宣传资料、授权书、获奖和专利、政策文件等。创业者在撰写时，需要注意以下两个方面。

(1) 商业计划书必须和附录分开。

(2) 附录需为商业计划书提供必要的补充资料。

10.2.3　商业计划书撰写原则

(1) 逻辑性原则。逻辑性原则是指商业计划书中的基本假设或预测要相呼应且保持一致，即前后逻辑要合理。要给投资者充足的理由，说明投资是正确的；在解释创业及投资成功的可操作性、告诉投资者项目的营利性、阐述项目的可持续性时要合乎逻辑等。

(2) 真实性原则。商业计划书的论据、假设及内容要合理，有理有据，不得有丝毫虚假成分。

(3) 简洁性原则。商业计划书中应避免出现一些与主题无关的内容，要开门见山直接切入主题，突出重点。语言应简洁和凝练，尽量让重点部分一目了然。

(4) 完整性原则。商业计划书的结构是相对固定的。缺乏财务预估、市场状况及竞争对手数据的商业计划书，会使对方评估方案的速度减慢以及投资的可能性降低。因此，应有的内容不能缺乏，结构应完整、各部分内容的叙述要清晰流畅，在格式安排上要严谨周密。

(5) 针对性原则。商业计划书一定要让读者感到满意。比如对于融资创业项目来说，其独特优势，市场机会与切入点分析，问题及对策，投入、产生与盈利预测，保持可持续发展的竞争战略，风险应变策略等是投资人最关心的问题，则应重点突出。比如还可根据募资对象的不同，适当调整行文的语调、章节的编排、数据的呈现、重点的强调等，来满足其需求。

(6) 平实易懂性原则。虽然有的项目有一定的技术含量，对项目的分析不仅需要用到一些专业知识，而且需要用到一些专业术语，但在撰写商业计划书时，应尽量深入浅出，用通俗易懂的文字表述。

(7) 保密性原则。商业计划书中涉及的核心机密可适当规避。

10.2.4 商业计划书撰写规范

创业者在撰写创业计划时应注意以下6个事项。

1. 针对读者，突出主题

商业计划书的读者可能是风险投资者、银行、供应商、消费者、雇员以及顾问。创业者在编制商业计划书时一定要考虑目标读者，因为每位目标读者感兴趣的内容不同，如风险投资者对创业计划中的市场增长及盈利感兴趣；创业伙伴主要关注产品或服务、市场、盈利以及管理团队的运作能力；主要雇员、管理团队则主要关注新企业今后的发展前景。

因此，为了引起目标读者的阅读兴趣，商业计划书的编写要确定主题，围绕创业产品或服务展开阐述，避免与主题无关的内容。

2. 结构完整，内容规范

商业计划书要有一套完整的格式，各部分的内容应具有连贯性并严格按顺序编排。第一，创业计划要有目录，以便读者查阅各个章节；第二，商业计划书也要有摘要，且应位于商业计划书正文的最前面；第三，在具体内容上，产品或服务的描述、行业分析、营销策略、创业团队等应使用管理学专业术语，尽量做到规范化、科学化；第四，财务分析最好采用图表呈现，形象直观。此外，还应注意商业计划书的排版和校对，文字或排版错误很可能使创业者丧失获得投资或创业伙伴的机会。

3. 周密计划，协调统一

商业计划书涉及的内容很多，创业者应事先做好计划工作，使写作过程有条不紊地进行。通常，创业者可成立一个写作小组，确定创业计划的种类与总体框架，并确定创业计划编写的日程安排与人员分工。小组成员分工写作，各负其责，最后由组长统一协调定稿，以避免商业计划书的内容零散、不连贯，各部分内容文风相异等。

4. 合理预测，数字准确

创业者在编写商业计划书时，一定要对相关数据进行合理的预测。例如，市场占有率、财务预测分析、投资报酬率等都尽可能做到数字准确，不应做粗略估计，不要过分强调或夸大收益状况与可能的成就。同时，商业计划书中对目标市场消费特性的描述也要有确凿的依据，为此，创业者需要做好市场调查研究，并引证官方或学术研究机构的客观统计资料。如果已有具体产品原型，创业者应考虑先让消费者使用测试并取得专家的检验意见，这样有助于提高商业计划书的质量与可信度。另外，还要注意资料的时效性，及时更新有关资料数据。

5. 实事求是，适度包装

商业计划书的作用固然重要，但它只是一个敲门砖。过度包装是无益的，企业应该在打造盈利模式、管理现场、开拓企业市场、研发技术等方面下硬功夫。

6. 格式清晰，装帧简洁大方

创业者必须仔细琢磨商业计划书的装帧与格式，使它看上去鲜明醒目，又没有过分装饰。活页装订是一种很好的选择，但要给商业计划书配上透明封面和封底。撰写商业计划书时，要避免纠缠于文字处理程序的设计功能，如黑体字、斜体字、不同的字号和颜色等。过度使用这些工具，会使商业计划书显得不够正式。另外，在完成商业计划书后，撰写者需要仔细检查，避免表达和语法的错误，确保不遗漏任何关键信息。

10.2.5 商业计划书的路演展示技巧

商业计划不仅是创业者展示自身能力的机会，而且是创业投资者考察创业者的重要依据。在做好推测对方可能提出的问题、如何应对展示期间可能出现的意外状况，以及确定展示重点等信息与前期准备工作后，就到了商业计划书的展示阶段。

1. 保持条理清晰，要有针对性

在展示过程中，应突出市场前景以吸引投资者的注意力。如果没有特殊要求，展示者不必过分强调技术因素或故意使技术环节复杂化。此外，创业者还需要注意掌握以下几个细节：在展示前不要发放有关管理经营费用的材料；在展示中用热情洋溢的语言表达，积极与投资者互动，不要与投资者发生争执；展示即将结束时，插入一些表格资料向与会者说明公司的财务状况；积极做记录，展示后重新整理会议记录等。

2. 要严格控制时间

若要在规定的时间内将项目中有吸引力的部分充分地展现给投资者，吸引投资者的兴趣，就需要在有限的时间内把握好陈述的关键部分，并且采取一定的技巧，切忌泛泛陈述。一般来讲，口头陈述仅需使用10～15张幻灯片，创业者的常见错误就是因准备的幻灯片过多而不得不在规定时间(一般为30分钟)内走马观花地完成陈述，使投资者无法充分了解其需要的信息。因此，创业者在陈述的过程中不要追求全面，要抓住重点，尤其是投资者可能感兴趣的部分。

下面提供一份商业计划书展示的内容结构。

(1) 概述。主要内容包括产品或服务的简要介绍、演讲要点的简单介绍、商业活动带来的潜在收益(商业的、社会的及财务的)的简要介绍。应使观众对于这项创业计划及其潜在价值有总体上的认识，可以适时插入一些故事或统计数据以展示这项计划的重要性。

(2) 问题(尚待解决的和未满足的)。这部分是陈述的核心内容。主要内容包括说明亟待解决的问题，通过调查研究证实问题的严重性。首先提出问题，接着说明公司的成立就是为了解决这个问题。

(3) 解决方式。说明公司的方案就是问题的解决办法，展示你的解决方法与其他解决方案相比较的独特之处。说明为了防止他人短期内抄袭你的方案，你设置了什么障碍。

(4) 机会、目标市场。主要内容包括明确具体目标市场，描述保证目标市场广阔前景的商业和环境趋势。最好能用图表展示目标市场的规模、预期销售额(最少三年)和预期市场份额，说明怎样达到销售额，准备好解答对于数据的疑问。

(5) 技术。如果有需要，可以介绍自己的技术、产品或服务的独特之处。展示产品的图片、相关描述，最好能展示产品的样品。说明可能涉及的知识产权问题。必须介绍自己的技术、产品或服务的不寻常之处，务必使用通俗易懂的语言。

(6) 竞争者。主要内容包括详述直接、间接及未来的竞争者。展示竞争分析方格，通过竞争分析方格说明与竞争对手相比的竞争优势。说明为什么自己的竞争优势是持久的，如果退出策略是被某个实力更强的竞争对手收购，不妨在这里提出这种可能性。这张幻灯片展示面临的竞争格局，不要保守地陈述目前及将来面临的竞争情况以致可信度降低。

(7) 市场和销售。主要内容包括描述总体市场计划；描述定价策略；说明销售过程，说明行业内消费者(厂商)的购买动机是什么， 怎样唤起消费者对产品或服务的注意，产品怎样抵达最终消费者，是自己培育销售力量还是与中间商合作。这张幻灯片从描述总体市场计划开始，说明定价策略，介绍是使用成本加成定价法还是价值定价法；阐明自己的价格与竞争对手相比如何，说明销售过程。

(8) 管理团队。主要内容包括介绍现有的管理团队，介绍他们的个人背景与专长，以及对这份事业的成功发挥了怎样的重要作用，介绍团队如何展开合作。说明管理团队现存的缺陷，以及打算如何弥补。观众会把优秀的管理团队看作管理者事业成功的一个关键因素。如果管理者已集结一支优秀的队伍，可以简要地谈谈是如何用自己的理念感染他们的。

(9) 财务规划。主要内容包括介绍未来3～5年总体的收入规划及现金流规划。务必保证有人对细节问题询问时，有实际的数据支持。对自己的数据要了如指掌，准备对数据背后的假设进行解释，按行业规范给出预计销售利润率。

(10) 现状。用数据突出已经取得的重大进展，介绍发起人、管理团队、前期投资者已经向企业投了多少资金，说明这些资金是如何被使用的，介绍企业现有的所有权结构，介绍企业的产权形式。投资者特别关注资金使用是否有效率，不要削减已取得成果的价值。

(11) 财务要求。主要内容包括介绍想要融资的渠道及资金的使用方式，对渠道和资金使用的介绍要尽可能具体，尤其是资金的使用方式。介绍资金筹得后预期能取得的重大进展，这张幻灯片具体介绍想要融资的数目及资金的使用方式。如果演讲的对象是股权投资者，那么就得准备阐述拟让渡出多少股份；如果想获得银行贷款，则要交代清楚想获得银行贷款的期限。

(12) 总结。当演讲接近尾声时，要总结一下在风险创业和创业团队中最具优势的地方(最多三点)，要介绍企业的退出策略。如果面对的是银行股权投资者，则要征求反馈信息。主要内容包括：总结企业的最大优势，总结创业团队的最大优势，介绍企业的退出战略，征求反馈。如果有可能的话，召开后续会议。

10.2.6　创业项目路演汇报的准备

创业项目路演汇报大部分会采用微软公司的PowerPoint软件，有个别情况会采用类似Prezi的第三方软件，但是主流还是采用PowerPoint这款软件，故本章后续内容都基于PowerPoint(以下简称PPT)进行讲述。

1. 模板资源的获取和下载

一个优秀的PPT模板可以让路演汇报工作事半功倍，但是互联网上随处下载的模板大部分质量不高，或者动画过于花哨，不符合商业路演的定位。这里推荐三个主流的PPT模板下载网站，如表10.2所示。

表10.2　模板资源下载网站

序号	名称	优势	劣势
1	Office Plus	免费，质量较高，风格分类全	资源数量较少
2	51 PPT模板网	免费，资源数量全	网站广告较多
3	PPT Store	更新快，版本全，有版权	收费

2. 寻找高质量商业计划案例

首先，可以通过关键词限制的形式进行条件筛选，如原本搜索的是商业计划书，但是加上×××类商业计划书，结果就会更加精准。同理，搜索"电子商务类路演PPT"可以找到阿里巴巴、京东等知名企业的路演PPT作为借鉴参考。

其次，通过百度高级搜索语法，可以对搜索结果进行条件筛选，具体用法是"关键词＋空格＋文件类型"。

最后，经过条件审核后，可以申请成为投资人，通过36Kr、创投圈等网站查阅最新的商业路演PPT。

3. 四种类型路演汇报PPT的制作技巧

面对不同的听众、不同的项目阶段、不同的演示时间，商业计划PPT要讲的内容也不同，具体可以分为以下四类。

比赛型商业计划PPT：主要用于参加各类创业类竞赛，一般要求现场演示5～10分钟，答辩5～10分钟，具有时间紧、信息多、套路死等特征。此类PPT应该严格按照评分表的标准框架来进行制作，重视设计、凸显内容，将自己的核心优势亮点放大。

路演型商业计划PPT：伴随着近几年互联网公司的IPO和路演活动的兴盛，"路演型PPT"在某些场合取代了"商业计划PPT"。此类PPT可自由发挥的空间比较大，逻辑顺序不一定要严格遵循公司简介、业务内容、盈利模式这样的方式，但是应注重数据、用图表说话，不需要过分强调设计，专业不抢眼即可。

交流型商业计划PPT：这种PPT往往适合相对私密的场合，和投资人一对一进行面谈。此类PPT在设计过程中重点在于内容，力求要点完备、精简表述。

阅读型商业计划PPT：很多创业者，限于时间和渠道，很少有机会和投资人直接沟通，所以往往会选择用邮件的方式，把商业计划书发送至投资人邮箱。此类PPT的设计特点是简单大方、开门见山，高效传递信息。

10.2.7　案例分析：一页纸商业计划书

在一次天使见面会上，北京创盟的河北创业者李鹏的发酵罐气流能量回收项目引起了风投的兴趣，当时吸引风投目光的是李鹏的一份一页纸计划书，其内容如下。

关键词：专利产品；国内空白；年节电100亿度；政府强力推广。

公司简介：本公司成立于2005年8月，从事节能节电业务，拥有自己的技术与知识产权，包括电机节电器技术、发酵罐排放气流压差发电的多项专利。

项目简介：发酵罐排放气流压差发电与能量回收。发酵罐是药厂与化工企业普遍使用的生产工具，用量非常之大，如华北制药，石药、哈药这样的企业，每家企业使用的大型(150吨以上)发酵罐均在200台以上。因生产需要，发酵罐前端需要压气机给罐内压气，压气机功率一般在2000千瓦～10000千瓦，必须24小时运转，每年电费在900万元～4000万元，为满足发酵罐生产，需要多台压气机工作。所以，压气机耗电花费通常是这些企业很大的一笔费用支出。经发酵罐排放的气流仍含有大量的压力能，会浪费在减压阀上，如安装我公司研制的发酵罐排放气流压差发电与能量回收装置，可以回收压气机耗费电能的三分之一左右。

同行简介：目前该技术国际统称TRT，应用于钢厂的高炉煤气压力能量回收。主要的供货商有日本的川崎重工、三井造船，德国的GHH，国内的陕西鼓风机厂。预计年销售额在20亿以上。

进展简介：本项目关键技术成熟并已由我公司掌握，我公司已经与某制药集团达成购买试装与推广协议，项目完成时，预计可以在该集团完成5000万元以上的销售额。

项目优势如下。

(1) 我公司已申请该项目的多项专利。

(2) 市场中先行一步，属市场空白阶段。

(3) 符合国家产业政策，各地政府鼓励节能减排指标，该项目属于节能减排项目。

(4) 各地方政府有节能奖励，如三电办有1/3的投资补贴，制药集团可获得约1600万元政府补贴。

(5) 可以申请联合国CDM(清洁生产)资金(每减排一吨二氧化碳可以申请10美元国际资金，连续支付5年)，制药集团可每年节能6000万度，减排二氧化碳6万吨，可获得国际资金供给300万美元。

项目的用户利益如下。

(1) 减少电力费用支出，以某制药集团为例，如全部安装该装置，一年可以节约电费3000万元～36000万元，收回投资少于两年。

(2) 项目很少维护，无须增加人员，寿命在30年以上，可以为用户创造投资15倍以上的价值。

(3) 项目降低原有噪声20分贝以上，符合环保要求。

(4) 其他政府奖励。

项目的目标用户与市场前景为：本项目目前主要针对国内药厂、化工厂；从和某集团达成的初步协议看，集团内需求量为100多套，而全国存在同样状况的有多家药厂，再加上许多化工行业也采用了相同或类似的生产工艺，其均为我公司的目标市场。

案例点评：这份一页纸的计划书用简短的篇幅介绍了发酵罐气流能量回收项目的概况，主要从公司简介、项目简介、同行简介、进展简介、项目优势和项目用户利益几个方面展开，重点对项目的优势和项目的用户利益做了明确阐述，重点突出，言简意赅，对投资者而言，很快可以获取项目的利益点，虽短却展现出了项目的优势。

10.3　从战略制定的成功与失败中学习

> **课程思政：**企业战略的制定和实施可能会取得巨大成功，也可能存在失误造成失败，学习企业的经验和教训，可以帮助创业者激发创新思维，减少创业风险，提高决策能力和判断能力。

10.3.1　亚马逊：以客户为中心的经营战略

亚马逊是一家在电子商务领域取得巨大成功的企业。它以先进的供应链管理、卓越的客户服务和庞大的产品选择而闻名于世。亚马逊的成功可以追溯到其以客户为中心的经营战略。

1. 以客户为中心的经营战略

亚马逊的成功之处在于它始终将客户的需求置于企业发展的重心。以客户为中心的经营战略意味着企业应该始终关注客户的需求、期望和体验，并通过提供高质量的产品和优质的服务来满足这些需求。亚马逊通过不断提升用户体验、提供便利的购物环境和快速的配送服务来吸引并留住客户。

2. 亚马逊的成功经验

亚马逊始终将客户的需求置于首位，并通过创新的方式为客户创造价值。例如，亚马逊推出了Prime会员计划，使得客户可以享受快速免费的配送服务和独家优惠。此外，亚马逊还通过数据分析和个性化推荐系统，为客户提供个性化的购物体验并增加销售额。

从亚马逊的成功案例中，我们可以学到以下几点经验。

(1) 将客户的需求放在首位：企业应该始终关注客户的需求和期望，通过提供高质量的产品和优质的服务来满足这些需求。

(2) 创新和变革是成功的关键：亚马逊不断创新和变革，通过引入Prime会员计划和个性化推荐系统等新的业务模式，为客户创造新的价值。

(3) 数据分析的重要性：亚马逊通过数据分析和个性化系统，了解客户的需求和购买习惯，并通过个性化的购物体验增加销售额。

10.3.2 古井酒厂：实施PPSP战略

PPSP战略是古井酒厂根据我国白酒市场发展态势和本企业的实际情况提出的一种长期战略，主要由产品(product)、生产(production)、销售(sale)和宣传(promotion)四大战略组合而成。它们既各自独立，又相辅相成，为企业的发展奠定了良好的基础。

产品战略是PPSP战略的核心。它的关键是抓好工业设计，调整产品结构，加强勾兑工作，改进包装装潢，积极开发新产品，使产品更有魅力，更能适应市场需求。对于高档酒，在确保其浓香型风格和进一步提高质量的同时，酒厂调整了多种度数古井贡酒的勾兑方式，扩大其产量，更好地带动中低档酒销售，制定出口战略，增强创汇能力；对于中档酒，继续抓好以古井贡酒和古井特曲为代表的中档酒的质量，形成新的风格，更好地适应市场；对于低档酒，加强对液态白酒风味物质作用的研究，加强勾兑工作，重视对有关原料的分析研究和选购，严格执行勾兑工艺。

生产战略是PPSP战略的基础。它的核心是提高全部产品的质量和经济收益率；主要途径是依靠科技进步、改进生产工艺，以质量为中心，改进生产工艺。

销售战略是PPSP战略的关键。它的主导思想是市场建设与市场开发并重，处理好限制与发展的关系，实行一省一策、一地一策的"两策策略"，力求达到市场的动静态平衡。它的主要的策略有：有效地推行代理商制，变乱中取胜为稳中取胜。它的主要措施是选择一些有相当经营实力的商业单位作为代理商，以便进一步提高产品的市场占有率。

宣传战略是PPSP战略的推动力。该战略是一种"立体宣传"战略，坚持"两主两辅"的方针，即以"硬广告"宣传为主，"软广告"宣传为辅；以电视广告为主，以报纸广告为辅；多角度地进行宣传，力求产生轰动效应。它的主要工作有制订年度宣传计划和长远规划，增强计划性，减少盲目性，进一步增强广告推销意识。在抓好产品广告宣传的同时，注重搞好企业形象的宣传，间接地提高产品知名度。

总结：古井酒厂在实施PPSP战略过程中，通过对产品、生产、销售和宣传等环节进行细化和优化，为企业的可持续发展奠定坚实基础。

10.3.3 柯达：与机遇失之交臂

1975年发明世界第一台数码相机的伊士曼柯达公司，自2011年起就多次传出破产消息。2011年，柯达股价跌幅超过80%。2004年至2013年，柯达仅在2007年一年实现全年盈利，公司市值也从1997年2月的310亿美元降至2011年9月的21亿美元。2012年1月3日，因平均收盘价连续30个交易日位于1美元以下，纽交所已向柯达发出退市警告。 2012年1月19日，柯达提交了破产保护申请，此前该公司筹集新资金进行业务转型的努力宣告失败。2013年5月，伊士曼柯达公司正式提交退出破产保护的计划，如果计划获批，该公司无担保债权人可获得重组后公司总值22亿美元的股份。当地时间2013年8月20日，美国联邦破产法院批准美国柯达公司脱离破产保护，重组为一家小型数码影像公司的计划。柯达计划于2013年9月3日退出破产保护。

柯达的历史令人唏嘘。1975年，美国柯达实验室研发出了世界上第一台数码相机，但由于担心胶卷销量受到影响，柯达一直未敢大力发展数码业务。原因之一是柯达已经投入了大量沉没成本在传统业务里，结果其他公司大量推出数码相机，逐步吞噬了柯达的市场。

柯达的灭亡与营销活动未能适应宏观环境和微观环境有直接或间接的影响。究其原因，有以下几点。

(1) 缺少对市场的前瞻性。在摄影技术从胶卷向数码转化的背景下，消费者的需求也发生了重大的变化。其实早在 20 世纪 90 年代初，柯达就是数码技术的开创者，但在随后的市场竞争中，柯达缺乏对市场的前瞻性分析，过于倚重传统影像业务带来的利润能力，未能持续推进数码技术更新和影像业务的数字化进程，缺乏长远战略考虑。

(2) 竞争战略失败。面对生活水平和消费能力不断提升的消费群体，柯达已远远不能满足其日益增长的新型消费需求，这样的机会被以富士等新锐日本数码企业为代表的竞争对手抓住，柯达失去了巨大的市场份额。

(3) 尝试补救但措施不力。虽然柯达聘请新的 CEO 开发低价数码相机，甚至与惠普技术进行合作，推出与其核心业务不是很紧密的喷墨打印机新业务，但由于其资金已大量投入传统的胶片工厂生产线和冲印设备，制约了其对新业务的资金和技术投入，故而最终无法挽救其江河日下的局面。"没有顾客就没有市场"，柯达也就慢慢失去了其原来影像帝国的份额和利润。

(4) 战略规划不清晰。对于最早发明数码相机的柯达来说，虽早已认识到数码相机的重要性，也多次努力向数码相机转型，但结果不尽人意，这不仅因为柯达对"剃须刀与刀片模式"的高度依赖，也源自公司对转型认知策略的偏差。同时，由于缺少清晰的战略方向，柯达在多元化业务上也摇摆不定，即使20世纪90年代以来，柯达每年约投资800亿日元于医药、手机、喷墨打印机、Photo CD等诸多领域，但一直未能在新业务上真正实现突破，最终导致柯达日益衰落。

(5) 自我限制。尽管尝试过多次转型，但是柯达始终留恋于胶卷时代的"高利润"，在这场席卷全球的数码革命面前左右摇摆、犹疑不定。它既未能斩钉截铁义无反顾地全速驶向数码时代，也未明晰多元化方向并坚持到底，而是试图在传统胶片和新兴数码产品的发展中保持平衡。

总之，柯达不是没有看到行业的变化，而是长期居于胶卷行业领军企业的地位成为其经营改革的束缚，阻碍了它的转型。

10.4 案例分析：创业企业的战略规划与商业计划书

课程思政：制定精准的战略规划可以让创业者更加关注企业运营风险，了解实际操作中可能遇到的问题和挑战，以及如何应对这些问题，启发思维，提高执行力。

10.4.1　青岛啤酒：从计划到市场，战略规划重振市场

　　青岛啤酒已是具有近百年酿造经验的"老字号"，我国啤酒的酿造操作法就是以青岛啤酒为标准而制定的。但是，改制后的青岛啤酒股份有限公司在国内啤酒市场的竞争中逐渐落败，面临严峻挑战。为求生存和发展，青岛啤酒在市场营销、产品开发、科研投入和资本运营等方面进行了一系列的改进，取得了显著的成效。在市场营销方面，青岛啤酒改变过去的经营观念，加强了销售和推广活动。通过成立销售公司，实施分层代理的销售模式，以及适时开展促销活动，提高了市场占有率。在产品开发方面，青岛啤酒认真分析消费者的需求差异，确定了市场目标定位，并推出多个特色产品，满足了不同消费者的需求。这些新品种在销量下降的情况下，利润却大幅增长。在资本运营方面，青岛啤酒采用收购、兼并等资本运营方式来扩大生产规模，取代了传统的本地建厂方案。在科技投入方面，青岛啤酒加大对科研的投入，提高了产品质量和附加值。这些改进措施使青岛啤酒成功地扭转了经营不力的局面，走出了低谷。

　　案例点评：青岛啤酒在计划经济体制下坚持的是陈旧营销观念，在市场经济体制下坚持的是社会营销观念。青岛啤酒先后推出了金质啤酒、棕色啤酒、礼品套酒等多个新品种，这在目标市场策略上属差异性市场策略。并通过增加产品科技知识含量，树立产品品牌形象增加产品的附加值。同时，青岛啤酒厂推出的新品种，在销量下降的情况下，利润却提高了25%，青岛啤酒对这些新品种采取了目标收益定价法。青岛啤酒走出困境带来的有益启示是：保护民族品牌是民族产业生存的基础。资金、技术、设备等条件并不是企业制胜的关键。在市场经济体制下，企业生存的法宝是扭转经营观念，做好战略规划，真正面向市场，面向消费者。

10.4.2　某求职信息咨询与培训服务公司商业计划书目录示例

　　×××公司商业计划书

　　公司主营：求职信息咨询与培训服务

目录

　　第一部分　执行总结

　　　　1.1　产业背景

　　　　1.2　公司与产品服务

　　　　1.3　定位与发展战略

　　　　1.4　市场与竞争分析

　　　　1.5　营销策略

　　第二部分　产品与服务

　　　　2.1　产品与服务定义

　　　　2.2　产品与服务的客户价值

　　　　2.3　发展规划

　　第三部分　市场分析

　　　　3.1　市场机会

3.2　目标市场定位

3.3　市场容量估算与趋势预测

3.4　产业结构分析

3.5　竞争优势

第四部分　竞争战略

4.1　商业目的

4.1.1　市场开发现状分析

4.1.2　市场进入策略

4.2　市场定位

4.3　"×××"发展战略

4.4　竞争力分析(SWOT)

第五部分　营销策略

5.1　营销目标

5.2　营销战略和总体规划

5.3　销售渠道策略

5.3.1　图书出版销售渠道

5.3.2　其他产品销售渠道

5.4　产品与服务策略

5.4.1　图书出版

5.4.2　网站咨询

5.4.3　职场培训

5.4.4　高级客户服务

5.5　市场策略

5.5.1　学生市场

5.5.2　社会求职者

5.6　价格策略

5.7　沟通策略

第六部分　经营管理

6.1　商业模式

6.2　价值链

6.3　价值链分析

第七部分　团队组成

7.1　团队成员

7.2　成员技能分析

第八部分　财务分析与融资

8.1　CVP分析

8.2　五年财务年报

8.3　财务比率分析

正文(略)

📖 **本章小结**

本章全面概述了战略规划与商业计划。首先阐述了战略规划的基本概念及其特征，强调了在不确定环境下战略规划的重要性，并探讨初创企业如何制定、实施和控制战略以明确企业的发展方向和目标；随后详细介绍商业计划书的内容、撰写原则、规范及路演展示技巧等；最后通过案例分析，使创业者能够学习和借鉴企业在战略制定过程中的成功经验与失败教训，为撰写具有价值的商业计划书提供有益的借鉴。本章重点包括掌握商业计划书的撰写技巧以及路演过程中的注意事项。

思考题：

1. 论述初创企业战略规划的重要性。

2. 论述商业计划书撰写的主要内容。

3. 讨论如何有效对商业计划书进行展示以吸引投资者。

4. 撰写自己创业项目的商业计划书。

测试题：

1. 商业计划书有什么作用？(复选题)

　A. 阐述创业者的梦想

　B. 接触和说服潜在的创业合作伙伴

　C. 找到创业的上下游供应商或者顾客

　D. 找潜在投资人的重要的入门文件

2. 对刚起步的创业者来说，一个商业计划书有哪些要素需要考虑？(复选题)

　A. 商业概念　　　　　　　　　　B. 商业概念背后来源

　C. 如何实现商业概念　　　　　　D. 何人要来创业

　E 如何融资

3. 谁是商业计划书受众？(复选题)

　A. 创业者本身　　　　　　　　　B. 创业团队

　C. 未来的合作伙伴　　　　　　　D. 潜在投资人

4. 商业计划书得了创业比赛金奖，就等于创业能成功。(判断题)

5. 战略规划通常包括几个方面? (复选题)

    A. 确定企业或组织的使命和愿景   B. 分析内外部环境

    C. 确定战略目标   D. 制定战略措施并实施和监控

6. 战略规划是一成不变的,需要根据市场变化和企业或组织的发展情况进行动态调整。(判断题)

7. "谷歌"搜索引擎与其他小公司竞争,小公司细分市场,强调开发特殊引擎类别,属于哪种战略? (单选题)

    A. 市场进入战略   B. 积极竞争战略

    C. 市场联盟横向扩张战略   D. 产品创新战略

8. 初创企业的战略实施阶段有哪些? (复选题)

    A. 战略发动   B. 战略计划   C. 战略运作   D. 控制与评估

9. 明确战略目标后,要进行多层次、多方面的控制,适时进行战略调整,以解决发展中的瓶颈问题,使长期目标与短期目标相结合,逐步实施。(判断题)

10. 商业计划书的撰写字数越多越好,越能吸引投资者。(判断题)

第 11 章

大学生创新创业案例

📄 **案例导读** | **青年红色筑梦之旅：在"红旅"底色上筑梦**

  2017年8月15日，习近平总书记给第三届中国"互联网＋"大学生创新创业大赛"青年红色筑梦之旅"的大学生回信，深切勉励青年学生。从延安到古田、从井冈山到西柏坡……几年来，学子们扎根中国大地了解国情民情，在创新创业中增长智慧才干，在艰苦奋斗中锤炼意志品质。在习近平总书记重要回信精神指引下，6年来，累计已有177万个创新创业团队、813万名"红旅"青年，走进革命老区、贫困地区、城乡社区，用专业知识和创新创业成果，为脱贫攻坚、乡村振兴交出一份沉甸甸的青春答卷，体现了青年一代奉献报国的使命担当、团结向上的进取精神和善作善成的智慧风采。

案例分析：

  创新与实践相结合。大学生们在"互联网＋"的创新创业大赛中，不仅仅是理论学习，更重要的是将所学知识与实际问题相结合，走进革命老区、贫困地区和城乡社区，将创新创业直接应用于实际社会问题的解决中。理论与实践的结合，不仅能提升实践能力，还能使他们更深刻地理解国情民情。

  社会责任感与使命感的培养。大学生通过参与创新创业项目，特别是在帮助贫困地区和乡村振兴的过程中，不仅学到了专业知识和技能，更重要的是培养了社会责任感和使命感。这种经历有助于塑造一代有担当、有责任、有智慧的年轻人。

  艰苦奋斗和个人成长。在创新创业的过程中，大学生们在面对困难和挑战时锤炼了自己的意志和品质。这种在艰苦环境中的学习和成长，对于他们未来无论是继续创业还是选择其他职业道路，都是一种宝贵的财富。

  本章中收录的大学生创新创业案例涵盖了从科技创新到社会企业，从初创团队的构建到产品的市场化等各个方面的丰富内容。这些案例不仅展示了大学生在创新创业过程中的智慧和勇气，更重要的是展示了他们在面对困难和失败时的坚持和成长。每一个案例都是对未来创业者的经验传承和启发。此外，这些案例还反映了社会、经济和教育背景对大学生创新创业的影响。通过分析这些背景因素，可以更深入地了解大学生创新创业的外部环境，从而更好地为自己的创业之路做准备。

📖 学习目的

1. 深入理解创新创业过程中的成功要素，为自身创业提供实践指导。
2. 借鉴不同领域和背景下的创业案例，拓宽视野，激发创新思维。
3. 了解如何有效应对创业过程中的风险和失败。
4. 掌握将理论知识与实际情境相结合的能力。

11.1 天赐良鸡——高品质富硒鸡生态养殖引领者

课程思政： 随着乡村振兴战略的深入实施，越来越多的青年大学生有机会运用他们的专业知识和技术技能，在农业、畜牧业等领域发挥重要作用。通过天赐良鸡这样的实际项目，不仅能够促进当地的经济发展，还能帮助贫困户增收，实现社会的可持续发展。这样的实践不仅能够让大学生们深入了解农村的实际需求和挑战，而且为他们提供了宝贵的实战经验，是实现自我价值和社会责任的双重成就。

11.1.1 项目概述

天赐良鸡项目致力于通过富硒鸡生态养殖模式的推广，实现对贫困户的有效扶贫。该项目为养殖者提供全方位的服务支持，包括富硒鸡养殖技术、专业培训、后期的第三方检测与监管，以及销售渠道的建立和技术援助。在陕西省安康市平利县设立的实践基地，结合当地的具体条件，创新商业模式，推动当地农民的生态养殖活动。动物遗传育种领域的专家、博士和当地资深畜牧师的技术支持，为当地生态鸡养殖注入了新的活力。应用创新技术显著提升了子代种鸡的怀卵率，从而使得合作农户的年利润增加至5万元人民币，同时企业年销售额达到300万元人民币。通过供应先进的养殖技术和疫病防疫药品，确保公司收购的富硒鸡的品质可控，大幅减少了原产品的收购损失。

自2019年成立以来，该项目已在平利县助力500余户贫困户实现脱贫。该项目还与当地40多家商超、酒店、农家乐等建立了商业合作与原料供应关系，并与5家企业进行了洽谈。截至2023年12月，项目已惠及超过500户农户，研发出12种高质量的生态鸡产品，签订了1093份帮扶协议，培训农户1928人，为周边村落带来超过500万元人民币增收。

11.1.2 产品和服务

天赐良鸡项目致力于发展具有特色的养殖产业，通过在饲料配制、畜禽舍设计、养殖模式、环境改善等多个方面的创新，向市场提供高质量、安全可靠、富含硒元素的鸡肉和鸡蛋产品。这种特色养殖模式不仅促进了当地产业的振兴，而且实现了生态理念在禽类养殖业的应用，推动了绿色发展，实现了经济效益与生态效益的双赢局面。

产品名称：富硒鸡及相关系列产品，如图11.1所示。

图11.1 高品质富硒鸡及其系列产品

产品功效：与普通商品鸡相比，富硒鸡具有更高的营养价值。它们富含维生素、蛋白质和硒，不仅能在生态上起到除虫作用，促进天然肥料的生产，还有助于生态平衡的维护。富硒鸡体内含有丰富的硒半胱氨酸，这种独特的氨基酸能够为人体健康和长寿提供关键支持，检测报告如图11.2所示。

图11.2 富硒鸡的产品检测报告、有机产品认证证书

核心优势：天赐良鸡项目通过在当地开展纯天然富硒鸡养殖，不仅创造了经济收益，还加快了乡村脱贫。此外，公司通过核心技术创新，逐步解决子代萨索种鸡繁育能力的问题，进一步强化了其在市场上的竞争优势。

11.1.3 行业痛点

从2017年开始，我国鸡肉生产量持续下降，鸡肉进口量持续上升，成为全球第六鸡肉进口大国。目前富硒鸡产业链在生态鸡肉养殖模式、子代鸡繁育能力和深加工销售渠道受限，发展缓慢。如图11.3所示。

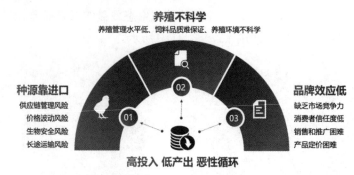

养殖不科学
养殖管理水平低、饲料品质难保证、养殖环境不科学

种源靠进口
供应链管理风险
价格波动风险
生物安全风险
长途运输风险

品牌效应低
缺乏市场竞争力
消费者信任度低
销售和推广困难
产品定价困难

01　02　03

高投入 低产出 恶性循环

图11.3　行业痛点：生态鸡养殖乱象频发

种源靠进口：当前，我国养殖业对外国高质量种鸡的依赖性日益增强，尤其是对法国萨索公司的萨索种鸡的依赖。这种依赖性不仅因其昂贵的采购成本(每只高达数千元)对养殖业构成经济压力，而且由于这些进口种鸡缺乏繁殖能力，养殖企业必须持续进行高成本的种鸡引进以维持肉鸡的品质。这种做法增加了我国肉鸡产品价格的波动性，并且可能会对国内肉类食品的供应安全构成威胁。此外，频繁的国际种鸡交易也增加了疾病传入的风险，这已成为中国养殖业面临的一项重大挑战。因此，解决种鸡进口依赖问题，提高国内种鸡繁育能力，已成为行业发展的关键课题。

养殖不科学：抗生鸡、速成鸡已成为业内"常规"，生鲜食品安全问题频发，严重制约了产品发展。如今市场上通常销售的是各大食品供应商供给的三黄鸡，以标准化的饲料饲养的肉鸡为主，这类鸡统称为白条肉鸡。这种肉鸡的市场价格较为低廉，没有质量保障，部分鸡体内药物残留严重，有激素成分，不仅不能满足人们的营养需要，还会给人体造成负担。

品牌效应低：以往高品质的自然成熟鸡一般都为农户零星散养，缺乏优质良种，不能提供稳定繁育的后代，同时由于没有良好的生殖孵化环境、科学的饲料喂养，使得产蛋品质低、鸡死亡率高、生产性能下降。后期没有形成完善的品牌，没有系列产品效应，单靠农民个人能力难以拓宽销售渠道，受近年来我国鸡肉进口量急剧上升以及疫情等原因影响，大量散养农户鸡滞销，给农村经济带来一定影响。

11.1.4　商业模式

天赐良鸡项目采用了一种创新的"1+N+S"养殖模式，即"公司+合作社+农户"，有效地促进了产业带动就业。通过实施小规模、低投入、易复制的生产发展战略，为参与农户提供了一种可持续的经济增长途径。在这一模式下，农户仅需初期投入约3000元人民币的养殖成本。该项目负责提供幼鸡及配套的饲料和疫病防治药品，合作社则组织农户参与相关的培训，养殖户提供土地和劳动力进行养殖，该项目统一负责商品的收购和销售，同时合作社可向政府申请项目补贴。截至2022年，该项目已使村民每户的年收入平均增加约3万元人民币。

该模式的简易性和可复制性为其在其他地区的发展提供了便利，进而加速产业的发展步伐，有助于实现习近平总书记提倡的以产业繁荣带动乡村振兴。其采取的商业模式为"农户提高养殖成活率，公司提升产品品质及市场竞争力"。截至2023年12月，该项目已为周边村落的300余农户带来超过540万元的收益，同时实现了对500余户农户的持续帮扶。

此外，该项目建立了一个全方位的生态鸡养殖产业链闭环系统。依托当地政府的支持和经验丰富的合作社，以及由养殖类专业人才和教授组成的专业团队，该项目为农民提供鸡苗、饲料、生态养殖培训以及后续服务。孵化出小鸡后，由公司统一收购，并销售给商超等目标客户群体，实现了生态鸡孵化的完整产业链闭环。这样的模式让农民在低成本投入的同时，能够享有固定且稳定的收入。

最后，该项目采用了"保底收益，按股分红"的利益分配机制，创新性地实现了资金向股金的转换。贫困对象也可以将扶贫资金投入经营主体，根据富硒鸡和鸡蛋的养殖情况确定出资额度及股份。此外，设立了监督委员会，对经营主体的运营、收益和分配进行监督，确保股东权益得到保障。此机制遵循股权平等、利益共享、风险共担的原则，实现了按出资额进行分红。

11.1.5　竞争分析

天赐良鸡项目得益于国家扶持政策的优势，已与地方养殖合作社签订了长期合作协议，并在当地成功建立了以纯天然、绿色生态为核心理念的养殖基地。经初步评估显示，该项目具有显著的发展潜力。在与区域内几家大型肉鸡养殖企业进行产品质量比较时，该项目所产鸡肉已展现出明显的质量优势，并在行业内逐步建立起一定的竞争力。

(1) 技术竞争力方面。该项目得到了西北农林科技大学两位生物学领域专家的周期性专业指导，并在多位具有丰富富硒鸡养殖经验的畜牧师的协助下，在优良种鸡萨索的繁育问题上取得显著进展。在当地合作社及政府部门的支持下，通过公鸡训练和挑选优质基因进行自然交配，以及通过筛选受精蛋的红血丝进行人工授精，已经孵化出新一代种鸡。这一新品种不仅肉质鲜美，符合消费者对绿色食品的高标准，而且在营养价值方面带来了全新体验。该项目在平利县建立的养殖基地确保了产品源头的可控性，有效降低了成本，并积极响应了国家对生态养殖行业的发展号召。

(2) 产品竞争力方面。该项目的富硒鸡产品已通过安康检测中心的检测，确保了产品的绿色和抗生素使用的合理性。目前，富硒鸡产品已获得当地政府的广泛认可和报道，影响力日益扩大。公司已与40余家当地超市、酒店、乡村旅游点达成合作意向，构建了完善的销售网络。2023年，富硒土鸡蛋销售超过10 000盒，共计90 000余枚；富硒白条鸡销售量达28 000余只。预计在2024年，白条鸡的销量将超过50 000只，销售额有望达到1000万元。产品已在各大社交媒体平台(如抖音)及线下市场获得一致好评，逐步建立了品牌影响力。

11.1.6　营销策略

1. 产品策略

天赐良鸡项目对现代消费者的消费观念进行了深入的分析。现代消费者倾向于崇尚自然，追求健康的生活方式，并在消费选择上注重环保和食品的可持续发展。鉴于这一趋势，该项目旨在满足消费者需求，同时在市场上占据更大份额。研究发现，中国超过72%的土壤缺乏硒元素，这引起了消费者对硒这种微量元素补充的关注。然而，市场上的补硒产品大多为保健品，由于保健品存在的负面影响，因此消费者对此类产品持有一定的抵触心理，更倾向于通过食物摄取。基于这一点，该项目决定开发富硒鸡蛋和富硒鸡肉，以食补代替药补，降低消费者的抵触感。

鉴于自身研发能力的限制，团队从市场发展趋势中获取灵感，并与相关科研机构建立合作关系，共同研发富硒食品以填补市场空白。得益于高校教授科研团队的技术支持，公司能够为农民提供孵化富硒鸡的专业服务。在养殖方面，该项目坚持采用自然放养方式，确保鸡只在充足的阳光、清新的空气、绿色的环境中成长。富硒鸡日常在山间自由奔跑，饮用山泉水，食用玉米、豆粕、小麦、蔬菜和竹园小虫，得以健康地生长。利用纳米技术，鸡只能够通过觅食有效摄取硒元素。当富硒鸡自然成长至约180天时，开始产蛋，每周产蛋量为2～3枚，每100克鸡蛋含有40毫克～50毫克的硒元素。这些鸡蛋的营养价值是普通鸡蛋的数倍，并且富含硒元素，完全符合现代消费者对健康、自然和可持续食品的需求。

2. 营销渠道

在营销渠道的策略方面，该项目采取了多元化的方法来推广富硒鸡产品。首先，实施了直接销售策略，包括在安康平利县的生态基地进行现场销售，客户可以直接访问养殖场，亲自挑选并装盒。针对集团客户，如陕西建工第十二建设有限公司这类大型企业，销售人员直接进行产品推销，确保与这些客户建立长期稳定的供应关系。此外，还建立了专卖店以树立企业的品牌形象和信誉度，并通过互联网平台提供在线订购服务，以适应数字化时代消费者购买方式的变化。

在间接销售渠道方面，该项目将产品引入各大超市，利用超市的大流量和广泛接触面为富硒鸡产品的普及铺平道路。目前，已与40多家商超建立合作关系，在安康多家超市中销售，为顾客提供便捷的购物体验。

为了进一步扩展销售渠道，该项目在原有基础上开发了新的销售渠道。这包括与各大学校的合作，通过与学校签订合作协议，为学生提供绿色无公害的富硒鸡产品。这一策略不仅有助于快速在市场上打响公司品牌，还为品牌的广泛普及奠定了基础。

3. 促销推广

采取多元化的促销推广策略，通过直接的人员推销针对集团客户建立稳定关系，同时综合运用电视、报纸、广播及互联网等广告媒体，提升富硒鸡产品的市场认知度，如图11.4所示。

图11.4　新闻媒体报道天赐良鸡项目负责人创业事迹

特别是通过在《各界导报》等具有高素质读者基础的媒体上投放广告，并利用广播广告，在交通电台和出租车内扩大宣传范围。此外，积极拓展互联网直播带货平台，通过实时互动及官方网站信息更新，确保消费者获取最新产品资讯，以增强品牌影响力和市场竞争力。

11.2 益农解需——三阶递进乡村人才振兴领跑者

> **课程思政：** 在乡村振兴的关键时期，青年大学生们通过发挥其专业知识和技术技能，不仅可以为乡村带来创新思维和先进技术，还能助力解决实际问题，推动乡村人才振兴的发展和经济的繁荣。

11.2.1 项目概述

益农解需项目团队为解决乡村振兴过程中需求匹配度、信息发布的权威性和信息采集的标准统一等多方面问题，通过分析研究乡村电商培训信息共享模式，研发益农解需平台，通过搭建需求信息库、建立帮扶资源库、社会资源驻点帮扶、企业合作共享资源、助农信息数据可视化、需求精准触达等方式来促进互联网助农的可持续发展，为早日实现乡村振兴做贡献。如图11.5所示。

截至2023年9月，项目团队累计组织学生团队156支，对陕西省内224个村镇，159家涉农企业，5620人次进行深度帮扶，并取得了显著的效益。目前，项目团队与陕西省平利县、旬阳县等38个县域达成深度合作关系，同时与西安市团市委、延安市电子商务协会等单位合作开展过80余次县域电商培训，累计培训学员5620人次，共计2560课时。项目团队与平利县长安养殖专业合作社共同合作，其间对接169余户建档立卡贫困户，签订帮扶协议并开展帮扶活动，现阶段贫困户每人年收入提升6000元，截至2023年底，每人年收入达10 000元。在此期间，团队累计带动当地200余人就业。

图11.5 三阶递进式乡村振兴解决方案

11.2.2 项目背景

2019至2021年，我国政府颁布了多项推动农村电商发展的新政策。其中，《关于加快发展流通促进商业消费的意见》指出要扩大电子商务进农村覆盖面，优化快递服务和互联网接入，培训农村电商人才，提高农村电商发展水平，扩大农村消费。2020年7月，商务部市场体系建设司发布了《2020年电子商务进农村综合示范县名单(第一批)》。陕西省有11县上榜，分别是岐山县、韩城市、郴州市、礼泉县、甘泉县、志丹县、潼关县、凤县、凤翔县、汉滨县、眉县。

2021年，国务院办公厅印发《关于加快推进乡村人才振兴的意见》表示要加强农村电商人才培育，提升电子商务进农村效果，开展电商专家下乡活动。依托全国电子商务公共服务平台，加快建立农村电商人才培养载体及师资、标准、认证体系，开展线上线下相结合的多层次人才培训。

随着农业3.0时代的来临，传统的农业经销模式已经不能适应时代发展的需要，这就需要借助互联网、物联网等信息化技术，打造以农产品为纽带，生产、交易、流通和金融等农业产业要素一体化的"订单式"产销模式，实现"按需定制"。而要利用互联网实现对农业生产要素的更优化配置和利用，就要求现代的农业生产者不仅要会生产，还要懂市场、会经营，能及时掌握农业信息、国家政策、市场供需行情。在思想观念、专业能力、职业素质各方面必须得到质的提升，以适应市场经济下的农业发展速度和市场变化。

11.2.3 市场分析

据中国农业大学智慧电商研究院发布的《2020中国农村电商人才现状与发展报告》显示，未来农产品电商人才需求快速增长，"2025年缺口为350万人"。目前农产品行业的电商人群，仍以中等文化水平为主，其中小学文化占比为1%，初中文化占比为50%，高中文化占比为32.5%，大学文化比例仅为16.5%。大部分高校毕业的电商专业人才，第一选择并非投身基层农村电商的发展。

该报告分析，除了企业家式的电商人才，农村县域电商人才主要分为运营推广、美工设计、客服和物流仓储四类，占比分别为 12.4%、16.8%、23.3%和 31.7%。运营推广及美工设计等对技术要求较高的职位，人员较为缺乏。其中，87.6%的创业团队存在一人身兼多职，即从产品到运营到营销，负责多个工种的情况。

(1) PEST分析。

政治环境：在《关于促进电商精准扶贫的指导意见》中，国家再次提出"加大贫困地区电商人才培养"是电子商务更为精准地服务国家脱贫攻坚工作所需要完成的9大任务之一，并首次对电商人才规模提出明确的量化规定，要求"到2020年完成1000万人次以上电商知识和技能培训，培养100万名以上农村青年电商高端人才，实现每个贫困村至少有1名电商扶贫高级人才，形成一支懂信息技术、会电商经营、能带动脱贫的本土电商扶贫队伍。"

经济环境：2014年我国的国民生产总值首次突破60万亿，其中互联网农业领域的市场规模相当于1/6的国民生产总值，其市场影响力和发展潜力大到难以想象，这给中国的投资者和农业电商的创造者带来了巨大的商业机会，也为中国日益收紧的经济现状注射了一剂强心针。农业电商将成为农业现代化的重要推手，将有效减少中间环节，使农民获得更多利益。面对万亿元以上的农资市场以及近七亿的农村用户人口，农业电商的市场空间广阔，大爆发时代已经到来。

社会环境：在"大众创业，万众创新"的国家战略背景下，大力推进"互联网+县域电商""现代农业"，应用互联网、云计算、大数据、移动互联等现代信息技术，推动农业全产业链改造升级成为一种新的趋势和要求，同时培养了消费者网络消费的习惯。从农村电商用户分布来看，沿海地区下单人数居多，内陆地区由四川"领跑"，江苏、河北、浙江、山东、广东、四川、河南构成第一梯队，合计下单人数占比超过50%。超过90%的农村网购人群分布在19到45岁，其中26到35岁是消费主力军，占比超过70%。

技术环境：随着大数据时代的来临，诸多产业正在进行变革。传统的农业发展由于生产投入大，时间长，风险高，利润薄，已经无法满足社会的需要。农业要想在互联网时代走出一条新路，就必须与先进的科技相结合。智慧农业概念的提出为未来发展提供了一个方向，大数据不仅仅能够助力智慧农业的实现，还能够助力乡村振兴的快速实现。随着物联网、大数据、云计算等新技术的发展，大数据发挥着越来越重要的作用，逐渐成为实施乡村振兴的有效手段。

(2) SWOT分析。

优势分析：该项目起步较早，自2014年已经着手实施，前期准备充分，指导教师团队在乡村振兴和电商助农培训方面有丰富经验，学校可以提供大量相关资源支持，与佛坪县电子商务协会、武功县电子商务协会等单位建立了良好的合作关系，这些都为该项目提供丰富的行业企业资源，为该项目的顺利实施打下坚实基础。

劣势分析：大平台依托自身或合作方的优质资源，构建闭环生态，树立竞争壁垒，其影响力和市场份额逐步扩大；中小平台在资本实力、项目来源、投资人渠道方面被压制，亟须寻找突破口。而该项目作为一个后起之秀，在项目运营初期可能会在资金投入、市场影响力和市场份额方面存在劣势。

机会分析：电子商务作为一种新兴业态，正在给我国传统的农产品流通模式注入新的发展活力和动力。然而，在农民越来越多地依靠微博、论坛等形式发布农产品的销售信息时发现，农民中电子商务人才更是奇缺。2021年，中共中央办公厅国务院办公厅印发《关于加快推进乡村人才振兴的意见》表示要加强农村电商人才培育，加快建立农村电商人才培养载体及师资、标准、认证体系，开展线上线下相结合的多层次人才培训。并且在"互联网+"的国家战略背景下，"电子商务+乡村振兴"已经成为我国乡村振兴工程中的重要手段之一。

威胁分析：在农村地区，人们大多受教育程度较低，观念陈旧，对电商运营模式不了解，对电商培训不信任。由于信息不畅，广大农村市场信息相对滞后。多数农村地区虽然硬件方面能够达到要求，但接受网络销售和掌握网络销售的技能还需要时间。地域偏远且交通条件相对落后，网络条件差，农村地区上网费用高，且网速较慢。

11.2.4 市场痛点

1. 部分本土人才流失，加剧人才短缺问题

部分具有外出经商或求学经历的农村电商人才，通过市场实践或接受系统教育学习，对互联网和电子商务行业很熟悉，除了掌握丰富的电子商务知识，还具有了解本地情况的独特优势，是当地经济发展急需的人才。然而，农村经济环境的落后、公共服务滞后等，导致他们回到农村就业的意愿不强，更愿意在大城市工作和生活，这也加剧了农村人才短缺问题。

2. 脱贫产业未形成合力，作用不明显

目前区域公共品牌建设与农产品代运营模式发展不够协调，还未能形成合力。由于当地脱贫产业过于分散，农户所接收到的信息与外界信息不对称，导致其思想观念过于保守，对品牌化重视不够，所以当地没有自己的品牌，需要对当地的产品做品牌规划。其次农村经济文化和公共服务落后阻碍了人才的发展，很多电子商务人才不愿到农村来工作和发展。优秀人才的缺乏在一定程度上制约了农村电子商务的发展进程。此外，一些地方政府对电商人才不够重视，没有认识到电商人才是地方农业发展的重要力量。在当前经济社会发展背景下，围绕着电子商务的发展，一批农村电商企业应运而生，但这些电商企业大多属于初创企业，企业规模不大，发展不够成熟，他们没有意识和没有能力吸引高素质的农村电商人才，从而导致当地极度缺乏电商人才。

3. 缺乏对农村电商培训的针对性、专业性

电商培训项目通常涉及技能培训、政策解读、信息发布等，会针对特定人群进行免费的指导和跟踪服务，主要包括普通信息的转发告知、不定期的电话访问等。而通常入驻的企业、服务商、个人往往电商经验不足，举办的活动多是自助互助式的，讲师和课程缺乏专业度和针对性。产生效益的交易行为多是亲友间帮扶和零星销售，渠道和平台性作用未发挥，受邀参加的往往是本地的小型展销会，伤神费时且收益少，大多通过申领政策来获取补贴、补助。

11.2.5 解决方案

1. "三阶递进式"电商助农培训

随着"村村通网络和网上村村通"工程的全面实施，我国农村信息化建设达到了前所未有的高度，截至2021年11月底，我国现有行政村已全面实现"村村通宽带"，打通了广大农村接入数字经济时代的"信息大动脉"，贫困地区通信难等问题得到历史性解决，这为改变现有农村电商陈旧模式，推出线上线下相结合的模式奠定了一定的基础。三阶递进式农村电子商务人才培训模式，正是在这种背景下提出的，如图11.6所示。

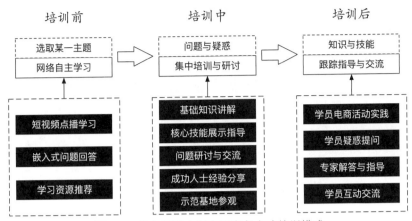

图11.6　益农解需农村电子商务人才培训模式

该模式充分强调学习、培训与生产经营活动三者的有机结合，强调为不同类型的受训人群汇集和提供不同主题的学习资源，强调训前网络自主学习、训中集中教学与研讨、训后跟踪指导与互动交流三个环节的联动，强调理论与实践相结合以及现场教学与示范观摩相结合的集训方式。

集中培训前：让广大学员根据自己的需求和兴趣，在网络平台选择某一主题(如农村电商政策法规、网店开设与管理、网络营销策划与推广等)的培训课程进行网络自主学习。网络自主学习以微课短视频点播学习为主，以配套图文资料学习为辅。同时，根据学员在视频学习过程中嵌入的问题回答情况，由系统自动给学员推送相关的学习资料供其进一步拓展学习。而学员在网络自主学习过程中，也关注自己的学习状况，及时记录学习中遇到的问题与疑惑，以便在集中培训阶段向专家或其他学员进行请教。

集中培训中：让选择同一主题的学员集中1～2周到某个固定场所进行集训和研讨。集中培训主要由培训专家或讲师集中进行理论知识的疑难点讲解，核心技能的现场演示以及组织学员开展问题研讨，组织多名农村电商创业成功人士进行经验分享，组织学员观摩成功农村电商商城(咸阳市武功县等)的经营业务活动以及赴农村电商龙头企业和示范村镇进行参观走访，及时帮助学员了解和掌握农村电商经营的基本环节和关键技能，及时解决学员在学习或实践活动遇到的各种问题。同时，在网络平台上建立学习班级和班级论坛，并把授课学员、专家和讲师以及成功创业人士加入班级论坛或班级微信群里，以便训后的跟踪指导和互动交流。

集中培训后：培训专家或讲师通过网络平台、微信、QQ群、电话对有意向开店或已开店的学员进行定期回访和跟踪指导，帮助学员解决在实际操作过程中遇到的各种难题。受训学员也可以在第一时间把遇到的问题向专家、讲师、成功人士进行请教，或者与其他学员分享经验、探讨问题。

2. 一体化区域公共品牌建设

主要为企业及合作社提供品牌注册、品牌培育、分拣、包装、检测、网络营销策划、网络托管等服务。除了宣传工作，还结合县域公共品牌及农产品特性，自发组织相关的农产品推广活动及展览会，每场活动的经过如下：前期策划→与电商中心汇报申请→与企业商谈组织→提前预告→如期举办→后期报道等形式，将每场活动做到物尽其用的最大化。

3. 融媒体营销

了解当地产业，并对当地的特色产品进行一系列的运营规划，通过"农户+合作社+公司"模式进行资源对接，通过"农户+合作社"的模式对当地农户进行农业电商培训，从而达到帮助农户进行农产品销售的目的。

11.2.6 商业模式

通过对接农户需求，为农户、涉农企业、社会组织及政府提供电商技能培训及技术服务，以保证项目可持续发展，如图11.7所示。

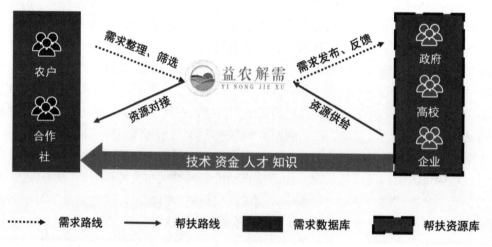

图11.7 益农解需项目商业模式

有需求的农户将自己的需求信息发布在益农解需小程序上，团队对这些信息进行整理、归纳、筛选，高校及社会资源在平台上发现需求，提供自己所拥有的资源，与当地的扶贫工作人员进行对接，帮助农户解决实际需求。

通过小程序实现资源的线上整合和对接，便于农户说明自己的需求，社会公益组织、企业及个人组织从小程序上获取农户的需求信息，实现进行精准帮扶。利用大数据分析，进行数据信息的整理归纳，使扶贫数据可视化，方便政府部门及高校更加方便快捷地获得真实精准的需求数据。

11.2.7 发展规划

1. 发展愿景

益农解需项目在未来三年内将深入贫困地区，以实现平台价值为核心，以品牌战略、精细化营销战略、技术创新和人才战略、信息化战略为支撑。预计未来三年公司能拥有10万用户，辐射县域60个，辐射人群较目前增长十倍。

2. 发展目标

在当前阶段，该项目已经为以下12个县域提供服务：子洲县、清涧县、绥德县、靖边县、旬阳市、紫阳县、商南县、旬邑县、宝塔区、子长县、眉县、岐山县。基于此，计划将服务市场扩展至额外的17个县域，包括南郑区、城固县、洋县、西乡县、勉县、宁强县、略阳县、镇巴县、留坝县、佛坪县、潼关县、大荔县、合阳县、澄城县、白水县、蒲城县、富平县。

同时，该项目已明确未来的市场扩展目标，预计将服务范围进一步延伸至31个新县域，包括米脂县、定边县、吴起县、志丹县、延川县、甘泉县、富县、宜川县、黄龙县、长武县、永寿县、淳化县、泾阳县、陇县、千阳县、凤翔区、凤县、太白县、扶风县、麟游县、洛南县、丹凤县、柞水县、山阳县、镇安县、宁陕县、石泉县、汉阴县、平利县、岚皋县、三原县。

该项目的未来目标有以下几点：一是优化客户结构，争取覆盖更多县域；二是继续采用积极的进取式的市场营销战略专注于市场开拓及平台推广，形成覆盖全国的品牌影响力；三是继续加大对各类人才的引进培养和商业模式的不断优化、迭代。

11.3　面花新语——陕西面花的传承和保护

> **课程思政：** 大学生在非物质文化遗产传承中的参与，不仅是对传统文化的学习和保护，更是一种文化自觉和责任感，有助于将宝贵的文化遗产传承下去。

11.3.1　项目背景

陕西面花传承着悠久的历史和传统制作工艺。面粉经过揉搓、拉长、剪切等多个步骤，最终制成形态各异的面花。这种制作方式已经传承了几百年的时间，通过口传心授的方式在陕西地区传承下来。目前面花生存空间不断缩小，随着现代科技的发展，人们生活方式的变迁，民间手工技艺不再像以前一样是必需品，口传身授的传承模式更是限制了面花手艺的大范围传播。

面花制作工艺复杂，获利空间少，蒸制一个面花需要十几个步骤，完整制作一个花馍需要四五天，而市场上面花的价格每个仅在一百元左右，如此复杂的工艺、便宜的价格，不仅不能获取食用者的芳心，反而让越来越多的传承人放弃了这份手艺。

随着生活水平的提高，消费者的口味也越来越多元化。面花的原始味道可能无法满足一些消费者的需求，他们更倾向于尝试新颖、创新的面食产品，对传统的面花产品兴趣减弱。

根据对陕西面花的实地调研，面花新语团队了解到当地居民面临着面花保存的难题。面花坚持保留了其自身的食用功能，这导致了面花的保存时间相对较短。展览期间，由于时间限制，面花的损耗较大，无法扩展规模并向外地进行销售。

为了适应现代市场的需求，数字化保护非物质文化遗产具有无可争议的重要性和必要性。相较于其他传统的保护方式，数字化保护方式在以下两个方面显示出明显的优势：首先，数字化储存具备灵活性。随着数据信息储存格式、储存介质以及储存容量的快速发展和优化，数字化储存逐渐成为主流方式，极大地减少了储存空间、储存成本、分类管理和使用流程的需求，为建立非物质文化遗产数据库系统打下了基础。其次，数字化保护具有强大的时效性和快速传播能力。陕西面花经过数字化储存后，可以被迅速复制、编辑及网络传输，大大提高了其传播效率。

11.3.2 市场分析

面花艺术是根植于民间的民族文化资源，不仅体现了丰富的设计思想，而且随着时代的进步在不断演变和成长。对面花艺术的多角度、多层次地认识和发掘，已成为社会发展的必然趋势。

首先，面对现代文化观念的多元化和科技的不断进步，人们对面花艺术的审美也日益多元化。面花艺术不仅是一种民俗文化符号，而且成了一道亮丽的文化景观。然而，受中国社会转型期的影响，面花作为一种非物质文化遗产，其传承方式面临着挑战。因此，创新和多样化的传承方法成为面花艺术发展的新途径。通过将现代技术应用于传统面花，不仅为原生态文化注入现代元素，还使面花艺术在传承中得到新的发展和突破。

其次，从市场价值的角度来看，文化的多元性和表达方式的多样性为传统面花带来了可观的市场价值。传统面花作为一种民间艺术品，不仅在民间活动中发挥着实用性和观赏性的双重作用，还在商品市场上产生了经济效益。随着文化和艺术的发展，面花艺术的商业价值不断提升，成为一种具有投资价值的行业。

最后，纸质面花作为一种新的记录和设计方式，它的便利性和随意性成为艺术家灵感的来源。纸质记录作为面花艺术传承的重要部分，值得进行更深入地思考和研究。随着生活水平的提升和对年俗文化的重视，面花的市场越来越大，这不仅促进了面花加工产业的发展，还为面花艺术的传承提供了新的机遇。

总的来说，面花艺术作为一种深受人们喜爱的非物质文化遗产，其创新传承和市场价值的提升，不仅使其成为文化传播的重要载体，还为传统艺术的传承和发展开辟了新的道路。通过将非遗文化与现代生活相结合，不仅能够重振面花传统雕刻技艺，还能让这一艺术形式在更广阔的舞台上绽放时代的光彩。

11.3.3 发展痛点

1. 后继无人

面花工艺复杂，获利空间少，耗费人力、时间成本高，这一非物质文化遗产面临断层、断代的现象。随着时代的发展，面花艺人渐渐老去，年轻人大多不愿意花费时间和金钱去学习面花技艺，只有一小部分人在坚持这项艺术活动，导致这一艺术形式面临失传。

2. 缺乏创新

花馍缺乏创新性，样式老旧，年轻人不认可，购买意愿低。面馍作为主要以淀粉为主要成分的面食，在营养平衡上存在一定的局限性。随着生活水平的提高，消费者的口味越来越多元化。

3. 发展受限

面花的供应链涉及面粉生产、面花加工和分销。然而，供应链中可能存在原材料的稳定性、质量控制、物流等问题，这对面花的生产和销售带来一定的影响。

4. 缺乏推广

面花的知名度较低，缺乏有效的市场推广和宣传。随着面食市场的竞争加剧，面馍面临来自其他面食品牌的竞争压力。市场上出现了许多新型的面食品牌，它们通过提供多样化的产品和创新的口味吸引了消费者。

11.3.4 解决对策

1. 培养传承者

面花的传承关键在于培养年轻一代对这项工艺的兴趣和技能。面花新语项目通过对传统手艺的展示和宣传，以及举办面花制作的培训班、工作坊等活动，吸引年轻人参与其中，并传授基本的面花制作技巧。

2. 开发新产品

面花的传承可以融入创新的元素，如结合现代工艺和材料，开发新颖的面花款式和口味，吸引更多年轻人参与。同时，也可以探索面花与其他面食工艺的融合，创造出更多元化的面食产品，如图11.8所示。

图11.8 可调节式临摹工作台

3. 加强供应链

该项目加强原材料供应链的管理，确保原材料，的质量和供应的稳定性，提升供应链中的协同效应和合作关系，实现供应链的可持续发展。

4. 建立新形象

该项目建立面花的品牌形象，并进行有效的市场推广，以提高面花的知名度和认可度。借助互联网和社交媒体等渠道，展示面花的制作过程和独特之处，吸引更多人了解和关注。在包装和营销策略上，面花通过创新的包装设计和营销策略来吸引消费者的注意，塑造出与产品特点相符的包装形式，并利用各种营销渠道和推广手段，提升品牌形象和市场竞争力。

5. 面花数字化

文档记录和研究：通过收集面花的相关资料，研究其历史渊源，制作工艺和传承方式，将这些信息进行数字化记录和保存，以便后人学习和研究。

录像和摄影：利用现代科技手段，对面花的制作过程进行录像和摄影，以保留制作技艺和工艺流程，同时可以通过网络等方式进行传播和推广。

虚拟展览和数字化展示：通过建立面花的虚拟展览和数字化展示平台，将面花的艺术形式以数字化的方式展示给更多的人，提高其知名度和传播度，如图11.9所示。

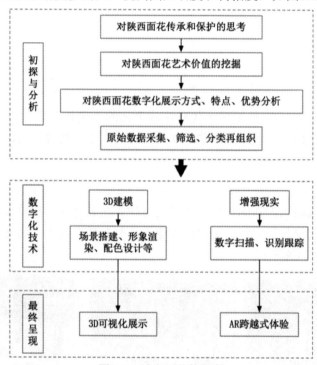

图11.9　建立面花数据库

数字化传承和培训：利用互联网和数字技术，开展面花的传承和培训工作，通过在线教学、视频教程等方式，将面花的制作技艺传授给更多的人，确保其传统技艺的延续。

11.3.5 创新特色

作为充满特色的"民俗类非遗"项目，陕西面花在传承中面临着独特的挑战，尤其是在保持其传统精髓的同时，如何适应现代社会的需求。面花新语项目致力于在当前时代语境下，为面花探索一种创新且具有数字化特色的展示方式。通过综合运用数字技术，不仅实现了面花的可视化呈现，还将现代艺术元素与传统文化融合，旨在通过创新设计激活这一民间艺术，创造出符合现代审美的艺术作品。

陕西面花艺术，作为一种深植于民间的文化形式，通常只能在特定的场合和时间呈现给特定的人群。然而，数字化的虚拟体验使得面花艺术变得更加普及，允许更多人不仅能观赏，还能参与面花的制作。

在现代信息技术的背景下，非物质文化遗产的保护和传承必须基于用户的交互体验。结合数字媒体和参数化设计，该项目打造了一种沉浸式的传播方式，重视满足人的感性需求，促进消费者的审美共鸣，从而主动继承和发扬这一文化。

在信息技术快速发展的当今时代，将非遗信息化和沉浸式体验结合起来，不仅有利于传统文化、艺术和民间智慧的传播，而且使得如陕西面花这样的文化瑰宝获得新生，从而使中国的优秀传统文化在现代社会中展现出更大的艺术价值。

11.3.6 商业模式

1. VP 价值主张

本着保护和传承面花非物质文化遗产为目的，致力于让面花文化走出去。

2. KA 关键业务

婚丧嫁娶、节日专用品：制定图册，标明价格以及产品生产材料。不同花样服务于不同用途，接受顾客定制。

日常花样供给品：不断进行产品外观创新，实用性创新。制作一些在日常生活中较实用且受欢迎的面花款式。造型逼真、颜色鲜艳、健康营养、以优质的精麦为原料、零添加、零色素、无防腐剂，打造健康天然的中式面食。

文化价值品：与民俗文化馆、风俗餐馆以及面花文化展合作，为其制作相关的面花，不仅提供产品，而且提供后期的维修及更换。

3. KR 核心资源

技术资源：平台依托互联网+，非遗传承人技术，为面花感兴趣的顾客提供专业服务。

团队资源：邀请非遗传承人作为指导专家。

4. KP 重要合作

渠道方面：由 2B 客户逐渐转变为合作伙伴关系的风俗馆和餐馆。

宣传方面：国内知名非遗传承人专家代言合作。

技术方面：非遗传承人提供专业指导，使用3D建模制作小型面花模具，以供便捷使用。

5. CR 客户关系

通过风俗馆和餐馆端积累用户，前期推行免费试用的策略，从 2B 到 2C 层面。

前期以PGC保证平台的可靠性和安全性，后期通过平台内容的丰富增强用户黏度；从专业优先到用户优先，从PGC到 PGC+UGC。

6. CH 渠道

线下渠道：文化馆、婚庆公司等线下渠道。

线上渠道：公众号、微博、小红书等线上渠道。

7. CS 顾客细分

2B 客户：大中型风俗文化馆和具有风俗特色的餐馆。

2C 客户：民俗文化爱好者。

8. CS成本结构

人员费用：主要是员工工资。

运营费用：市场开发费用、产品开发费用、差旅费用、办公费用、路线开发费用等。

产品投入费用：产品在投入使用过程中所需要花费的维护、监管等费用。

11.3.7　营销推广

1. 营销模式

(1) 线下体验：在线下组织面花手工活动，和体验馆、茶馆、咖啡馆进行合作，通过这些活动让顾客进行体验。

(2) 线上活动：接受线上私人定制，制作高端面花模板，发放优惠券，组织抽奖活动。

(3) 区域巡游展：定期举行巡游展，加大现场流量和对粉丝的吸引力。

(4) 客户沟通：建立相应平台，使顾客可以及时反映需求等；开设邮箱，顾客可以随时提出意见。

(5) 养老院推广：定期在养老院进行报道，推广品牌和公司文化。

(6) 众筹：全国快递包邮(全年或半年VIP)，组建微商团队全国代理，例如，每周1次快递到家的一周营养馒头，并附带加热和储存方法，以及营养物质的摄入量明细表；每月1至2次节日面花礼物。

2. 价格策略

(1) 定价目标：扩大市场占有率，提高品牌知名度。

(2) 层级的价格策略：区分艺术品与日常消费品，把文化品牌的价值附加进产品价值，同时，采取灵活适应市场的价格调整策略，应季价格适当调整，与促销策略配合。

(3) 促销策略：月度进行新品促销、季度举行活动促销、长期执行会员促销，时机合适的时候，充分发展异业协助的促销手段。

(4) 关系促销：老客户带动新客户，分别给予新老客户以不同程度的优惠与奖励。

(5) 活动促销：通过举办面花文化讲座，展示面花风采等多种多样的形式开展促销活动。

3. 推广方式

注册微信公众号，对公众平台展开基于该项目的推广运营工作，实现"面花+网络营销商+电子商务公司"的公众平台运营。同时通过小红书、微博、抖音等平台进行推广及宣传。

📖 本章小结

本章深入探讨了三个大学生团队如何利用其专业知识和技能，开展创新创业项目，以服务乡村振兴的实际案例。通过这些案例的分析，可以看到大学生在乡村振兴中所扮演的多重角色,以及他们如何将理论知识转化为实践行动,从而对乡村社会经济发展产生积极影响。无论是在农业技术改进、文化传承,还是在乡村教育和社区服务等方面,这些团队都展现了创新的方法和可行的解决方案。通过参与这些项目,他们不仅获得了宝贵的实践经验,更在实际操作中深化了对专业知识的理解和应用,同时对乡村社会的可持续发展做出了贡献。本章重点是如何将专业知识和技能转化为促进乡村社会经济发展的实际行动。

思考题:

1. 大学生团队如何识别并解决乡村振兴中的关键问题?

2. 跨学科合作对天赐良鸡项目取得成功的影响是什么?

3. 益农解需项目中的创新策略和解决方案具有哪些特点?

4. 如何提高大学生创新创业项目的可持续性?

测试题:

1. "青年红色筑梦之旅"项目的主要特点是什么?(单选题)

    A. 实现农业技术的创新   B. 大学生社会责任感的培养

    C. 提供专业知识和技术支持   D. 艰苦奋斗和个人成长

2. 项目"天赐良鸡"的主要目标是什么?(单选题)

    A. 提升种鸡怀卵率   B. 实现对贫困户的有效扶贫

    C. 增加企业年销售额   D. 建立销售渠道

3. "益农解需"平台主要解决的问题是什么?(单选题)

    A. 提升农产品质量   B. 乡村振兴中的需求匹配度

    C. 农产品电商的销售   D. 农业技术的培训

4. 陕西面花项目的重点是什么?(单选题)

    A. 提高面花的生产量   B. 传统面花的保护和传承

    C. 面花的市场推广   D. 新型面花产品的研发

5. 大学生乡村振兴创新创业项目的成功关键因素有哪些?(复选题)

    A. 理论与实践的结合   B. 社会责任感和使命感

    C. 艰苦奋斗精神   D. 团队合作能力

6. 在"天赐良鸡"项目中,哪些因素对乡村振兴有积极贡献?(复选题)

    A. 提高农户年收入   B. 提供专业培训

    C. 建立销售渠道   D. 确保产品质量

7. "益农解需"平台为乡村振兴提供的支持包括哪些?(复选题)

    A. 建立需求信息库   B. 促进互联网助农

    C. 提供电商培训   D. 合作资源共享

8. 陕西面花项目的创新措施包括哪些?(复选题)

    A. 数字化展示   B. 传统文化传承

    C. 开发新产品   D. 市场推广策略

9. 天赐良鸡项目通过提供富硒鸡养殖技术,有助于提高农户收入。(判断题)

10. 陕西面花项目仅侧重于传统制作技艺,未涉及面花文化的现代传播。(判断题)

参考文献

[1] 杨秋玲，王鹏. 大学生创新创业教育[M]. 2版. 北京：清华大学出版社，2021.

[2] 杜永红，梁林蒙. 大学生创新创业教育——基于互联网+视角[M]. 2版. 北京：清华大学出版社，2019.

[3] 黄扬杰. 数字时代的创新创业教育[M]. 北京：中国社会科学出版社，2022.

[4] 李爱华，曹灵芝，杜金玲，等. 创业融资管理[M]. 北京：清华大学出版社，2021.

[5] 温强. 创业企业运作与投融资[M]. 北京：清华大学出版社，2022.

[6] 渠成. 全网营销实战：开启网络营销4.0新时代[M]. 北京：清华大学出版社，2021.

[7] 刘春雄. 新营销3.0：bC一体数字化转型[M]. 北京：人民邮电出版社，2022.

[8] 鲁秀琼，王赛. 品牌双螺旋：数智时代创建"真品牌"的新方法论[M]. 北京：机械工业出版社，2024.

[9] 蓝海林. 企业战略管理[M]. 北京：中国人民大学出版社，2021.

[10] 帕特里克·范德皮尔，罗兰·维恩，贾斯汀·洛基茨. 商业模式革新：为客户创造全新价值的六大方法[M]. 梁庆祥，译. 广州：广东经济出版社，2022.

[11] 戴夫·查菲菲奥纳·埃利斯–查德威克. 数字营销：战略、实施与实践[M]. 王峰，韩晓敏，等译. 北京：清华大学出版社，2022.

[12] 陈栋. 知识产权保护与维权[M]. 北京：知识产权出版社，2022.